粮食主产区耕地保护外部性
量化及其补偿效应

牛海鹏　肖东洋　王坤鹏　著

科　学　出　版　社

北　京

内 容 简 介

粮食主产区耕地保护外部性的科学量化是制定耕地保护区内和区际经济补偿标准的重要依据,同时是构建耕地保护经济补偿机制的关键环节。粮食主产区耕地保护外部性边界涉及该研究领域的尺度问题,影响外部性量化及其区内区际外部性分割。本书基于外部性多层次边界视角进行了耕地保护外部性量化方法及其应用研究,同时开展了试点和非试点区域耕地保护经济补偿实施效应和模拟效应的评价与分析。研究成果为构建耕地保护经济补偿标准动态提升机制、制定区域差别化的耕地保护经济补偿标准和补偿模式、建立多层次一体化的耕地保护经济补偿体系提供了理论与方法支撑。

本书可作为土地资源管理、资源环境等专业科研人员和高校师生的参考书,也可供土地资源管理、区域和农业政策等领域的决策者和管理者阅读与参考。

图书在版编目(CIP)数据

粮食主产区耕地保护外部性量化及其补偿效应 / 牛海鹏,肖东洋,王坤鹏著. —北京:科学出版社,2019.12

ISBN 978-7-03-063595-2

Ⅰ. ①粮… Ⅱ. ①牛… ②肖… ③王… Ⅲ. ①粮食产区-耕地保护-补偿机制-研究-中国 Ⅳ. ①F323.211

中国版本图书馆CIP数据核字(2019)第274050号

责任编辑:张海娜 赵微微 / 责任校对:郭瑞芝
责任印制:吴兆东 / 封面设计:十样花

科学出版社 出版
北京东黄城根北街16号
邮政编码:100717
http://www.sciencep.com

北京中石油彩色印刷有限责任公司 印刷
科学出版社发行 各地新华书店经销

*

2019年12月第 一 版 开本:720×1000 B5
2019年12月第一次印刷 印张:15 1/4
字数:307 000

定价:120.00 元
(如有印装质量问题,我社负责调换)

前　言

　　科学制定耕地保护经济补偿标准，构建面向城乡和区域统筹协调发展的区内和区际一体化的耕地保护经济补偿体系和运行机制，已成为耕地保护方面的重要研究内容。其中粮食主产区耕地保护外部性的科学量化是耕地保护区内和区际经济补偿标准制定的重要依据，同时是构建耕地保护经济补偿机制的关键环节。粮食主产区耕地保护外部性边界涉及该研究领域的尺度问题，影响着外部性量化及其区内区际的外部性分割。在实践方面，耕地保护的经济补偿制度(如成都市 2008年开始实施的耕地保护基金制度，广东省 2012 年建立的基本农田保护经济补偿制度)仅处于尝试阶段，具有一定的不完备性和试验性。因此，从外部性多层次边界视角出发开展耕地保护外部性量化方法及其应用研究，同时基于耕地保护经济补偿试点和非试点区域开展耕地保护经济补偿实施效应和模拟效应定量评价，可为耕地保护经济补偿标准的制定和补偿模式的优化提供理论支撑和实践依据。

　　本书明晰粮食主产区耕地保护外部性多层次边界的内涵和特征，构建耕地保护外部性多层次作用边界概念模型，为特定区域耕地保护外部性测度和区内区际外部性分割提供方法支撑；构建单位面积耕地保护外部性测度模型和多层次边界下耕地保护外部性分割模型，并以周口市太康县、南阳市唐河县和焦作市温县三个典型粮食主产县作为实证区域，开展不同作用边界下耕地保护外部性的测度与分析，实证研究典型粮食主产区在不同边界下单位面积耕地保护外部性和区际盈余/赤字的时空差异性，为耕地保护经济补偿标准的制定和耕地保护经济补偿体系的构建提供理论依据；定量评价和分析农业支持保护补贴和耕地保护基金两种模拟情景下周口市、南阳市和焦作市受访农户对不同补贴政策的感知差异以及耕地保护基金实施下成都市耕地保护经济补偿的综合效应和单项效应，为耕地保护经济补偿模式优化提供了实践依据。

　　本书研究内容共 8 章，具体如下：

　　第 1 章为绪论，系统阐述我国耕地保护经济补偿实践与政策的演变过程，提出多层次边界视角下粮食主产区耕地保护外部性量化及其补偿效应的研究目的和意义；分析和评述国内外研究进展，归纳本书的研究内容、研究方法、研究目标、拟解决的关键问题及可能的创新之处。第 2 章为耕地保护外部性量化与效应评价的理论、方法与模型，基于生态系统及其服务理论、公共物品和外部性理论、城乡与区域统筹发展理论，构建耕地保护外部性量化的理论体系和耕地保护外部性多层次作用边界的概念模型，提出基于综合方法(当量因子法、替代/成本法)和条件价值评估法的单位面积耕地保护外部性量化方法,建立多层次边界下耕地保护外部性分割模型;基于有限性理论、感性选择理论、公共政策评估理论和公共选择理论,界定耕地保护经济补偿效应概念,构建基于 TOPSIS 法的满意度评价模型、基于多元 Logistic 回归分析的满意度影响因素评价模型和基于模糊综合评价法的耕地保护经济补偿效应评价模型,为特定区域耕地保护外部性量化、区内区际外部性分割和补偿效应评价提供理论和方法支撑。第 3 章为粮食主产区典型区域选择及外部性多层次边界确定。依据自然资源条件、粮食生产基础和经济社会发展水平等因素的差异性,在河南省粮食主产区黄淮海平原、南阳盆地和豫北豫西山前平原三大区域内选取周口市太康县、南阳市唐河县和焦作市温县三个典型粮食主产县作为实证区域,并在此基础上划定典型区域耕地保护外部性第 I 边界、第 II 边界和第 III 边界。同时,阐述多层次边界下典型区域耕地保护外部性量化的数据来源及处理方法。第 4 章为基于 CVM(条件价值评估法)的耕地保护外部性测度与分析。以豫北豫西山前平原粮食主产区焦作市为研究区域,开展不同时点、不同支付方式下基于支付卡式 CVM 的耕地保护外部性量化与对比分析,实证耕地保护外部性在不同支付方式下的差异性和不同时点下的动态性。同时,运用单边界二分式 CVM 和双边界二分式 CVM 开展均分样本、非均分样本和分类非均分样本三种不同方案开展区域耕地保护外部性的量化研究,明晰样本方案类型、样本数量、样本均衡度对耕地保护外部性量化结果的影响。第 5 章为多层次边界下典型区域单位面积耕地保护外部性理论值测算。基于综合方法(当量因子法、替代/成本法)量化周口市太康县、南阳市唐河县和焦作市温县三个典型粮食主产县在省、市外部性作用边界下平均单位面积耕地保护外部性理论值,实证不同作用边界下外部性理论值存在时空差异性。第 6 章为多层次边界下典型区域耕地保护外部性现实值测算。基于耕地质量等别调整系数和社会经济发展阶段系数,测度周口市太康县、南阳市唐河县和焦作市温县三个典型粮食主产县在省、市外部性作用边界下不同等别单位面积耕地保护外部性现实值和区际外部性现实值盈余/赤字,并进行对比分析;同时基于耕地质量等别调整系数,测度在人均粮食消费量380 公斤、400 公斤、420 公斤和435 公斤的标准下,太康县、唐河县和温县三个典型粮食主产县在全国边界下的耕地保护区际外部性现实值(盈余/赤字)(区际经济补偿额)。研究结果表明不同作用边界下外部性现实值存在时空差异性。第 7 章为粮食主产区耕地保护经济补偿效应评价。以成都市耕地保护基金为例,基于农户调查获得的微观数据(6 县(市、区)296 个有效样本),开展农户感知视角下的耕地保护基金农户满意度评价及耕地保护经济补偿单项效应和综合效应的定量评价,明晰粮食主产区农户对耕地保护经济补偿模式实施成效的感知及其影响因素。同时,通过设置耕地保护基金和农业支持保护补贴两种模拟情景,开展情景模拟下粮食主产区耕地保护经济补偿农户感知评价,定量评价分析农业支持保护补贴

(情景Ⅰ)和耕地保护基金(情景Ⅱ)模拟情景下周口市、南阳市和焦作市受访农户(801个有效样本)对不同补偿模式的感知差异及其影响因素,为耕地保护经济补偿模式优化提供实践依据。第8章为结论与政策建议。

本书由河南理工大学牛海鹏、肖东洋、王坤鹏撰写。其中,第1章(不含1.3.2节)、第2章(不含2.1.2节、2.3.3节、2.5节)、第3章、第5章、第6章和第8章由牛海鹏撰写,1.3.2节、2.1.2节、2.5节、第7章由肖东洋撰写,2.3.3节、第4章由王坤鹏撰写,全书由牛海鹏统稿。本书得到国家自然科学基金(41371524)、河南省高等学校哲学社会科学创新团队支持计划(2016-CXTD-04)、河南理工大学创新型科研团队(T2018-4)等项目的资助,在此表示感谢。

多层次边界视角下粮食主产区耕地保护外部性量化及其补偿效应研究具有一定的复杂性和系统性,诸多问题有待深入研究和探讨。由于作者水平有限,书中难免存在疏漏之处,恳请同行和读者不吝赐教。

作　者

2019 年 10 月

目　　录

前言
第1章　绪论 ………………………………………………………………………… 1
　1.1　研究背景 ……………………………………………………………………… 1
　　1.1.1　农业补贴 ………………………………………………………………… 1
　　1.1.2　我国耕地保护经济补偿实践与政策 …………………………………… 5
　1.2　研究目的和意义 …………………………………………………………… 12
　1.3　国内外研究进展及评述 …………………………………………………… 13
　　1.3.1　耕地保护外部性测度国内外研究进展 ……………………………… 13
　　1.3.2　耕地保护经济补偿效应国内外研究进展 …………………………… 15
　1.4　研究内容和研究目标 ……………………………………………………… 20
　　1.4.1　研究内容 ……………………………………………………………… 20
　　1.4.2　研究目标 ……………………………………………………………… 21
　1.5　研究思路和方法 …………………………………………………………… 21
　　1.5.1　研究思路 ……………………………………………………………… 21
　　1.5.2　研究方法 ……………………………………………………………… 22
　1.6　创新之处 …………………………………………………………………… 23
第2章　耕地保护外部性量化与效应评价的理论、方法与模型 ……………… 24
　2.1　理论基础 …………………………………………………………………… 24
　　2.1.1　耕地保护外部性量化理论基础 ……………………………………… 24
　　2.1.2　耕地保护经济补偿效应评价理论基础 ……………………………… 25
　2.2　耕地保护外部性多层次作用边界概念模型构建 ………………………… 27
　　2.2.1　耕地利用效益体系重构 ……………………………………………… 27
　　2.2.2　耕地保护外部性界定 ………………………………………………… 28
　　2.2.3　耕地保护外部性多层次作用边界概念模型 ………………………… 29
　2.3　耕地保护外部性量化方法与模型构建 …………………………………… 30
　　2.3.1　耕地保护外部性量化假设条件 ……………………………………… 30
　　2.3.2　基于综合方法(当量因子法、替代/成本法)的单位面积耕地保护
　　　　　外部性测度模型构建 ………………………………………………… 31
　　2.3.3　基于CVM的单位面积耕地保护外部性测度模型构建 …………… 34
　2.4　多层次作用边界下耕地保护外部性分割模型构建 ……………………… 40
　　2.4.1　省、市边界下耕地保护外部性分割模型构建 ……………………… 40

2.4.2 全国边界下耕地保护外部性分割模型构建 ················ 41

2.5 耕地保护经济补偿效应测度模型构建 ························· 42

2.5.1 耕地保护经济补偿效应概念界定 ························· 42

2.5.2 基于 TOPSIS 法的满意度评价模型构建 ················ 43

2.5.3 基于多元 Logistic 回归分析的满意度影响因素评价模型构建 ····· 46

2.5.4 基于模糊综合评价法的耕地保护经济补偿效应评价模型构建 ···· 47

2.6 本章小结 ··· 48

第 3 章 粮食主产区典型区域选择及外部性多层次边界确定 ········· 49

3.1 粮食主产区典型区域选择 ·································· 49

3.1.1 河南省粮食主产区概况 ································ 49

3.1.2 典型粮食主产县选取 ·································· 50

3.2 粮食主产区典型区域外部性多层次边界 ···················· 51

3.2.1 粮食主产区耕地保护外部性第 I 边界 ·················· 51

3.2.2 粮食主产区耕地保护外部性第 II 边界 ················· 52

3.2.3 粮食主产区耕地保护外部性第 III 边界 ················ 56

3.3 数据来源及处理方法 ······································ 56

3.4 本章小结 ··· 57

第 4 章 基于 CVM 的耕地保护外部性测度与分析——以焦作市为例 ··· 58

4.1 研究区域与问卷设计 ······································ 58

4.1.1 研究区域 ··· 58

4.1.2 CVM 耕地保护经济补偿调查问卷设计 ·················· 58

4.1.3 假想市场情景设置 ···································· 61

4.1.4 支付区间设置 ··· 62

4.1.5 抽样调查 ··· 63

4.2 耕地保护外部性测度与分析 ································ 64

4.2.1 支付卡式 CVM 耕地保护外部性测度 ·················· 65

4.2.2 二分式 CVM 耕地保护外部性测度 ···················· 82

4.2.3 不同引导技术的耕地保护外部性测度结果分析 ··········· 96

4.3 CVM 投标值子样本量对耕地保护外部性测度结果的影响分析 ·· 97

4.3.1 不同样本方案投标值子样本量设置 ····················· 97

4.3.2 二分式 CVM 居民支付意愿影响因素分析 ·············· 98

4.3.3 二分式 CVM 不同均分样本方案下耕地保护外部性测度结果 ···· 100

4.3.4 投标值子样本量对耕地保护外部性测度结果的影响分析 ···· 101

4.4 本章小结 ··· 102

第 5 章　多层次边界下典型区域单位面积耕地保护外部性理论值测算············ 104
　　5.1　省级边界下典型区域单位面积耕地保护外部性理论值测算·········· 104
　　　　5.1.1　省级边界下单位面积耕地生态效益、开敞空间及景观与科学
　　　　　　　文化效益测算·· 104
　　　　5.1.2　省级边界下单位面积耕地粮食安全效益测算······················· 106
　　　　5.1.3　省级边界下单位面积耕地社会保障效益测算······················· 108
　　　　5.1.4　省级边界下单位面积耕地保护外部效益测算及其分析·········· 110
　　5.2　市级边界下典型区域单位面积耕地保护外部性理论值测算·········· 111
　　　　5.2.1　市级边界下单位面积耕地生态效益、开敞空间及景观与
　　　　　　　科学文化效益测算·· 111
　　　　5.2.2　市级边界下单位面积耕地粮食安全效益测算······················· 113
　　　　5.2.3　市级边界下单位面积耕地社会保障效益测算······················· 113
　　　　5.2.4　市级边界下单位面积耕地保护外部效益测算及其分析·········· 114
　　5.3　省、市级边界下典型区域单位面积耕地保护外部性比较·············· 115
　　5.4　本章小结··· 117

第 6 章　多层次边界下典型区域耕地保护外部性现实值测算··················· 118
　　6.1　省级边界下典型区域耕地保护外部性现实值测算························· 118
　　　　6.1.1　河南省耕地质量及其等别划分··· 118
　　　　6.1.2　省级边界下不同等别单位面积耕地保护外部性现实值测算··· 119
　　　　6.1.3　省级边界下耕地保护区际外部性(区际补偿标准)测算········· 120
　　6.2　省、市级边界下典型区域耕地保护外部性现实值比较·················· 121
　　　　6.2.1　省、市级边界下不同等别单位面积耕地保护外部性现实值比较··· 121
　　　　6.2.2　省、市级边界下耕地保护区际外部性现实值比较·················· 122
　　6.3　全国边界下典型区域耕地保护外部性盈余/赤字··························· 123
　　　　6.3.1　全国人均粮食消费量确定·· 123
　　　　6.3.2　耕地质量等别调整系数计算··· 124
　　　　6.3.3　全国边界下太康县、唐河县、温县耕地保护外部性盈余/赤字测度结果··· 125
　　6.4　省级和全国边界下河南省各地市耕地保护外部性盈余/赤字········ 126
　　　　6.4.1　省级边界下河南省各地市耕地保护外部性盈余/赤字·········· 126
　　　　6.4.2　全国边界下河南省各地市耕地保护外部性盈余/赤字·········· 129
　　6.5　本章小结··· 132

第 7 章　粮食主产区耕地保护经济补偿效应评价····································· 134
　　7.1　研究区域与问卷调查·· 134
　　　　7.1.1　研究区域·· 134
　　　　7.1.2　问卷调查·· 137
　　　　7.1.3　样本基本情况分析··· 142

7.2 试点地区耕地保护经济补偿农户满意度及其效应——以成都市
为例 ·· 146
7.2.1 成都市耕地保护基金农户满意度评价 ····················· 146
7.2.2 试点地区耕地保护经济补偿效应评价 ····················· 170
7.3 非试点地区情景模拟下耕地保护经济补偿效应——以焦作市、
周口市、南阳市为例 ··· 185
7.3.1 情景设置 ·· 185
7.3.2 情景模拟下受访农户感知耕地保护政策效应的描述性统计分析 ··· 187
7.3.3 不同情景下受访农户对耕地保护经济补偿效应感知的差异性分析 ····· 190
7.3.4 不同情景下受访农户耕地保护经济补偿效应感知的影响因素分析 ····· 192
7.4 本章小结 ··· 196
第8章 结论与政策建议 ·· 197
8.1 基本结论 ··· 197
8.2 政策建议 ··· 201
参考文献 ··· 205
附录 ··· 212
附录1 支付卡式耕地保护经济补偿调查问卷(农村类) ·············· 212
附录2 支付卡式耕地保护经济补偿调查问卷(城镇类) ·············· 216
附录3 二分式耕地保护经济补偿调查问卷(农村类) ················ 220
附录4 二分式耕地保护经济补偿调查问卷(城镇类) ················ 224
附录5 试点地区耕地保护经济补偿效应问卷 ······················· 227
附录6 非试点地区耕地保护经济补偿效应问卷 ····················· 232

第1章 绪 论

1.1 研 究 背 景

随着耕地非农化速度的日益加快及其对国家粮食安全和生态安全的影响，国家坚持实施最严格的耕地保护制度，同时采取经济激励和调节手段对耕地利用保护主体进行经济补偿，以调节耕地利用比较收益，抑制耕地非农化速度，提高耕地保护的积极性。2004 年以来国家实施的种粮农民直接补贴(粮食直补)政策、农资综合直补、农作物良种补贴、农业支持保护补贴及一系列向种粮农户和种粮地区的倾斜政策，其实质就是对作为耕地保护主体的农户和耕地保护重点区域给予一定的经济补偿(牛海鹏，2010)。2008 年成都市率先设立耕地保护基金，揭开了耕地保护补偿制度实践的序幕，随后各地陆续跟进。在政策上，国家在不同层面也相继提出应建立健全耕地保护补偿机制。

1.1.1 农业补贴

在特定阶段，农业补贴对于提高农户利用和保护耕地积极性，以及保障粮食安全发挥了重要作用。农业补贴演变可划分为以下三个阶段(表 1-1)。

1. 农业三项补贴阶段

(1)种粮农民直接补贴。从 2000 年下半年开始，财政部开始研究粮食直补方案。在认真调研的基础上，2001 年 3 月 24 日，财政部向国务院报送了《关于完善粮改政策的建议》，提出了改革粮食补贴方式、实行对农民直补的初步设想，建议"完善粮改政策"、"保护农民种粮积极性"、建立"一个简便的、农民看得见好处的，直接对农民的调控手段"。2001 年，国务院 28 号文件《国务院关于进一步深化粮食流通体制改革的意见》(国发〔2001〕28 号)同意进行粮食直补试点。在财政部统一部署和指导下，2002 年，安徽、吉林、湖南、湖北、河南、辽宁、内蒙古、江西、河北等省(自治区)选择不同的县(区)开展了粮食补贴方式改革试点。2003 年 10 月 28 日，国务院召开的农业和粮食工作会议决定，从 2004 年起在全国范围内实行粮食直补，要从粮食风险基金中安排不少于 100 亿元的资金，主要用于对主产区种粮农民的补贴。2004 年 3 月 23 日，在国务院召开的全国农业和粮食工作会议上，温家宝总理对粮食直补工作进行了全面部署，提出了"尽可能在春播之前兑现部分补贴资金，全部补贴资金要在上半年基本兑现到农户"的直补工作任务，粮食直补工作得到全面推广。

·2· 粮食主产区耕地保护外部性量化及其补偿效应

表 1-1 "农业三项补贴"到"农业支持保护补贴"演变过程

类型	补贴内涵	补贴对象	补贴标准	补贴方式	补贴依据	资金来源	补贴原则
种粮农民直接补贴	简称粮食直补,是为进一步促进粮食生产、保护粮食综合生产能力和增加农民收入,国家财政按照一定的补贴标准,对农粮食实际种植面积和应缴的粮食定购量户直接给予补贴	从事粮食等作物生产的农民(含农垦系统国有农场的种粮职工)	各地补贴标准有较大差异。其中河南省稳定在15元/(亩·年)左右;广东省2015年达150~250元/亩	现金补贴或"一卡通""一折通"兑现到农户	试点阶段按照多种补贴依据:农民向国有粮食购销企业售有粮食,实行价外直接补贴;按农民实际种粮食面积和计税常产,按农民的粮食定购量和应缴的粮食农业税额。后期多按照实际种植面积	原则上由地方财政预算安排,中央财政适当支助。地方财政安排确有困难的,报经财政部批准后,可按批准额度在粮食风险基金中列支(粮食风险基金由中央和地方共同建立的粮食风险基金安排)	①按照谁种地补给谁的原则,承包地转包给他人的,承包方征(占)用的耕地和非农业用地不予补贴;③补贴不得用于高效农业,成片粮田转为设施农业用地常年不种粮的,不予补贴
农资综合直补	指统筹考虑柴油、化肥等农业生产资料价格变动对种粮农民增支影响,由政府对种粮农民给予适当补贴,以有效保护农民种粮积极性,调动农民种粮积极性,促进粮食增产	从事粮食等作物生产的农民(含农垦系统国有农场的种粮职工)	农资综合直补标准逐步提高。其中河南省从2006年11.78元/亩提高到2014年96.74元/亩	现金补贴或"一卡通""一折通"兑现到农户	原则上按照实际种植面积	中央财政预算安排,纳入粮食风险基金专户管理(农资综合直补资金由中央财政拨付的资金,原则上由中央财政给农户的资综合直补专项资金安排)	①坚持向粮主产区倾斜;②坚持公开透明原则,简便易行;③坚持一次性发放;④农民承包地实施流转流转包给原承包方,原则上补贴给原承包方有约定的,从其约定
农作物良种补贴	指国家对农民选用优质农作物品种而给予的补贴。目的是支持农民积极使用优良种子,增加主要农产品特别是粮食的产量,改善农产品质,推进农业区域化布局,标准化种植、规模化管理和产业化经营。此外,近年来国家还出台了奶牛良种补贴和生猪良种补贴等政策(本书不含动物良种补贴)	生产中使用农民选用优良品种的农民(含农场职工)	10~15元/(亩·年)	现金补贴或"一卡通""一折通"兑现到农户	原则上按照实际种植面积	中央财政预算支排	①坚持整体推进的原则;②坚持品种择优的原则;③坚持公开推介的原则;④坚持农民自愿的原则

续表

类型	补贴内涵	补贴对象	补贴标准	补贴方式	补贴依据	资金来源	补贴原则
种粮农民直接补贴	将农业"三项补贴"中直接发放给农民的补贴与耕地地力保护挂钩,明确将荒芜耕地、改变用途等耕地不纳入补贴范围,鼓励农民主动保护耕地地力,加强农业生态资源保护意识,使政策目标指向更加精准、黄政策效果与政策目标更加一致,促进农业发展和农民增收的政策空间	原则上为拥有耕地承包权的种地农民	2015年,在试点省份将农业"三项补贴"合并为"农业支持保护补贴",政策目标调整为支持耕地地力保护和粮食适度规模经营。其中将80%的农资综合补贴存量资金,加上种粮农民直接补贴资金,用于耕地地力保护。2016年起,在全国全面推开农业"三项补贴"改革。补贴标准由地方根据补贴依据的补贴总量和确定的补贴依据综合测算确定	现金补贴或"一卡通","一折通"兑现到农户	二轮承包地面积、计税耕地面积、确权耕地面积或粮食种植面积等,由省级人民政府结合本地实际自定	中央财政预算安排	对已作为畜牧养殖场使用的耕地、林地、成片粮田转为设施农业用地,非农业征(占)用耕地等已改变用途的耕地,以及长年撂荒地、占补平衡中"补"的面积和质量达不到耕种条件的耕地等不再给予补贴
农业支持保护补贴 → 农资综合补贴	通过政策引导,加快培育新型经营主体,常养新型职业农民,鼓励多种形式的粮食适度规模经营,有利于推动农业生产加快进入规模化、产业化,社会化发展新阶段,有利于促进粮食适度规模经营,同时支持发展调整全农业信贷担保体系,有利于融通加快农村发展	支持对象重点向种粮大户、家庭农场、农民合作社、农业社会化服务组织等新型经营主体倾斜	2015年,在全国范围内将综合补贴中从农资综合补贴资金20%的资金,点资金和农业"三项补贴"增量资金,统筹用于支持粮食适度规模经营。2016年以后,原则上以2016年的规模为基数,每年从农业支持保护补贴资金中予以安排以后年度根据农业支持保护情况同比例调整。对新型经营主体不通过规模经营补贴,可以采取"先建后补"等方式提供物化补助	采取贷款贴息,重大技术推广服务补助等方式支持新型经营主体发展多种形式的粮食适度规模经营,不鼓励对新型经营主体采取现金直补	谁多种粮食,就优先支持谁	中央财政预算安排	
农作物良种补贴							

(2)农资综合直补。2006 年开始对柴油、种子、化肥、农机等进行补贴,主要以粮食产量或者粮食播种面积作为补贴依据。

(3)农作物良种补贴。2002 年,国家首先在黑龙江、吉林、辽宁及内蒙古四省(自治区)实施了 1000 万亩高油大豆的良种推广补贴,每亩补贴 10 元,由此拉开了我国政府对农作物开展良种补贴的序幕。2004 年中央一号文件《中共中央　国务院关于促进农民增加收入若干政策的意见》(中发〔2004〕1 号)正式在全国范围内提出了"两减免、三补贴(取消除烟叶以外的农业特产税,减免农业税,继续实行种粮农民直接补贴、良种补贴和购置大型农机具补贴)"政策。2009 年下发的《中央财政农作物良种补贴资金管理办法》(财农〔2009〕440 号)明确指出,中央财政补贴的农作物品种包括水稻、小麦、玉米、大豆、油菜、棉花和国家确定的其他农作物品种。2010 年中央一号文件《中共中央　国务院关于加大统筹城乡发展力度进一步夯实农业农村发展基础的若干意见》(中发〔2010〕1 号)提出对农民增加良种补贴,扩大马铃薯补贴范围,启动青稞良种补贴,实施花生良种补贴试点。

2. 农业"三项补贴"合并为"农业支持保护补贴"试点阶段

2015 年 5 月 13 日,财政部和农业部印发了《关于调整完善农业三项补贴政策的指导意见》(财农〔2015〕31 号),决定从 2015 年调整完善农作物良种补贴、种粮农民直接补贴和农资综合补贴等三项补贴政策(以下简称农业"三项补贴")。2015 年,财政部、农业部选择安徽、山东、湖南、四川和浙江等五个省,由省里选择一部分县市开展农业"三项补贴"改革试点。试点主要内容是将农业"三项补贴"合并为"农业支持保护补贴",政策目标调整为支持耕地地力保护和粮食适度规模经营。一是将 80%的农资综合补贴存量资金,加上种粮农民直接补贴和农作物良种补贴资金,用于耕地地力保护。补贴对象为所有拥有耕地承包权的种地农民,享受补贴的农民要做到耕地不撂荒,地力不降低。补贴资金要与耕地面积或播种面积挂钩,并严格掌握补贴政策界限。对已作为畜牧养殖场使用的耕地、林地、成片粮田转为设施农业用地、非农业征(占)用耕地等已改变用途的耕地,以及长年抛荒地、占补平衡中"补"的面积和质量达不到耕种条件的耕地等不再给予补贴。同时,要调动农民加强农业生态资源保护意识,主动保护地力,鼓励秸秆还田,不露天焚烧。用于耕地地力保护的补贴资金直接现金补贴到户。二是将 20%的农资综合补贴存量资金,加上种粮大户补贴试点资金和农业"三项补贴"增量资金,按照全国统一调整完善政策的要求支持粮食适度规模经营。

3. 农业"三项补贴"合并为"农业支持保护补贴"推广阶段

2016 年 4 月 18 日,财政部和农业部印发了《财政部农业部关于全面推开农业"三项补贴"改革工作的通知》（财农〔2016〕26 号），要求 2016 年起在全国全面推开农业"三项补贴"改革。至此，农业支持保护补贴在全国全面推广实施。

1.1.2 我国耕地保护经济补偿实践与政策

1. 耕地保护经济补偿实践

1）耕地保护经济补偿典型试点

2008 年 1 月 1 日，成都市委、市政府联合下发了《中共成都市委 成都市人民政府关于加强耕地保护进一步改革完善农村土地和房屋产权制度的意见(试行)》（成发〔2008〕1 号），明确提出设立耕地保护基金，建立耕地保护补偿机制。随后，2008 年 1 月 15 日的《成都市人民政府关于印发〈成都市耕地保护基金使用管理办法(试行)〉的通知》（成府发〔2008〕8 号），2008 年 7 月 10 日的《成都市国土资源局 成都市财政局 成都市劳动和社会保障局关于印发〈成都市耕地保护基金筹集与使用管理实施细则(试行)〉的通知》（成国土资发〔2008〕343 号），2009 年 11 月 23 日的《成都市国土资源局 成都市统筹城乡工作委员会 成都市农业委员会关于印发〈成都市耕地保护基金发放办法(试行)〉的通知》（成国土资发〔2009〕429 号）等文件相继下发，标志着成都市在全国率先建立了耕地保护基金制度。

2009 年，佛山市选择南海区作为试点实施基本农田保护财政补贴制度，为 2010 年 3 月 15 日《佛山市人民政府办公室印发佛山市基本农田保护补贴实施办法的通知》（佛府办〔2010〕63 号）的出台和实施提供了经验。在佛山市等试点基础上，广东省于 2012 年 9 月 27 日印发了《广东省人民政府办公厅转发省国土资源厅财政厅关于建立基本农田保护经济补偿制度意见的通知》（粤府办〔2012〕98 号），标志着广东省在全国率先推行基本农田保护补偿机制全省覆盖。随后，韶关市、揭阳市、汕尾市、东莞市、梅州市、广州市、陆丰市、珠海市等市依据粤府办〔2012〕98 号文，先后制定了各市基本农田保护经济补偿制度实施细则或农田保护补贴实施办法①。

---

①2012 年 12 月 25 日，《韶关市人民政府办公室关于转发市国土资源局市财政局〈韶关市基本农田保护经济补偿制度实施细则〉的通知》（韶府办〔2012〕226 号）；2012 年 12 月 29 日，《揭阳市人民政府办公室转发市国土资源局财政局〈揭阳市基本农田保护经济补偿制度实施细则〉的通知》（揭府办〔2012〕229 号）；2013 年 3 月 15 日，《汕尾市人民政府办公室关于印发〈汕尾市基本农田保护经济补偿实施细则〉的通知》（汕府办〔2013〕24 号）；2013 年 3 月 27 日，东莞市政府常务会议审议通过了《东莞市基本农田保护经济补偿实施细则》；2013 年 4 月 10 日，《梅州市人民政府办公室转发市国土资源局财政局关于梅州市基本农田保护经济补偿制度实施细则的通知》（梅市府办〔2013〕23 号）；2014 年 9 月 19 日，《广州市国土房管局、广州市财政局、广州市农业局关于印发广州市基本农田保护补贴实施办法的通知》（穗国房字〔2014〕845 号）；2015 年 10 月 22 日，《陆丰市人民政府办公室关于印发陆丰市省级基本农田保护经济补偿实施细则的通知》（陆府办〔2015〕56 号）；2015 年 12 月 10 日，《珠海市人民政府办公室关于印发珠海市基本农田保护经济补偿办法的通知》（珠府办〔2015〕24 号）。

2010 年之前，浙江省的临海市（属台州市）、海宁市（属嘉兴市）和慈溪市（属宁波市）三个国家级基本农田保护示范区率先开展耕地保护补偿机制探索；2010 年，桐庐县（属杭州市）等八个省级基本农田保护示范区开展了基本农田保护补偿机制试点。其中，海宁市政府于 2009 年印发了《海宁市基本农田保护激励资金使用管理试行办法》（海政发〔2009〕67 号），2010～2011 年在海宁市袁花镇开展基本农田保护激励机制试点；2012 年海宁市委、市政府印发了《关于进一步加强和完善耕地（基本农田）保护共同责任机制建设的意见》（海委〔2012〕16 号）；2013 年，浙江省财政厅、国土资源厅批复《海宁市耕地保护补偿机制试点工作实施方案》（浙土资厅函〔2013〕279 号）；2014 年，嘉兴海宁市人民政府办公室印发了《海宁市耕地保护补偿机制实施细则》（海政办发〔2014〕64 号）。在总结海宁、临海等市耕地保护补偿机制试点经验的基础上，2016 年 3 月 7 日，《浙江省国土资源厅　浙江省农业厅　浙江省财政厅关于全面建立耕地保护补偿机制的通知》（浙土资发〔2016〕5 号）印发实施，标志着继广东省之后第二个推行基本农田保护补偿机制全省覆盖。随后，浙江省各市（县、区）相继根据浙土资发〔2016〕5 号文，结合当地实际，制定了耕地保护补偿机制实施办法。

2008 年上海市闵行区印发的《闵行区人民政府关于建立生态补偿机制、重点扶持经济薄弱村发展的实施意见》（闵府发〔2008〕17 号），2009 年上海市印发的《上海市人民政府关于本市建立健全生态补偿机制的若干意见》（沪府〔2009〕82 号），2010 年苏州市印发的《中共苏州市委　苏州市人民政府关于建立生态补偿机制的意见（试行）》（苏发〔2010〕35 号），2016 年福建省印发的《福建省人民政府关于健全生态保护补偿机制的实施意见》（闽政〔2016〕61 号），实质上是将基本农田与水源地、重要的生态湿地、生态公益林等纳入生态补偿机制中进行补偿。

2) 耕地保护经济补偿典型试点实施模式比较

成都市、广东省、浙江省和苏州市在耕地保护经济补偿主体、补偿客体、补偿标准、资金来源、补偿方式和用途方面有所差异（表 1-2）。补偿主体方面，成都市为全市范围内拥有土地承包经营权并承担耕地保护责任的农户，以及承担未承包到户耕地保护责任的村组集体经济组织；广东省为承担基本农田保护任务的农村集体经济组织、国有农场等集体土地所有权单位和国有农用地使用权单位；浙江省为承担耕地保护任务和责任的农村村级集体经济组织和农户；苏州市为承担耕地（或水源地、重要生态湿地、生态公益林）的责任单位和农户。

补偿客体方面，成都市为种植农作物的土地，包括水田、旱地、菜地及可调整园地等；广东省将乡（镇）土地利用总体规划划定的基本农田均纳入补贴范围，并规定有条件的地方可将基本农田范围外的耕地纳入补贴范围，但从广东省各地制定的实施办法看，着重于基本农田的补贴；浙江省为土地利用总体规划确定的永久基本农田和其他一般耕地；苏州市为全市范围内的耕地。

表 1-2　我国耕地保护经济补偿实践案例

实施地区名称	补偿名称	实施时间	文件名称	补偿主体	补偿客体	补偿标准	资金来源	补偿方式和用途	备注
成都市	耕地保护基金	2008年	《成都市人民政府关于印发〈成都市耕地保护基金使用管理办法(试行)〉的通知》(成府发(2008)8号)	成都市范围内拥有土地承包经营权并承担耕地保护责任的农户，以及承担包到户耕地保护责任的村集体经济组织	种植农作物的土地，包括水田、旱地、地及可调整地等	根据全市耕地质量和综合生产能力，对耕地实行分类保护与补贴。基本农田：400元/(亩·年)；一般耕地：300元/(亩·年)。耕地保护补贴根据全市经济社会发展状况和耕地保护基金运作情况，建立相应的增长机制	每年度市、县(市、区)两级土地有偿使用费；每年市、县(市、区)两级财政的新增建设用地土地流转收入的一定比例的资金。以上收入的一定项不足时，由市政府财政适当增长的资金补足	(1)耕地流转承担保资金和农业保护基金(每年提取当年基金总量的10%，用于对全市范围耕地流转保护责任农户的农业保险补贴)。(2)承担养老保险补贴。(3)承担未承包到户耕地保护责任的村集体经济组织补贴	符合下列条件的，可提取耕地保护基金现金：①每户参保农户耕地保护总额补贴超过(每户参保人数×个人应缴费标准的多余部分)；②不愿参保的农户中，农民男年满60周岁、女年满55周岁；③超过劳动年龄段(男年满60周岁，女年满55周岁)的农民参保，已足额缴纳养老保险费的。④对签订了《耕地集体经济组织流转耕地集体承担农业保护资金，在扣除耕地流转补贴后，每年定期按其基本农田保护的面积给予现金补贴
广东省	基本农田保护经济补偿	2012年	《广东省人民政府办公厅转发省国土资源厅财政厅关于建立基本农田保护经济补偿制度的意见》(粤办函(2012)98号)	凡根据新一轮乡(镇)土地利用总体规划划定的基本农田范围内的农村集体经济组织、地方、国有农场、国有农地等集体土地所有权单位和国有土地使用权单位	承担基本农田保护任务的农村集体经济组织	各地根据本地区的实际情况，以县(市、区)为单位确定具体的调整标准，并建立相应的调整机制。结合经济社会发展情况每3~5年调整一次	基本农田补贴资金可在各地级以上市、县(市、区)财政预算或者土地出让收入中安排。对出台基本农田保护经济补偿制度实施细则并组织实施的各地级以上市(不含深圳市)，省(每)财政按照30元/(亩·年)的标准给予补助。其中广州市、珠海市、佛山市、东莞市、中山市以及江门的蓬江区、江海区、新会区、鹤山市按省级补助标准的50%执行。省政府视补偿效果和省财力情况适时调整补贴标准	各级筹集的补贴资金(含省级补助)应分配给承担基本农田保护任务的基本农田保护地级经济组织，主要用于农村土地整治、农村集体经济组织成员参加社会养老保险和农村合作医疗等支出	广东省在佛山市等试点基础上，于2012年9月在全国率先推行基本农田保护补偿制度全省覆盖

续表

实施地区	补偿名称	实施时间	文件名称	补偿主体	补偿客体	补偿标准	资金来源	补偿方式和用途	备注
浙江省	耕地保护补偿	2016年	《浙江省国土资源厅 浙江省财政厅 浙江省农业厅关于全面建立耕地保护补偿机制的通知》(浙土资发〔2016〕5号)	承担耕地保护任务和责任的农村集体经济组织和农户	土地利用总体规划确定的永久基本农田和其他一般耕地	各市、县(市、区)结合各地财政力实际，统筹确定具体补偿标准，最低档次于农户的补助标准。其中对农户的补助标准，按照农业改革试点方案有关要求执行；对农村集体经济组织保护耕地的以奖代补资金，要建立耕地保护补偿标准适时调整机制	各市、县(市、区)要从土地出让收入、新增建设用地土地有偿使用费、土地指标调剂收入以及其他财政资金中筹集安排耕地保护补偿资金。省中央下达我省的农业支持保护补助资金中统筹安排，补助给农村集体经济组织和农户的以奖代补资金，从全省新增建设用地土地有偿使用费、省级农业其他专项资金及其他省级财政资金中筹集。宁波市耕地保护补偿政策，补贴资金由宁波市自行确定落实	对农村集体经济组织的以奖代补资金，主要用于农田基础设施修缮、地力培育、耕地保护等管护成本在确保完成耕地建设任务，并符合新增建设用地有偿使用费等相关资金有偿使用规定的前提下，用于发展农村公益事业、建设使用土地有偿开发以及其他农村公共服务设施等	浙江省各市(县、区)相继根据《国土资源部 财政厅关于建立耕地保护机制的通知》，结合当地实际，制定了耕地保护补偿实施办法，如嘉兴市(衢州市)、江山市(舟山市)区可
苏州市	生态补偿	2010年	《中共苏州市委 苏州市人民政府关于建立生态补偿机制的意见(试行)》(苏发〔2010〕35号)	承担耕地、水源地、重要生态湿地、生态公益林的责任单位和农户	耕地、水源地、重要生态湿地、生态公益林	建立耕地保护专项资金，根据耕地面积，补偿标准不低于400元/(亩·年)的标准子以生态补偿。同时，对水稻主产区，阳澄湖水面所在的村，市级以上生态公益林的水稻田和连片10000亩的水稻田，分别按200元/(亩·年)和400元/(亩·年)再予以生态补偿(其他类型生态公益林生态补偿标准略)	各区生态补偿专项资金每年由市及区，各市、区按上述标准核定。其中，水稻主产区、水源地及太湖等各级生态补偿资金由市级、区两级财政共同承担，市级财政对各县区补助50%；其他生态补偿资金由各区承担。各县级生态补偿资金由各县级财政承担，市级生态补偿工作进行考核与核定落实	生态补偿资金每年由市及区，各市、区发放乡镇、村，主要用于生态环境的保护、修复和建设；对直接承担生态保护、发展责任的农户进行补贴；发展乡镇、村社会公益事业，其中耕地保护专项资金主要用于开展土地整理、复垦复耕，土地流转及对土地类型农户，经营大户进行生态补贴等	《闵行区 重点生态补偿机制的实施意见》(闵府印发〔2008〕17号)、2009上海市印发的《上海市人民政府关于本市建立健全生态保护区发展的若干意见》(沪府〔2009〕82号)、2016年福建省人民政府关于生态保护《福建省人民政府关于健全生态保护》(闽政〔2016〕61号)，实质上均是将耕地、生态湿地、重要的生态资源林等纳入生态补偿

补偿标准方面,成都市根据全市耕地质量和综合生产能力,对耕地实行分类别保护与补贴:基本农田为400元/(亩·年),一般耕地为300元/(亩·年),耕地保护补贴标准根据全市经济社会发展状况和耕地保护基金运作情况,建立相应的增长机制;广东省则规定,各地级以上市根据本地区的实际情况,以县(市、区)为单位确定具体补贴标准,并建立相应的调整机制,结合经济发展情况可每3~5年调整一次。广东省各地市补偿标准差别较大,韶关、揭阳、汕尾、梅州、陆丰等市补偿标准为35~40元/(亩·年)。东莞市的基本农田实有耕地面积补贴515元/(年·亩)(其中含省财政补贴15元/(年·亩)),林地面积补贴115元/(年·亩)(其中含省财政补贴15元/(年·亩)),水乡地区按以上标准增加20%补助。广州市实行差别化分类补贴标准,海珠区、荔湾区、白云区补贴500元/(亩·年),花都区、番禺区、南沙区、萝岗区补贴350元/(亩·年),从化市、增城市补贴200元/(亩·年)。浙江省规定,各市、县(市、区)人民政府结合各地实际,统筹地方财力和资金,确定具体补偿标准。其中对农户的耕地地力保护补贴标准,具体按照农业三项补贴政策综合改革试点方案有关要求执行;对农村村级集体经济组织保护耕地的以奖代补资金,省财政按照永久基本农田保护面积30元/(亩·年)的标准下达补助资金,同时,考虑耕地保护责任目标考核系数和土地卫片执法检查情况。苏州市根据耕地面积,按不低于400元/(亩·年)的标准予以生态补偿。同时,对水稻主产区,连片1000~10000亩的水稻田和连片10000亩以上的水稻田,分别按200元/(亩·年)和400元/(亩·年)再予以生态补偿。

资金来源方面,成都市为每年市、县(市、区)两级的新增建设用地土地有偿使用费以及每年缴入市、县(市、区)两级财政的土地出让收入的一定比例的资金,以上两项不足时,由政府财政资金补足。广东省规定,基本农田补贴资金可在各地级以上市、县(市、区)财政预算或者土地出让收入中安排。对出台基本农田保护经济补偿制度实施细则并组织实施的各地级以上市(不含深圳市),省财政按照30元/(亩·年)的标准给予补助(其中广州市、珠海市、佛山市、东莞市、中山市以及江门市的蓬江区、江海区、新会区、鹤山市按省级补助标准的50%执行)。浙江省规定,"省财政补贴给农户的耕地地力保护补贴资金,主要从中央下达给我省的农业支持保护补贴资金中统筹安排;补助给农村村级集体经济组织的保护耕地以奖代补资金,从省分成新增建设用地土地有偿使用费、中央分成新增建设用地土地有偿使用费、省级耕地开垦费、省级农业土地开发资金以及其他财政资金中筹集。宁波市耕地保护补偿政策、补贴资金由宁波市参照省里政策自行确定落实"。苏州市规定,各区生态补偿资金由市、区两级财政共同承担,其中:水稻主产区,水源地及太湖、阳澄湖水面所在的村,市级以上生态公益林的生态补偿资金,由市、区两级财政各承担50%;其他生态补偿资金由各区承担。各县级市生态补偿资金由各县级市承担,市级财政对各县级市生态补偿工作进行考核并适当奖励。

补偿方式和用途方面，成都市规定，耕地保护补偿可用于耕地流转担保资金和农业保险补贴(每年提取当年划拨的耕地保护基金总量的 10%,用于对全市范围耕地流转担保资金和农业保险补贴);承担耕地保护责任农户的养老保险补贴;承担未承包到户耕地保护责任的村组集体经济组织的现金补贴。同时规定了提取耕地保护基金现金的条件:①每户耕地保护基金养老保险补贴总金额超过(每户参保人数×个人应缴费标准金额)的多余部分;②不愿参保的农户中,农民男年满 60 周岁、女年满 55 周岁的;③超过劳动年龄段(男年满 60 周岁、女年满 55 周岁)的农民参保,已足额缴纳养老保险费的;④对签订了《耕地保护合同》的村组集体经济组织,在扣除耕地流转担保资金和农业保险补贴后,每年定期按其保护耕地的面积给予现金补贴。广东省规定,各级筹集的补贴资金(含省级补助)应分配给承担基本农田保护任务的基本农田保护单位,主要用于基本农田后续管护、农村土地整治、农村集体经济组织成员参加社会养老保险和农村合作医疗等支出,具体由各地级以上市人民政府研究确定。浙江省对农村集体经济组织保护耕地的以奖代补资金主要用于农田基础设施修缮、地力培育、耕地保护管理等,在确保完成耕地保护任务并符合新增建设用地土地有偿使用费等相关资金使用管理规定的前提下,也可用于发展农村公益事业、建设农村公共服务设施等。苏州市的耕地生态补偿资金每年由市及各市、区按上述标准核定后,拨付乡镇、村,主要用于生态环境的保护、修复和建设,对直接承担生态保护责任的农户进行补贴;发展乡镇、村社会公益事业和村级经济等,其中耕地保护专项资金用于开展土地复垦复耕、土地整理、高标准农田建设及对土地流转农户、经营大户进行补贴等。

2. 相关政策与制度

在制度和政策方面,中共中央、国务院和国家有关部委的相关文件对耕地保护经济补偿机制的构建提出了明确的设想和具体保障措施。

2008 年 10 月 12 日,中国共产党第十七届中央委员会第三次全体会议通过的《中共中央关于推进农村改革发展若干重大问题的决定》中最先提出,划定永久基本农田,建立保护补偿机制,确保基本农田总量不减少、用途不改变、质量有提高。随后胡锦涛在 2011 年 8 月 23 日中共中央政治局第三十一次集体学习上强调,今后要切实坚持和完善最严格的耕地保护制度,把划定永久基本农田作为确保国家粮食安全的基础,强化耕地保护责任制度,健全耕地保护补偿机制。2017 年 10 月 18 日,习近平在中国共产党第十九次全国代表大会上所做的报告《决胜全面建成小康社会 夺取新时代中国特色社会主义伟大胜利》中指出,严格保护耕地,扩大轮作休耕试点,健全耕地草原森林河流湖泊休养生息制度,建立市场化、多元化生态补偿机制。

同时,耕地保护经济补偿政策也融于国务院和国家各部委颁布实施的相关规划纲要和实施方案之中。2008 年 8 月 13 日国务院审议通过并于 10 月 23 日发布的《全国土地利用总体规划纲要(2006—2020 年)》提出，健全耕地保护的经济激励和制约机制。加大非农建设占用耕地特别是基本农田的成本，鼓励各类建设利用存量土地和未利用地。加大对耕地特别是基本农田保护的财政补贴力度，将耕地保有量和基本农田保护面积作为国家确定一般性财政转移支付规模的重要依据，实行保护责任与财政补贴相挂钩，充分调动基层政府保护耕地的积极性。探索建立耕地保护基金，落实对农户保护耕地的直接补贴，充分调动农民保护耕地的积极性与主动性。2015 年 11 月 2 日，中共中央办公厅、国务院办公厅印发的《深化农村改革综合性实施方案》提出，应"完善耕地和基本农田保护补偿机制"。2016 年 3 月 16 日，第十二届全国人民代表大会第四次会议通过的《中华人民共和国国民经济和社会发展第十三个五年规划纲要》提出，建立农业农村投入稳定增长机制。优化财政支农支出结构，创新涉农资金投入方式和运行机制，推进整合统筹，提高农业补贴政策效能。逐步扩大"绿箱"补贴规模和范围，调整改进"黄箱"政策。将农业"三项补贴"合并为农业支持保护补贴，完善农机具购置补贴政策，向种粮农民、新型经营主体、主产区倾斜。建立耕地保护补偿制度。2016 年 4 月 12 日《国土资源部关于印发〈国土资源"十三五"规划纲要〉的通知》(国土资发〔2016〕38 号)提出，建立耕地保护补偿制度。综合考虑土地整治、高标准农田建设任务、基本农田保护面积等，进一步完善耕地保护建设性补偿机制。系统总结地方耕地保护补偿试点经验，与整合涉农补贴政策衔接，与建立生态补偿机制联动，推进对农民集体保护耕地的激励性补偿和粮食主产区的区域性补偿，切实调动地方政府和农民集体保护耕地的积极性。2017 年 1 月 3 日国务院印发的《国务院关于印发全国国土规划纲要(2016—2030 年)的通知》(国发〔2017〕3 号)也提出，建立完善耕地激励性保护机制，加大资金、政策支持，对落实耕地保护义务的主体进行奖励。健全耕地保护补偿制度。加大公共财政对"三农"的支持力度，保证"三农"投入稳定增长。健全粮食主产区利益补偿制度，支持粮食主产区公共服务和基础设施配套建设。增加产粮大县奖励资金，提高产粮大县人均财力水平，调整完善农业补贴政策，着重支持粮食适度规模经营，加大对耕地地力保护的支持力度。2017 年 1 月 9 日中共中央、国务院发布并实施的《中共中央　国务院关于加强耕地保护和改进占补平衡的意见》提出，健全耕地保护补偿机制。加强对耕地保护责任主体的补偿激励。积极推进中央和地方各级涉农资金整合，综合考虑耕地保护面积、耕地质量状况、粮食播种面积、粮食产量和粮食商品率，以及耕地保护任务量等因素，统筹安排资金，按照谁保护、谁受益的原则，加大耕地保护补偿力度。鼓励地方统筹安排财政资金，对承担耕地保护任务的农村集体经济组织和农户给予奖补。

　　另外，耕地保护经济补偿制度的建立也是历年中央一号文件的重要内容。2009

年中央一号文件《中共中央　国务院关于 2009 年促进农业稳定发展农民持续增收的若干意见》提出，实行最严格的耕地保护制度和最严格的节约用地制度。尽快出台基本农田保护补偿具体办法。2010 年中央一号文件《中共中央　国务院关于加大统筹城乡发展力度进一步夯实农业农村发展基础的若干意见》提出，坚决守住耕地保护红线，建立保护补偿机制，加快划定基本农田，实行永久保护。2012年中央一号文件《中共中央、国务院印发〈关于加快推进农业科技创新持续增强农产品供给保障能力的若干意见〉》提出，加快永久基本农田划定工作，启动耕地保护补偿试点。2013 年中央一号文件《中共中央　国务院关于加快发展现代农业进一步增强农村发展活力的若干意见》提出，按照增加总量、优化存量、用好增量、加强监管的要求，不断强化农业补贴政策，完善主产区利益补偿、耕地保护补偿、生态补偿办法，加快让农业获得合理利润、让主产区财力逐步达到全国或全省平均水平。2014 年中央一号文件《中共中央　国务院印发〈关于全面深化农村改革加快推进农业现代化的若干意见〉》指出，加快建立利益补偿机制。加大对粮食主产区的财政转移支付力度，增加对商品粮生产大省和粮油猪生产大县的奖励补助，鼓励主销区通过多种方式到主产区投资建设粮食生产基地，更多地承担国家粮食储备任务，完善粮食主产区利益补偿机制。支持粮食主产区发展粮食加工业。降低或取消产粮大县直接用于粮食生产等建设项目资金配套。完善森林、草原、湿地以及保持水土等生态补偿制度，继续执行公益林补偿、草原生态保护补助奖励政策，建立江河源头区、重要水源地、重要水生态修复治理区和蓄滞洪区生态补偿机制。支持地方开展耕地保护补偿。2015 年中央一号文件《中共中央　国务院关于加大改革创新力度加快农业现代化建设的若干意见》指出，健全粮食主产区利益补偿、耕地保护补偿、生态补偿制度。2016 年中央一号文件《中共中央　国务院关于落实发展新理念加快农业现代化实现全面小康目标的若干意见》提出，完善耕地保护补偿机制。2017 年中央一号文件《中共中央　国务院关于深入推进农业供给侧结构性改革加快培育农业农村发展新动能的若干意见》提出，完善农业补贴制度。进一步提高农业补贴政策的指向性和精准性，重点补主产区、适度规模经营、农民收入、绿色生态。深入推进农业"三项补贴"制度改革。完善粮食主产区利益补偿机制，稳定产粮大县奖励政策，调整产粮大省奖励资金使用范围，盘活粮食风险基金。2018 年中央一号文件《中共中央　国务院关于实施乡村振兴战略的意见》指出，健全粮食主产区利益补偿机制。

1.2　研究目的和意义

可见，科学确定耕地保护经济补偿标准，构建面向城乡和区域统筹协调发展的区内和区际一体化的耕地保护经济补偿体系和运行机制，已成为耕地保护方面的重要研究内容。其中粮食主产区耕地保护外部性的科学量化是耕地保护区内和区际经济补偿标准制定的重要依据，同时是构建耕地保护经济补偿机制的关键环节。而粮食主产区耕地保护外部性边界涉及该研究领域的尺度问题，影响外部性量化及其区内区际外部性分割。在实践方面，耕地保护的经济补偿制度(如成都市2008年开始实施的耕地保护基金制度，广东省2012年建立的基本农田保护经济补偿制度)仅处于尝试阶段，具有一定的不完备性和试验性。因此，从外部性多层次边界视角出发，开展耕地保护外部性量化方法及其应用研究，同时基于耕地保护经济补偿试点和非试点区域开展耕地保护经济补偿实施效应和模拟效应定量评价，具有以下重要的理论价值和实践意义：

(1)基于外部性等理论构建耕地保护外部性多层次作用边界的概念模型，提出耕地保护外部性量化方法，建立多层次边界下耕地保护外部性分割模型，可为粮食主产区耕地保护外部性量化和经济补偿标准的制定提供理论与方法支撑。

(2)基于外部性多层次边界开展典型区域耕地保护外部性的实证分析，有利于明晰粮食主产区耕地保护外部性多层次作用边界的特征、作用机理及耕地保护外部性的时空差异性特征，可为建立区内区际一体化耕地保护经济补偿体系提供实践依据。

(3)选择典型耕地保护经济补偿试点区域和非试点区域，开展农户感知视角下的耕地保护基金实施效应和情景模拟效应评价，有利于探析不同模式下耕地保护经济补偿效果与影响因素，优化完善耕地保护经济补偿模式和补偿体系。

1.3　国内外研究进展及评述

1.3.1　耕地保护外部性测度国内外研究进展

国外对耕地保护外部性量化研究多包含于农地生态和环境效益评估的相关研究之中，运用较多的评估方法包括条件价值评估法(contingent valuation method，CVM)、特征价值法(hedonic price model，HPM)等。其中，Westman(1977)提出的"自然的服务(nature's services)"概念及其价值评估问题，Freeman(1993)出版的 *The Measurement of Environment and Resource Values—Theory and Method*(《环境与资源价值评估——理论与方法》)，Turner(1991)、Pearce 和 Moran(1994)提出的自然资本与生态系统服务价值分类理论，Daily(1997)出版的 *Nature's Service: Societal Dependence on Natural Ecosystems*(《自然的服务——社会对自然生态系统的依赖》)，Costanza 等(1997)发表的 *The value of the world's ecosystem services and natural capital*(《世界生态系统服务与自然资本的价值》)，为耕地保护外部性量化提供了理论基础和依据。在实践中，Bergstrom 等(1985)以支付卡法作为询价工具，运用 CVM 对美国南卡罗来纳州耕地保护的景观价值进行了评估；Drake(1992)通过询问受访者在所得税中愿意支付多少金额,以评估瑞典耕(农)地景观的愿付价值;Bowker 和 Didychuk(1994)采用 CVM 评估了加拿大新不伦瑞克省(New Brunswick)的农地非市场效益;Pruckner(1995)运用 CVM 测算了奥地利的农地环境效益;Dorfman 等(2009)认为应在调查分析市民和农民耕地保护需求的基础上,测度耕地非市场价值,并对耕地利用和保护的行为进行补偿。

　　国内耕地保护外部性及其量化研究始于耕地资源价值(价格)的界定、分类,随后扩展到面向耕地保护经济补偿的外部性(或非市场价值)量化方面。在耕(农)地价值(价格)的界定、分类方面,王万茂和黄贤金(1997)认为农地价格是指农地物质价格和农地资本价格,其中包含社会对农地资本支付过多的社会价值价格和农地资本个别劳动价值价格;刘慧芳(2000)指出,农地作为一种资源性资产,其价值是农地生产力决定的质量价格和农地的无形价值之和,且土地补偿费对应农地的收益价格——质量价格,安置补助费对应农地的存在对农民所具有的社会保障价值,耕地开垦费对应农地为社会提供粮食安全作用而产生的社会稳定功能价值;诸培新和曲福田(2003)借助资源环境经济学理论提出的资源总价值理论,将土地资源的价值分为使用价值和非使用价值;蔡运龙和霍雅勤(2006)提出耕地资源具有经济产出价值、生态服务价值和社会保障价值;李翠珍等(2008)认为耕地资源价值体系包括耕地资源经济价值、社会保障价值和生态价值;马文博等(2010)认为耕地资源的非市场价值应为耕地保护经济补偿的范围,包括生态价值和社会价值两部分;廖和平等(2011)将耕地资源价值划分为经济产出价值、社会保障价值、发展权价值、国家粮食安全战略价值和生态环境价值。

　　在耕地保护外部性量化方法方面,CVM 和替代/恢复成本法得到了广泛应用。①CVM。黄宗煌(1991)利用 CVM 对不同粮食自给率下的选择价值进行了评估,而该选择价值实质上是对耕地粮食安全效益的意愿支付的表现形式;陈明建和阙雅文(2000)将耕地面积的概念引入研究之中,运用 CVM 评估了在不同耕(农)地比例和不同粮食自给率假设条件下的耕(农)地粮食安全效益;王瑞雪(2005)、蔡银莺和张安录(2008)、宋敏(2012)、牛海鹏等(2014)、马爱慧(2015)、牛海鹏和王坤鹏(2017)则将 CVM 应用于面向耕地保护经济补偿的耕地外部效益(或外部性)测度。②替代/恢复成本法。刘慧芳(2000)以保险费趸缴为依据测算耕地社会保障价值,以耕地开垦费、耕地熟化过程的收益损失为依据测算耕地社会稳定价值;随后,蔡运龙和霍雅勤(2006)、陈丽等(2006)、李翠珍等(2008)、邓春燕等(2012)、鄂施璇和宋戈(2015)、王晓瑜等(2016)分别以替代/恢复成本法对耕地的造氧涵养水源价值、净污价值、失业保障价值、社会稳定价值、生活保障价值、失业保险价值及国家粮食安全战略价值进行了测度和分析。③其他评估方法。周小平等(2010)依据外部性理论,采用人均耕地阈值方法,测度了 31 个省级行政区的耕地保护区际外部性,并将其划分为耕地赤字区、耕地平衡区及耕地盈余区;苑全治等(2010)以经济外部性理论为依据,计算了潍坊市各县(市、区)的区域耕地保护外部性,为区域间耕地保护经济补偿机制构建提供了基础;陈秧分等(2010)、方斌和王波(2011)、王利敏和欧名豪(2011)、雍新琴和张安录(2012)分别从农户生产决策视角、区域经济发展水平的耕地社会责任、委托代理理论和农户保护耕地的机会成本对耕地保护的外部性(或非市场价值)进行了量化,为耕地保护经济补偿标准的确定提供了基础。

总之,目前关于耕地保护外部性量化研究多侧重于耕地保护总体外部性和区际外部性的测度和实证分析。虽然这些研究已经将外部性理论与耕地保护外部性研究进行了有机结合,并且能够运用 CVM 等非市场价值法进行耕地保护外部性量化和分析,但从区域耕地生态系统服务的角度进行耕地保护外部性界定和分析则研究较少,且在基于不同方法和不同外部性作用边界下进行耕地保护外部性量化和差异性分析等方面的研究也有待进一步深入,以往实证研究多集中于单一区域的实证分析,鲜有从多区域的角度进行实证对比分析。

1.3.2 耕地保护经济补偿效应国内外研究进展

1. 国外研究进展

发达国家和地区对耕地保护方面的经济补偿主要采取财政直补、税费优惠、价格干预等多种补偿方式。其中,财政直补是国外发达国家普遍采取的耕地保护经济补偿方式之一(杜伟等,2013)。同时,国外对耕地保护主体的经济补偿主要体现在农业补贴方面(牛海鹏,2010),如美国的农业环境政策(agri-environmental policies,AEPs)、保护储备计划(conservation reserve program,CRP)、环境质量激励项目(environmental quality incentives program,EQIP),欧盟的共同农业政策(common agricultural policy,CAP)等,既是通过向农民提供报酬来减少农业生产的负外部效应的环境服务付费政策,也是向农民转移公共资金的一种手段(Baylis et al.,2008)。目前,国外关于耕地保护经济补偿效应的研究和评估集中表现在政策实施后农户(农场)的参与意愿和政策实施的经济、社会及生态环境效应。

在农户(农场)参与耕地保护经济补偿政策的意愿及其影响因素方面,van Rensburg 等(2009)通过问卷调查表明,政策的实施对参与农户的收入和行为产生了积极的影响,而农场规模、农场类型、农民年龄、农民文化程度、是否参与国家其他农业补偿项目、是否从事非农就业、农民是全职还是兼职等因素显著影响项目的参与度;Hounsome 等(2006)通过逻辑回归法研究了威尔士农村环境项目实施后农户的身体和心理健康、年龄、婚姻状况、语种、农场大小、农场类型、农场租赁情况、财务状况和参与农业环境计划之间的关系,重点分析了精神健康程度对农户参与项目积极性的影响;在对影响农户参与环境质量激励项目影响因素的调查研究中，通过对美国 50 个州的调查问卷，发现农场规模、农产品销量、农户个体特征和对联邦政府环境支出的看法是影响农户参与环境质量激励项目意愿的主要因素(Reimer et al.，2013；余亮亮和蔡银莺，2015a)；Mishra 和 Khanal (2013)指出，资金流动性、债务偿还能力和互联网应用的便利性显著影响农户参与美国的保护储备计划或环境质量激励项目的积极性；Defrancesco 等(2008)分析了意大利北部农户参与农业环境政策的影响因素，发现收入水平、农场在商业中的未来和农民的邻里关系，以及农户对环境友好行为的看法对其参与农业环境的选择有显著影响，并进一步指出在制定农业环境政策时应考虑农民的态度和信仰以及当地的风俗习惯。由此表明，农民特征、家庭特征、经济特征、农业结构和社会环境等因素与耕地保护经济补偿政策之间具有显著的相关关系。

在耕地保护经济补偿政策的效应评估方面，现有成果多集中于单项效应研究：①经济效应评价。Bach 等(2000)利用全球一般均衡模型(global general equilibrium model)对欧盟共同农业政策的经济效应进行了评估，研究表明共同农业政策实施后中欧及东欧地区的农业生产的增长潜力巨大，受偿地区的农民获得了显著的福利收益；Chang 等(2008)通过比较参与保护储备计划中农户的消费、收入和储蓄情况，实证研究了保护储备计划如何影响农户经济福祉的问题；Fragoso 等(2011)从农业收入、土地投入、劳动力投入和资本等方面评估了地中海地区共同农业政策的经济效应。②社会效应评价。Martin 和 Patrick(2011)基于计量经济学对德国东部共同农业政策的社会效应进行了事后评估，分析了农业政策与就业保障之间的关系；Blomquist 和 Nordin(2017)评估了瑞典共同农业政策对农村劳动力就业的影响，结果表明除了对农业的直接影响外，补贴政策对农村劳动力的非农就业具有显著的促进效应。③生态环境效应评价。Kleijn 等(2001)评估了共同农业政策对荷兰农业景观中保护生物多样性的贡献，指出了农业环境计划并没有有效地保护荷兰农业景观中的生物多样性；Primdahl 等(2003)基于欧盟 10 个成员国中参与和未参与农业环境计划的农户调查数据，评价了共同农业政策的生态环境效应(单项指标环境效应和综合指标环境效应)；Wallander 和 Hand(2011)测度了环境质量激励项目对农田生态环境的改善效应，研究了项目实施后的农田灌溉效率和水资源保护情况。综上所述，国外对耕地保护经济补偿效应的研究主要关注政策实施的事后效应，且针对单一效应的研究较多。

以上分析表明，国外耕地保护经济补偿效应研究主要关注农户(农场)对政策实施后的响应程度及影响政策可持续性的因素，同时重点针对政策实施后的经济效应、社会效应和生态环境效应开展了实证研究。此外，多种统计分析模型的应用更加直观地反映了耕地保护经济补偿政策目标的实现程度，具有一定的借鉴意义。

2. 国内研究进展

随着国内一些省市积极探索耕地保护经济补偿的实施模式，如广东省、上海市、成都市、佛山市、苏州市等分别以耕地保护基金或农田生态补偿的形式开展耕地保护经济补偿，国内学者也开始尝试对其实施效应展开研究。

1)耕地保护经济补偿农户满意度研究

现有成果主要以成都市耕地保护基金为对象开展耕地保护经济补偿的农户满意度研究。张冬雪和牛海鹏(2018)通过熵权模糊综合评价模型表明，农户对成都市耕地保护基金基本满意，且满意度受补贴标准、补贴方式、补贴依据、资金分配比例和资金使用要求的显著影响；余亮亮和蔡银莺(2015b，2016)利用 Ordered Probit 模型验证了土地转出户比转入或未流转土地的农户对成都市耕地保护基金有更高的满意度，且农户稳定的政策预期对农户满意度有重要影响；刘小庆和蔡银莺(2014)通过 Logistic 回归分析表明，农民对成都市耕地保护基金满意度呈中等水平，且农户满意度取决于其个体特征、家庭特征、政策认知及政策影响感知等因素；孙沁谷(2012)通过构建满意度测度模型表明农户对成都市耕地保护基金的满意度整体呈中等偏上水平，且农户年龄、家庭经济水平、收入来源对农户满意度有显著影响；此外，余亮亮和蔡银莺(2015a)选取已实施农田生态补偿的上海市闵行区、张家港市和率先实施耕地保护基金的成都市为典型地区，采用 TOPSIS (technique for order preference by similarity to ideal solution)模型评价了耕地保护经济补偿实施后的农户满意度，结果表明影响三个地区农户满意度排序前五位的障碍因子依次为对耕地保护补偿账务公开是否满意、对政府部门的监督管理是否满意、对补偿资金使用要求是否满意、对补偿标准是否满意、对资金分配是否满意。

现有研究成果对优化试点地区耕地保护经济补偿实践模式具有重要的指导意义，但主要围绕单个或几个影响因素进行探讨，对耕地保护经济补偿农户满意度影响机理开展综合全面的研究有待完善。

2)耕地保护经济补偿效应研究

目前国内学者对耕地保护经济补偿效应的研究主要基于三条主线。

(1)什么是耕地保护经济补偿效应或应如何开展耕地保护经济补偿效应研究。牛海鹏(2010)、牛海鹏和肖东洋(2016)基于耕地保护经济补偿的接受主体、给付主体和补偿客体所反映的社会效应、经济效应和生态效应，界定了耕地保护经济补偿效应的内涵，并构建了相应的研究体系。

(2)如何评价现有模式的实施效应。农户作为耕地保护最主要的利用(经营)主体和耕地保护经济补偿最主要的受偿主体，对耕地保护经济补偿效应的认知与评判，直接影响其未来的耕地保护行为，从而关系到耕地保护经济补偿实施效应的可持续性。因此，学者基于农户视角对耕地保护经济补偿效应的研究较多。例如，贾祥飞等(2013)基于农户的问卷调查，对成都市耕地保护基金的实施现状进行了描述性分析；孙沁谷(2012)、刘小庆和蔡银莺(2014)、余亮亮和蔡银莺(2015a，2016)基于农户视角，利用问卷调查获得的微观数据，对成都市耕地保护基金实施以来的农户满意度进行了实证研究；蔡银莺和朱兰兰(2014)、余亮亮和蔡银莺(2014，2015a)基于农户视角分别针对闵行区、张家港市和成都市农田保护经济补偿政策的实施成效、耕地保护经济补偿政策的初期效应和实施绩效等方面展开了定量研究；此外，卢艳霞等(2011)通过对比分析和归纳总结，研究了典型地区耕地保护经济补偿实践的积极效应和面临的主要问题。

(3)影响耕地保护经济补偿效应的因素是什么。谢晋和蔡银莺(2016，2017)通过对苏州和成都等地的问卷调查，探讨了生计禀赋对农户参与农田保护补偿政策成效的影响；朱兰兰和蔡银莺(2016)通过四川、湖北、上海和江苏的典型实证，分析了农户的个体特征、家庭特征、环境认知、区域发展和政策认知等五个方面对农户感知耕地保护经济补偿实施成效的影响。

目前我国对耕地保护实施的经济补偿政策较多，且具有强制性和普惠性(朱兰兰和蔡银莺，2016)，但现有研究并未清楚区分不同的经济补偿在耕地保护政策中的作用。此外，由于我国尚未实施耕地保护区际经济补偿政策，现有研究仅局限于区内经济补偿效应分析，且研究视角大多从耕地保护的利用(经营)主体——农户出发，尚缺乏耕地保护经济补偿政策在耕地保护的管理主体(中央政府、地方政府、农村集体经济组织或国有农场)和社会监督主体等方面的效应研究。

3. 耕地保护经济补偿效应研究评述

综上所述，现有研究成果对于检验耕地保护经济补偿效应和完善我国耕地保护经济补偿体系具有重要的借鉴意义。但在耕地保护经济补偿效应研究的尺度、体系、维度和实证的多区域性等方面尚需深入。结合耕地保护经济补偿效应内涵和研究现状，耕地保护经济补偿效应的研究体系应侧重于以下方面：

(1)开展多层面的耕地保护经济补偿效应研究。依据耕地保护经济补偿效应的内涵，未来应在耕地保护区内经济补偿效应和区际经济补偿效应两个层面展开研究。其中耕地保护区内经济补偿效应可从以下三个方面着手：一是研究区内不同耕地保护经济补偿接受主体(包括农户、村集体经济组织及地方政府)的耕地保护意愿、态度、行为的变化及其对生活水平、区域发展水平和耕地收益水平的影响；二是区内耕地保护给付主体对耕地保护效果在意识和行为上的反映；三是耕地保护经济补偿客体(耕地)在数量、质量和生态方面的变化。由于耕地保护经济补偿的生态效应需要较长时间才能体现出来，前期可基于耕地保护经济补偿各主体的主观感受进行研究，后期应注重耕地保护经济补偿客体本身体现的生态效应。国内目前尚未有耕地保护区际经济补偿的实践，因此，可采用情景模拟的方法侧重于对区际经济补偿预期效应的事前评价,具体可从耕地保护区际经济补偿接受区和给付区对耕地建设占用的双重抑制性和耕地保护的积极性展开研究。

(2)加强不同尺度的耕地保护经济补偿效应研究。耕地保护经济补偿效应在时空尺度上的研究,对保证政策可持续性具有重要作用。未来应加强对耕地保护经济补偿效应在空间尺度上的研究,探索同一补偿模式在不同地域范围内是否具有不同的成效。同时重视耕地保护经济补偿的时间尺度效应,加强耕地保护经济补偿实践的跟踪研究,评价其短期效应和长期效应的差异性。

(3)不同模式下耕地保护经济补偿效应的异质性研究。随着耕地保护经济补偿政策在国家耕地保护工作中的地位日益重要,越来越多的地区开始探索并开展耕地保护经济补偿实践。探究不同的耕地保护经济补偿模式在其效应上的异质性,对在全国范围内实施耕地保护经济补偿政策具有重要的推动作用。未来可将成都模式、广州模式、佛山模式、海宁模式、苏州模式等进行综合对比,研究不同区域不同模式下耕地保护经济补偿效应的异质性。

(4)对耕地保护经济补偿效应影响因素进行多维度、多层次分析。耕地保护经济补偿效应影响因素是多维度、多层次的,既包括农户个体特征、村庄区域特征和农业生产特征,也包括农户、村集体、政府等多层次下的耕地保护主体行为特征。多维度、多层次分析耕地保护经济补偿效应的影响因素,有利于探析耕地保护经济补偿效应的作用与反馈机理。

(5)构建适用于耕地保护经济补偿效应研究的测度模型,开展不同典型区域和尺度的实证研究。在分析耕地保护经济补偿主体对实施耕地保护经济补偿后的意识和行为的基础上,构建区内区际主体效应测度模型和耕地客体效应模型,并选择不同尺度、不同自然经济社会条件的典型区域,开展多尺度多区域不同补偿模式下耕地保护经济补偿效应的对比分析研究,明晰不同时空尺度和不同补偿模式下耕地保护经济补偿效应的异质性。

基于此,本书主要选取以下方面展开分析:在研究层面上,针对耕地保护区内经济补偿效应展开研究;在研究尺度上,针对市级尺度(空间尺度)下耕地保护经济补偿的初期效应(时间尺度)进行分析;在模式的选择上,主要以成都市耕地保护基金为例;在对耕地保护经济补偿效应影响因素的分析方面,选取农户个体特征、村庄区域特征和农业生产特征等因素进行多维度分析;在实证分析方面,主要以 TOPSIS 模型、Logistic 回归模型和模糊综合评价模型展开测度。本书以我国粮食主产区的耕地保护经济补偿试点地区和非试点地区为实证基础,通过构建农户对耕地保护经济补偿的满意度模型和综合效应以及单项效应的评价模型,研究现有耕地保护经济补偿实践的实施效应和预期效应。

1.4　研究内容和研究目标

1.4.1　研究内容

1. 耕地保护外部性量化与效应评价的理论、方法与模型

基于生态系统及其服务理论、公共物品和外部性理论、城乡与区域统筹发展理论，构建耕地保护外部性多层次作用边界的概念模型，提出耕地保护外部性量化方法，建立多层次边界下耕地保护外部性分割模型；基于有限性理论、感性选择理论、公共政策评估理论和公共选择理论，界定耕地保护经济补偿效应内涵，构建耕地保护经济补偿效应评价模型。

2. 粮食主产区典型区域选择及外部性多层次边界确定

依据自然资源条件、粮食生产基础和经济社会发展水平等因素的差异性，在河南省粮食主产区黄淮海平原、南阳盆地和豫北豫西山前平原三大区域内选取周口市太康县、南阳市唐河县和焦作市温县三个典型粮食主产县作为实证区域；并在此基础上分析确定粮食主产区耕地保护外部性第Ⅰ边界、第Ⅱ边界和第Ⅲ边界。

3. 基于 CVM 的耕地保护外部性测度与分析

以豫北豫西山前平原粮食主产区焦作市为研究区域，基于支付卡 CVM 开展不同时点不同支付方式下的耕地保护外部性量化与对比分析。同时，运用单边界二分式 CVM 和双边界二分式 CVM 开展均分样本、非均分样本和分类非均分样本三种不同方案下典型区域耕地保护外部性的量化研究。

4. 多层次边界下典型区域单位面积耕地保护外部性理论值测算

基于综合方法(当量因子法、替代/成本法)量化周口市太康县、南阳市唐河县和焦作市温县三个典型粮食主产县在省、市外部性作用边界下平均单位面积耕地保护外部性理论值，并分析不同作用边界下耕地保护外部性理论值的时空差异性特征。

5. 多层次边界下典型区域耕地保护外部性现实值测算

在单位面积耕地保护外部性理论值量化基础上，基于耕地质量等别调整系数和社会经济发展阶段系数，量化周口市太康县、南阳市唐河县和焦作市温县三个典型粮食主产县在省、市外部性作用边界下不同等别单位面积耕地保护外部性现实值和区际外部性现实值盈余/赤字，并进行对比分析；同时基于耕地质量等别调

整系数,量化在不同人均粮食消费量下太康县、唐河县和温县三个典型粮食主产县在全国边界下耕地保护区际外部性现实值盈余/赤字(区际经济补偿额),并对比分析不同作用边界下外部性现实值存在的时空差异性。

6. 粮食主产区耕地保护经济补偿效应评价

以成都市耕地保护基金为例,基于农户问卷调查,开展农户感知视角下的耕地保护基金农户满意度评价以及耕地保护经济补偿单项效应和综合效应的定量评价,分析粮食主产区农户对耕地保护经济补偿模式实施成效的感知及其影响因素。同时,通过设置耕地保护基金和农业支持保护补贴两种模拟情景,开展情景模拟下粮食主产区耕地保护经济补偿农户感知评价,定量评价农业支持保护补贴(情景Ⅰ)和耕地保护基金(情景Ⅱ)模拟情景下周口市、南阳市和焦作市受访农户对不同补偿模式的感知差异和影响因素。

1.4.2 研究目标

(1)构建粮食主产区耕地保护外部性多层次作用边界概念模型,提出耕地保护外部性量化方法,建立多层次边界下耕地保护外部性分割模型,并选取多个典型区域进行实证分析,明晰粮食主产区耕地保护外部性多层次作用边界的特征和作用机理,探析不同作用边界下典型粮食主产区耕地保护总体外部性和区际外部性的时空差异性。

(2)选择典型耕地保护经济补偿试点区域和非试点区域,开展农户感知视角下的耕地保护基金实施效应和情景模拟效应评价,探析不同经济补偿模式下耕地保护经济补偿效果与影响因素。

1.5 研究思路和方法

1.5.1 研究思路

基于外部性多层次边界视角,运用生态系统服务和非市场价值等理论,开展不同外部性边界下的粮食主产区耕地保护外部性量化及其补偿效应研究。首先,在明晰粮食主产区耕地保护外部性多层次边界的内涵和特征基础上,构建耕地保护外部性多层次作用边界概念模型,建立单位面积耕地保护外部性测度模型和多层次边界下耕地保护外部性分割模型。其次,将周口市太康县、南阳市唐河县和焦作市温县三个典型粮食主产县作为实证区域,开展不同作用边界下耕地保护外部性的测度与分析,分析典型粮食主产区在不同边界下单位面积耕地保护外部性和区际盈余/赤字的时空差异性。最后,定量评价农业支持保护补贴和耕地保护基金两种模拟情景下周口市、南阳市和焦作市受访农户对不同补贴政策的感知差异及耕地保护基金实施下成都市耕地保护经济补偿的综合效应和单项效应,分析耕地保护经济补偿实施效果和影响因素。

具体研究技术路线如图 1-1 所示。

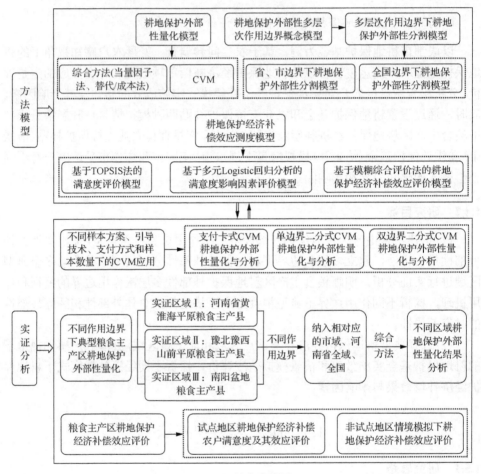

图 1-1　技术路线图

1.5.2　研究方法

1. 理论分析法

通过规范严谨的理论分析,引入外部性理论、公共物品理论和生态系统服务理论对耕地保护外部性内涵进行界定与分析,科学阐释耕地保护外部性的本质、特征和作用机理;基于有限性理论、感性选择理论、公共政策评估理论和公共选择理论,界定和明晰耕地保护经济补偿效应概念。

2. 数学模型法

构建耕地保护外部性多层次作用边界概念模型，建立多层次边界下耕地保护外部性分割模型，构建基于 TOPSIS 法的满意度评价模型、基于多元 Logistic 回归分析的满意度影响因素评价模型和基于模糊综合评价法的耕地保护经济补偿效应评价模型，并进行实证应用和分析，实证不同边界下外部性存在时空差异性，明晰粮食主产区农户对耕地保护经济补偿的感知差异及其影响因素。

3. 非市场价值评估法

运用基于综合方法(当量因子法、替代/成本法)和 CVM 两种非市场价值评估法开展典型区域耕地保护外部性测度和时空差异性分析，为耕地保护外部性量化提供方法支撑。

1.6 创 新 之 处

(1) 提出粮食主产区耕地保护外部性多层次作用边界概念模型，并在此基础上构建外部性多层次边界下的耕地保护外部性量化方法和模型，拓展粮食主产区耕地保护外部性量化的研究视角和研究体系。

(2) 运用综合方法测度分析多个典型区域在不同作用边界下耕地保护总体外部性和区际外部性盈余/赤字的差异性，阐释特定区域纳入不同尺度范围(市、省、国家)下耕地保护经济补偿标准(含区际补偿标准)差异的内在原因。

(3) 开展农业支持保护补贴(情景Ⅰ)和耕地保护基金(情景Ⅱ)情景模拟下受访农户的感知评价及成都市耕地保护基金实施下基于受访农户视角的耕地保护基金综合效应和单项效应评价，定性和定量分析不同补偿模式的差异性和适用性，为耕地保护经济补偿机制的完善提供实践依据。

第2章 耕地保护外部性量化与效应评价的理论、方法与模型

2.1 理 论 基 础

2.1.1 耕地保护外部性量化理论基础

耕地作为"自然-经济-社会"复合生态系统,基于生态系统服务功能所产生的生态社会效益具有显著的公共物品和外部性特征,同时这种外部性具有城乡和区域分布及消费的差异性。因此,在外部性量化的基础上构建外部性内部化机制是消除耕地外部性影响的根本途径。在此过程中,生态系统及其服务理论、公共物品和外部性理论、城乡与区域统筹发展理论则能较好地解释和分析这一特殊过程,并为耕地保护外部性量化研究提供了理论基础。其中,生态系统服务功能及其价值(效益)理论是耕地保护外部性量化的价值基础,公共物品和外部性理论是耕地保护外部性量化的理论基础,城乡与区域统筹发展理论为耕地保护区际外部性量化提供了方法支撑。

1. 生态系统及其服务理论

耕地作为"自然-经济-社会"复合生态系统,在其内部进行着物质循环和能量流动,耕地所具有的各项服务功能正是基于这一生态过程而产生的。耕地利用效益,包括经济效益、生态效益和社会效益,即表现为耕地生态系统服务功能的价值(效益)。因此,生态系统服务功能及其价值(效益)理论是耕地保护外部性量化和补偿标准确定的价值基础。

应在关注耕地物质产品(或直接利用产品)产出的同时,凸显耕地的生态和社会服务功能及其效应,并从系统的角度全面阐述和体现耕地功能的多样性以及在社会经济整体发展中的地位和作用,从能量流动和物质循环的角度理解耕地内部运行机理以及与外部的相互作用过程,实现对耕地内在价值的重新认识,并在此基础上构建耕地利用效益体系,从而为耕地保护外部性量化和经济补偿标准确定提供依据。

2. 公共物品和外部性理论

耕地利用效益不仅包括经济效益,还包括生态效益和社会效益。但由于生态

效益和社会效益被置于公共领域，具有显著的公共物品属性和外部性，耕地所产生的生态效益和社会效益未能纳入到耕地利用收益之中。这样，在忽视耕地生态效益和社会效益的土地利用机制下，耕地利用和保护的外部性问题随之产生。外部性是公共物品在其供给或消费过程中产生的，外部性的内部化是耕地保护经济补偿的核心问题(俞海和任勇，2007)。耕地保护的经济补偿就是要通过各种有效的制度安排和政策手段，为耕地保护者提供激励，将耕地保护的外部性予以内部化，实现资源的最优配置和社会福利的最大化。因此，公共物品和外部性理论是耕地保护外部性量化的理论基础。

3. 城乡与区域统筹发展理论

在耕地利用和保护过程中，耕地生态效益和社会效益的输入输出主要表现在两个方面：一是从农村向城市输入；二是从经济欠发达地区和粮食主产区(也可称为耕地保护重点区)向经济发达地区和耕地保护目标低的区域输入。在忽视耕地生态效益和社会效益的土地利用机制下，耕地保护过程中的外部性问题，即耕地保护区内外部性问题和耕地保护区际外部性问题随之凸显。耕地保护区内外部性和区际外部性进一步强化了城乡发展和区域发展的不平衡性。同时，城乡与区域统筹理论也有助于将特定区域纳入不同层级(区域和城乡发展水平不同、自然条件不同)进行耕地保护外部性量化和补偿标准研究。因此，实施耕地保护的经济补偿机制的主要目标是促进城乡与区域统筹发展，而城乡与区域统筹发展理论为耕地保护外部性量化尤其是区际外部性量化提供了方法支撑。

2.1.2　耕地保护经济补偿效应评价理论基础

1. 有限理性理论

"有限理性"理论是赫伯特·西蒙(Herbert A. Simon)提出的，他认为现实世界中人的能力并不是无限的，无法掌握完全的信息，无法发现全部可能的选择，也无法总能在几种备选方案中遴选出最优方案。因此，现实人所能做出的决策只能是介于完全理性和完全非理性之间的有限理性决策。

自西蒙以后，结合社会学知识、心理学知识的社会人、管理人开始取代新古典经济学的经济人。这些定位和经济人的最大区别在于，承认现实人的情感、自尊、利他心理的存在，而绝非为了追求利润最大化就完全放弃了其他目标。人的行为之所以不是完全理性的，是因为人的自身条件、自然环境条件、社会环境条件、非理性因素都会构筑起理性的边界，从而使得人的认知能力、计算能力、决策能力有限。人的决策行为，也只能是在能力范围之内、在特定的时间和空间范围内，对于足够好的目标的一种追求。言外之意，有限理性告诫人们，无须为了筹备全部方案和遴选最佳方案浪费太长的时间和太大代价，因为这种行为本身就是不合理的，也是不可能实现的(杨唯一，2015)。

农户的耕地保护行为既是对社会、经济和自然资源环境相适应的结果，也是根据环境调整自己行为方式的表现。在目前耕地保护政策的宏观背景下，农民的耕地保护行为不可能完全遵从经济利益最大化的目标，农民考虑的多是耕地保护对自己生产、生活的影响，即在信息尽可能充分的情况下，按自己所具有的计算和认知能力做出的主观抉择(陈小伍，2008)。

2. 感性选择理论

刘少杰(2002)认为感性意识支配下的个人感性选择行为，在个人经济行为中是客观存在的。感性选择指的是由感性意识活动支配的选择行为，是一种以日常生活经验为基础，以伦理化、经验化和传统化的生活体验意识为依据，指向综合化目标的行为选择方式。中国人的社会行为是有规则的，这种规则是经过伦理化和经验化的感性选择，是经过经验化、仪式化和日常生活化的感性存在(陈小伍，2008)。

耕地自古以来就是农民赖以生存的根本保障，农户的耕地保护行为很大程度上取决于他们对耕地的依赖感。更多情况下，农民是否保护耕地可以看成是一种感性选择的结果。特别是年龄越大的农民，对耕地的感情越深厚，越不愿意放弃耕地或者使耕地受到减损或破坏。

3. 公共政策评估理论

公共政策评估，指评估主体根据一定的标准和程序，通过考察政策过程的各阶段、各环节，对政策的效果、效能及价值所进行的检测、评价与判断。在此基础上，决定一项政策是该保持现状还是调整、替代、分解或者合并。由于耕地资源具有公共物品属性，对耕地保护政策实施的评估也属于公共政策评估的范畴(孙沁谷，2012)。

公共政策评估以评估方法进行的研究可追溯至 20 世纪 30 年代的一些社会和管理学的研究。美国政策学者古巴(Guba)和林肯(Lincoln)将第二次世界大战之前的评估研究称为第一代评估；第二次世界大战之后至 1960 年的评估研究称为第二代评估；1963～1974 年的评估研究称为第三代评估；1974 年之后的评估研究称为第四代评估(Guba and Lincoln，1989；邱昌泰，1995)。

目前关于公共政策评估的类型主要分为四类：萨曲曼(Edward A. Suchman)的分类、布兰德(Oville F. Poland)的分类、凯林姆斯基(Eleanor Chelimsky)的分类和美国评估研究会(Evaluation Research Society，ERS)的分类。由于美国评估研究会的分类架构最为全面，大多学者以该分类架构为基础，将政策评估大致分为政策预评估、政策执行评估与计划监测及公共政策结果评估三大类。其中，政策预评估是在政策方案尚未执行前所进行的评估，其目的是在该政策或计划执行前得以修正其计划内容，使资源得到最适当的分配。政策执行评估与计划监测是有系统地探讨政策或计划执行过程中的内部动态。公共政策结果评估包括政策产出和政策影响两部分：政策产出是指政策行动对于标的团体所提供的服务、货品或资源；政策影响指政策产出对政策标的团体或政策环境所产生的预期或非预期的改变，而此种改变通常是指标的团体或相关利害关系人的行为与态度的变化（李允杰和邱昌泰，2008）。

4. 公共选择理论

公共选择（public choice）理论是指人们通过民主决策的政治过程来决定公共物品的需求、供给和产量，是把个人选择转化为集体选择的一种过程，是利用非市场决策的方式对资源进行配置。

公共政策价值取向的选择是公共政策能否有效满足公共利益，发挥其政策价值的决定性因素之一。一般来说，公共政策的价值标准包括社会公正准则、发展效率准则和实践检验准则（范晓东，2012）。

耕地资源的公共物品属性及耕地保护的外部性，决定了耕地保护者的个人努力对耕地保护效果的影响不大。如果耕地保护主体通过个人行动使整个利益集团的状况得到改善，可是改善后个人分享的收益不能弥补其付出的成本或者个人收益很少，并且集团不能给予其独立的激励，那么就缺乏采取行动的动力。

2.2　耕地保护外部性多层次作用边界概念模型构建

2.2.1　耕地利用效益体系重构

耕地利用效益是指耕地生态系统服务功能被人类社会实际利用后所产生的直接和间接效果的总称。根据效果形态和特征的不同，可以把耕地利用效益划分为耕地利用的经济效益、生态效益和社会效益（表 2-1）。

耕地利用的经济效益是指在一定的投入和市场需求条件下，基于实物形态的耕地生态系统产品而产生的物质成果货币化收益。耕地利用的经济效益应考虑耕地利用的投入成本及市场价格。耕地利用的生态效益是指在耕地利用过程中，基于耕地生态系统部分生命系统支持功能，通过物理和化学作用而产生的效益。耕地利用的社会效益具有社会属性，是耕地生态系统产品和生命系统支持功能对人类个体的心理、精神和对人类社会组织（如国家）的发展所产生的宏观社会影响和效果（牛海鹏，2010）。

表 2-1　耕地利用效益体系及其特征

效益类型	分类	形态	基于生态服务功能类型	作用过程
经济效益	食物生产(粮食、油料等) 原料生产(秸秆、纤维等)	实物形态	生态系统产品	直接市场手段
生态效益	涵养水源 保持水土 改善小气候 改善大气质量 维持生物多样性 净化土壤	非实物形态	生命系统支持功能	物理和化学作用
社会效益	耕地粮食安全 耕地社会保障 开敞空间及景观 科学文化	非实物形态	生态系统产品和生命系统支持功能	人类个体的感知和社会整体的响应

　　耕地利用的经济效益、生态效益和社会效益既有区别又有联系。一方面三者产生的基础不同,表现的形态也存在差异;另一方面经济效益、生态效益和社会效益又是一个相互统一的整体。

2.2.2　耕地保护外部性界定

1. 耕地保护外部性的内涵

　　耕地生态社会效益属于一种纯粹的、具有正外部性和私人(主要为农户)联合提供的混合类跨区域性(外溢性)公共物品。因此,耕地保护的外部性可以界定为:在耕地利用和保护过程中,未能纳入到耕地利用(经营)主体收益之中的基于耕地生态系统服务所产生的生态效益和社会效益,也可称为耕地(保护)外部效益,或耕地(利用)生态社会效益。

2. 耕地保护外部性的类型

　　公共物品可分为区域性公共物品和跨区域性公共物品。一般而言,具有跨区域性的公共物品,不仅具有区内外部性,同时也具有区际外部性(即区外溢出效应),二者共同构成了公共物品的总体外部性。如前所述,耕地生态效益(涵养水源、保持水土、改善小气候、改善大气质量、维持生物多样性及净化土壤)的自动扩散性及社会效益(耕地粮食安全、耕地社会保障等)的区域共享性,具有跨区域性特征。因此，从耕地保护经济补偿的角度，依据特定区域（假定为 A 区域）内外消费主体的不同，耕地保护的总体外部性（耕地保护的总体外部性可简称为耕地保护外部性或耕地外部效益）可划分为耕地保护区内外部性和耕地保护区际外部性。耕地保护区内外部性是指特定区域内的消费主体所使用或享有的本区域所生产的耕地生态社会效益；耕地保护区际外部性是指特定区域外的消费主体所使用或享有 A 区域溢出的耕地生态社会效益。从外部性量化而言，耕地保护区内外部性、区际外部性与总体外部性具有以下关系，即耕地保护总体外部性=耕地保护区内外部性+耕地保护区际外部性。

3. 耕地保护外部性量化表达

耕地保护总体外部性一般以年度区域耕地外部效益（亿元/年）或年度单位面积耕地外部效益（元/（年·公顷））予以衡量。在特定外部性边界内，耕地保护区际外部性以区域间年度外部性盈余/赤字（亿元/年，正值表示年度外部性盈余，负值表示年度外部性赤字）。耕地保护区内外部性可以表达为年度区域耕地外部效益（亿元/年），也可以年度单位面积耕地外部效益（元/（年·公顷））表达。

从外部性量化而言，耕地保护区内外部性、区际外部性与总体外部性具有以下关系，即耕地保护总体外部性（亿元/年）=耕地保护区内外部性（亿元/年）+耕地保护区际外部性（亿元/年）。

2.2.3　耕地保护外部性多层次作用边界概念模型

1. 耕地保护外部性作用边界的内涵

由于特定区域（包括粮食主产区）耕地保护外部性具有显著的跨区域性特征（外溢性），在量化分析某一典型区域耕地保护总体外部性和区际外部性时，需将该典型区域与其他同级区域统一纳入到上级区域，此时该上级区域边界可视为耕地保护外部性作用边界。外部性作用边界可以是具有自然特征的边界线（如流域边界等），也可以是具有社会经济特征的边界线（如行政区划界）。外部性作用边界具有以下特征：一是外部性边界内的耕地保护外部效应仅在该外部性作用边界内发生作用，即不具有外溢性；二是外部性边界内的消费主体不接受边界外耕地保护外部效应，即不具有接受性；三是耕地保护区际外部性外溢性和接受性（可称为双向性）仅发生在外部性边界内同级区域之间。

2. 耕地保护外部性多层次作用边界概念模型

基于研究资料获取的便利性及耕地保护经济补偿机制运行的可行性，在进行耕地保护外部性界定分析时，以行政区划为单元，以规划指标约束下的耕地保有量为基础进行分析。特定区域若为县(市、区)行政区划单位,在进行耕地保护外部性量化和经济补偿时,可将特定区域纳入市、省、国家进行量化补偿,此时市级区划界、省级区划界和国界即外部性作用边界。可分别将市级、省级和国家级外部性作用边界称为第Ⅰ外部性作用边界、第Ⅱ外部性作用边界和第Ⅲ外部性作用边界。因此,耕地保护外部性具有多层次作用边界特征,其概念模型如图 2-1所示。

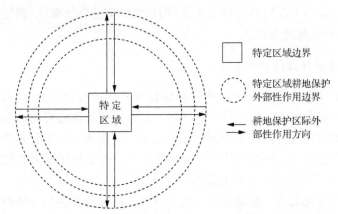

图 2-1　特定区域耕地保护外部性多层次作用边界概念模型

特定区域为耕地保护重点区或粮食主产区时,耕地保护区际外部性即表现为外部性盈余,反之则表现为外部性赤字

　　在外部性作用边界下,耕地保护外部性外溢性仅发生在外部性边界内同级区域之间,特定区域耕地保护区际外部性大小是指将粮食主产区统一纳入到上级区域的区际外部性净盈余量。

2.3　耕地保护外部性量化方法与模型构建

2.3.1　耕地保护外部性量化假设条件

　　耕地生态社会效益具有显著的外溢性(或跨区域性)特征,即耕地生态社会效益是基于耕地生态系统产品和生命系统支持功能直接或间接产生的,具有公共物品特征,通过物理和化学作用及人类个体的感知和社会整体的响应而发生作用。涵养水源、保持水土、改善小气候、改善大气质量、维持生物多样性、净化土壤等生态效益对县域、市域、省域乃至全球都将产生影响。在全球开放市场下,作为社会效益重要类型的耕地粮食安全不仅对国家粮食安全具有重要影响,在一定条件下甚至会辐射全球。同时,耕地外部效益具有不同消费主体受益不均等特征。由于耕地生态社会效益的公共物品特征,不同消费主体对其消费量不具备限制性要求,即不同消费主体可在其自身条件下无限消费(一般而言,社会经济发展水平和生活水平越高，对其消费量越大），从而使不同主体对耕地生态社会效益的消费具有不均等性。

基于此，在测度粮食主产区耕地保护总体外部性时，拟将粮食主产区与其他区域统一纳入到不同层次的上级区域进行测算（不同层次的上级区域边界可视为耕地保护外部性作用边界），在上级区域耕地保护外部性的测算基础上测度粮食主产区耕地保护的总体外部性、区际外部性。同时假设以下条件成立：

(1)耕地保护外部性对特定区域之外不具有溢出性，即耕地保护外部性为外部性作用边界之内主体全部享有。

(2)该特定区域内耕地保护的外部效益为区内所有自然人平均消费或者获取（该假设条件是耕地保护区际补偿盈余/赤字测算的基础）。

(3)该特定区域包括 m 个次级区域，不同次级区域的耕地数量和人口不同，存在耕地保护目标较高的耕地保护重点区（粮食主产区），同时存在耕地保护目标较低的经济发达地区。

(4)该特定区域内的 m 个次级区域皆具备耕地保护外部性经济补偿和区际经济补偿的条件。

(5)该特定区域内部具有 n 个耕地质量不同的等别，不同等别耕地发挥的生态服务功能不同，即产生的外部效益大小存在差异。

2.3.2　基于综合方法（当量因子法、替代/成本法）的单位面积耕地保护外部性测度模型构建

1. 基于综合方法（当量因子法、替代/成本法）的单位面积耕地保护外部性理论值量化模型

单位面积耕地保护外部性理论值可基于综合方法（当量因子法、替代/成本法）进行量化，特定区域单位面积耕地保护外部性理论值量化模型为（牛海鹏，2010）：

$$E(t) = E_1 + E_2 + E_3 \tag{2-1}$$

式中，$E(t)$ 为第 t 年特定区域单位面积耕地生态社会效益（元/公顷）；E_1 为年度单位面积耕地生态效益、开敞空间及景观与科学文化效益（元/公顷）；E_2 为年度单位面积耕地粮食安全效益（元/公顷）；E_3 为年度单位面积耕地社会保障效益（元/公顷）。

1)基于当量因子法的耕地生态效益、开敞空间及景观与科学文化效益测算模型

将本书所构建的耕地利用效益体系（定义为 A 体系）与谢高地等所提出的农田生态系统服务类型体系（定义为 B 体系）进行比较，其对应关系如表 2-2 所示（谢高地等，2008；牛海鹏，2010）。

表 2-2　本书耕地利用效益体系与农田生态系统生态服务类型体系比较

	本书耕地利用效益体系(A 体系)	谢高地等提出的农田生态系统 服务类型体系(B 体系)	效益(功能)体系比较
经济效益	食物生产(粮食、油料等)	食物生产	B 体系食物生产和原材料价值仅指农 田自然粮食产量的经济价值
	原料生产(秸秆、纤维等)	原材料	
生态效益	涵养水源	水源调节	相同
	保持水土	土壤形成与保护	相同
	改善小气候	气候调节	相同
	改善大气质量	气体调节	相同
	维持生物多样性	生物多样性保护	相同
	净化土壤	废物处理	相同
社会效益	耕地粮食安全	—	B 体系未涵盖
	耕地社会保障	—	B 体系未涵盖
	开敞空间及景观	娱乐文化	B 体系娱乐文化价值等价于 A 体系的 开敞空间及景观与科学文化效益
	科学文化		

　　通过比较,其异同点表现为以下方面:①B 体系所涵盖的生态系统服务价值(功能)在本质上与 A 体系所确定的效益(功能)含义相同,均表示耕地(农田)所具有的某项服务功能效用值,但 B 体系未完整地涵盖耕地粮食安全和耕地社会保障功能的效用值;②B 体系食物生产和原材料价值仅指农田在自然状态下的粮食产量和原材料的经济价值;③A 体系所涵盖的生态效益(涵养水源、保持水土、改善小气候、改善大气质量、维持生物多样性和净化土壤)与 B 体系所涵盖的生态效益(水源调节、土壤形成与保护、气候调节、气体调节、生物多样性保护、废物处理)具有较强的一致性。A 体系所涵盖的社会效益(开敞空间及景观与科学文化)与 B 体系所涵盖的社会效益(娱乐文化)具有较强的对应性。

　　根据研究区域主要粮食作物类型,以及各粮食作物播种面积、粮食播面单产及各粮食作物的全国平均价格,构建如下基于当量因子法的耕地生态效益、开敞空间及景观与科学文化效益测算模型:

$$E_a = \frac{1}{7}\sum_{i=1}^{n}\frac{m_i p_i q_i}{M} \tag{2-2}$$

式中,E_a 为 1 单位当量因子的价值量(元/公顷);i 为某一区域粮食作物种类,$i=1,2,\cdots,n$,如小麦、玉米、稻谷、大豆;p_i 为某一年度 i 种粮食作物全国平均价格(元/公斤);q_i 为某一年度某一区域 i 种粮食作物单产(公斤/公顷);m_i 为某一年度某一区域 i 种粮食作物播种面积(公顷);M 为某一年度某一区域 n 种粮食作物播种总面积(公顷);1/7 是指在没有人力投入的自然生态系统提供的经济价值是现有单位面积农田提供的食物生产服务经济价值的 1/7。

在 1 单位当量因子价值量测算基础上，结合谢高地等提出的当量值构建如下耕地生态效益、开敞空间及景观与科学文化效益测算模型：

$$E_1 = E_a \times \sum_{t=1}^{k} D_t \tag{2-3}$$

式中，E_1 为年度单位面积耕地生态效益、开敞空间及景观与科学文化效益(元/公顷)；D_t 为第 t 类效益类型当量值(涵养水源、保持水土、改善小气候、改善大气质量、维持生物多样性、净化土壤、开敞空间及景观与科学文化分别对应谢高地等提出的效益体系中的当量值)，$t=1, 2, \cdots, k$。

2) 基于替代/成本法的耕地粮食安全效益和社会保障效益测算模型

耕地粮食安全效益(E_2)和耕地社会保障效益(E_3)采用牛海鹏(2010)基于替代/成本法提出的测度模型：

$$E_2 = (V_1 + V_2) \times r \tag{2-4}$$

$$E_3 = \frac{S_p \times S_{\min}}{S_g} \tag{2-5}$$

式中，V_1 为新增单位面积耕地的平均投入成本(元/公顷)；V_2 为新增单位面积耕地在土壤熟化期内的收益损失值(元/公顷)；r 为投资于耕地的收益还原利率；S_g 为特定区域耕地总面积(公顷)；$S_{\min}$ 为特定区域农村最低社会保障标准(元/人)；S_p 为特定区域耕地所能承担的社会保障人数(人)。

依据牛海鹏(2010)的研究，特定区域耕地所能承担的社会保障人数(S_p)等于农业从业人数(S_{ap})减去农业实际需要的就业人数(S_{aap})。农业从业人数(S_{ap})可通过区域统计资料确定，农业实际需要的就业人数(S_{aap})可在测算耕地劳均适度经营规模的基础上予以确定，即以特定区域耕地总面积(S_g)除以劳均耕地适度经营规模(S_r)确定农业实际需要的就业人数(S_{aap})。劳均耕地适度经营规模(S_r)测度模型表达如下：

$$S_r = \frac{\alpha R_t}{\lambda R_q} \times \sigma \tag{2-6}$$

式中，R_t 为在岗职工年平均工资(元)；α 为农村劳动力外出务工工资水平系数，是在岗职工工资的一定比例，此处取值 0.7；σ 为专业务农收入平衡系数，可等于或略大于 1，此处取值 1；R_q 为区域单位面积耕地年均产值(元)；λ 为区域单位面积耕地年纯收入系数,可通过对粮食作物、油料作物、棉花、蔬菜历年的单位面积耕地产值、物质与服务费用计算出历年的单位面积不同作物的耕地年纯收入,然后依据各年各种作物类型的播种面积比例,测算出区域耕地年纯收入系数,即区域耕地单位面积平均纯收入与产值之比。

2. 基于综合方法(当量因子法、替代/成本法)的单位面积耕地保护外部性现实值量化模型

人们对耕地保护外部性的认识和为其进行支付的意愿是随着区域经济社会发展和生活水平的提高而提高的,该认识过程和支付意愿符合 S 形皮尔(Pearl)生长曲线的变化趋势。因此,可以借用皮尔生长曲线模型来计算人们对耕地生态社会效益的支付意愿和能力(李金昌,1999;栗晓玲等,2006;高素萍等,2006;欧名豪等,2000)。在具体测算时可采用皮尔生长曲线的简化形式测算社会经济发展阶段系数 $l(t)$:

$$l(t) = \frac{1}{1 + e^{-t}} \qquad (2-7)$$

对社会经济发展水平和人民生活水平的量化,可采用恩格尔系数(E_n)来衡量。在应用时,以恩格尔系数的倒数($T = 1/E_n$)的变换关系作为横坐标,即用 $T = t + 3$ 代替时间坐标 t,此时 $t = T - 3$。用纵坐标表征支付意愿相对水平的社会经济发展阶段系数 $l(t)$。在此基础上,测算出特定区域特定年度社会经济发展阶段系数。因此,式中,$t = T - 3$,$T = 1/E_n$。

某一年度单位面积耕地保护外部性现实值反映了特定区域人们在一定社会经济水平下的实际支付量。在计算出社会经济发展阶段系数 $l(t)$ 的基础上,某一年度单位面积耕地保护外部性现实值可通过对该年度单位面积耕地保护外部性理论值修正予以测度,其测度模型如下:

$$E_{tj} = E(t) \times l(t) \times \omega_j \qquad (2-8)$$

式中,E_{tj} 表示特定区域第 t 年第 j 等单位面积耕地保护外部性现实值(元/公顷);$E(t)$ 表示特定区域第 t 年单位面积耕地生态社会效益(元/公顷),即特定区域第 t 年单位面积平均耕地保护外部性理论值(元/公顷);$l(t)$ 表示社会经济发展阶段系数;ω_j 表示典型区域所在省级区域内第 j 等耕地等别质量调整系数,可采用国家级农用地利用等指数进行计算。

2.3.3 基于 CVM 的单位面积耕地保护外部性测度模型构建

CVM 是目前比较流行的以发放调查问卷的形式,对环境和资源等具有非市场

价值的公共物品进行有效价值评估的方法。通过对受访者在假设性市场里的经济行为，获取消费者对某商品(或服务)的支付意愿，间接地对某商品(或服务)的价值进行计量。陈明建和阙雅文(2000)首先将 CVM 应用在耕地研究方面。随后，王瑞雪等(2005)将该方法应用于耕地(农地)生态系统服务所产生的耕地非市场价值测度方面，并在耕地保护领域发挥着越来越重要的作用。

1. CVM 概述

1) CVM 概念

CVM 又称假想市场价值法、假设评价法、权变估值法、意愿调查价值评估法等，适用于缺乏替代市场交换和实际市场的商品价值评估，是"公共物品"非市场价值评估的一种特有方法，可有效评估各种生态系统服务功能的经济价值。CVM 的思想最早由 Ciriacy-Wantrup(1947)提出，Ciriacy-Wantrup 意识到土壤侵蚀防治措施会产生具有公共物品性质的正外部性效益，而且这种效益只能通过发放调查问卷获取人们对该效益支付意愿(willingness to pay，WTP)的间接方式测定。之后，Davis(1963)将其应用于研究缅因州林地宿营、狩猎的娱乐价值，至此，CVM 被正式提出。

2) CVM 的经济学原理

CVM 以假想市场条件为基础，根据消费者效用最大化原理，以问卷调查的方式对具有非市场价值的公共物品或服务进行价值评估。CVM 的经济学原理表述如下：假定消费者的个人效用 u 是某种环境物品或服务状态 q、消费者可支配收入 y 和商品价格 p 的函数，即

$$v(p,q,y) = u[h(p,q,y),q] \tag{2-9}$$

计划措施使某种环境物品或服务状态 q 由 q_0 转变为 q_1，假定该变化是一种改进，即当 $q_0 \leqslant q_1$ 时，有

$$u_1 = v(p,q_1,y) + \partial_1 \tag{2-10}$$

$$u_0 = v(p,q_0,y) + \partial_0 \tag{2-11}$$

$$u_1 = v(p,q_1,y) + \partial_1 > u_0 = v(p,q_0,y) + \partial_0 \tag{2-12}$$

式中，∂_0、∂_1 为相互独立的随机扰动项。

通过间接函数表示，该种变化为

$$v(p,q_1,y-G) + \partial_1 = v(p,q_0,y) + \partial_0 \tag{2-13}$$

牛海鹏(2010)和杨银川(2013)将式(2-13)中补偿变化 M 解释为，为了实现并

维持这种改善，消费者应为此支付一定的货币数量。当 q 从 q_0 变化为 q_1 效用 u 在变化前后保持不变时推导出的个人愿意支付的最大货币金额，即 CVM 引导受访者给出的个人支付意愿。同时，当某种环境物品或服务状态 q 由 q_0 转变为 q_1，但 $q_0 \geqslant q_1$ 时，这种服务变化状态是一种倒退或恶化态势，G 就是受访者为失去该环境物品或服务状态而愿意接受补偿的最低货币金额（willingness to accept，WTA）。支付意愿值测算是 CVM 应用于公共物品非使用价值评估领域的主要内容之一。耕地保护外部性显著，城乡居民在享受耕地保护外部效益的同时，理应为维持服务改善支付自己所能承受的金额。基于此，本书采用居民支付意愿定量评价耕地保护外部性。

3) CVM 的发展

1979 年，美国水资源委员会（WRC）出台了在水资源规划中应用 CVM 开展成本-效益分析的原则和程序，将 CVM 推荐为除旅行成本法之外的评估休憩效益的另外一种方法。该方法推动了水资源相关联邦机构（如美国陆军工程部队、美国垦务局等）对 CVM 的应用（张眉，2011）。1992 年，美国国家海洋和大气管理局（NOAA）对 CVM 在自然资源的非使用价值测度方面的可应用性进行了评估。与此同时，明确了 CVM 在评估自然资源的非使用价值时的指导原则，主要体现在对 CVM 研究结果的可靠性和可行性及调查方式等方面。例如，为了提高 CVM 研究结果的可靠性与可行性，支付意愿的问卷格式应由开放式改为使用投票表决的方式等。美国政府部门出台的积极政策，有力地推动了 CVM 在西方生态系统服务非使用价值评估中的应用。

20 世纪 80～90 年代，CVM 逐渐被英国、瑞典、挪威等西欧国家引入。据统计，截止到 20 世纪末，西欧国家应用各类评估技术对公共物品的非使用价值进行评估的案例已经超过 650 例，全世界应用 CVM 研究的案例达 2000 多例，其中用于环境资源非使用价值评估方面的案例高达 500 多例（张志强等，2003）。20 世纪 90 年代，CVM 才在发展中国家出现具体研究案例。CVM 最初被引进国内时，在科学性、可靠性与适应性方面遭到了一些专家学者的质疑，其中部分学者认为 CVM 研究结果很大程度取决于受访者对被调查对象发生变化后为其带来的影响，是一种事后反应，与受访者的耕地资源保护意识及政府耕地保护信息的公开程度紧密联系，且由于受访者缺乏对 CVM 这种评估方式的深入理解，以至于在接受问卷调查时，隐瞒自己真实的支付意愿，给研究结果的精度带来不利影响（马中和蓝虹，2003；谢贤政和马中，2005；谢贤政等，2006）。但也有部分学者用我国实例证明 CVM 在我国是适用的，并认为 CVM 是一种极其有效的评估自然资源非使用价值的工具（刘亚萍，2004；高云峰等，2005；王湃等，2009）。

4) CVM 的引导技术

CVM 引导技术的合理使用既是 CVM 成功运用的关键环节，也是其成功应用的重要基础。目前，CVM 用于推导支付意愿的引导技术主要有重复投标博弈(iterative bidding game)、支付卡式(payment card，PC)、开放式(open-ended，OE)、二分式选择(dichotomous choice，DC)四种类型。二分式选择又可分为单边界二分式选择(single-bounded dichotomous choice)、双边界二分式选择(double-bounded dichotomous choice)、多边界二分式选择(multiple-bounded dichotomous choice)。不同的引导技术均有其自身的优缺点，具体如表 2-3 所示。

表 2-3　支付意愿的不同引导技术及其优缺点

引导技术	优点	缺点
重复投标博弈	提供了类似市场的情景；可以直接获得最大支付意愿	易造成起点偏差及停留时间偏差；不断地提高和降低报价的方式易造成人的厌烦情绪；给出不真实的支付意愿；不能够采用邮寄问卷的调查方式
开放式	容易避免起点偏差；可以直接获得最大支付意愿；对统计技术要求较低	过高的无反应；过多的抗议性零支付意愿以及过高的估计支付意愿值；易产生策略偏差
支付卡式	可以直接获得最大支付意愿；在数据处理上可以采取参数估计和非参数估计	投标值及分布区间较难确定；容易产生范围偏差和起点偏差
单边界二分式选择	能够很好地模拟现实市场情景，拒答率较低；能够减少策略偏差	需要通过间接方式获得支付意愿值；样本容量要求较多；容易产生起点偏差和肯定回答偏差
双边界二分式选择	拒答率低；可以减少策略偏差；比单边界二分式选择方法在统计上更有效	样本容量较大；经济学计量处理方法较复杂；不适合采用邮寄问卷的方式；容易产生起点偏差和肯定回答偏差

5)CVM 的可能偏差及在本书中的控制

根据已有研究经验并结合实际情况，在问卷设计与调查过程中，对 CVM 问卷可能存在的主要偏差进行规避与控制，具体偏差及规避措施如下：

(1)假想偏差(hypothetical bias)。由于受访者面对的是非真实市场，且问题的回答主要取决于受访者的主观感受，因此本书在调查实施过程中，重点强调耕地生态社会效益的重要性，同时提醒受访者的家庭可支配收入限制，尽量缩小模拟市场与现实市场的差异，使受访者的回答更接近真实市场情况。

(2)策略性偏差(strategic bias)。由于受排斥及警惕心理影响，受访者不愿说出自己的真实意愿。在预调查和正式调查过程中，向受访者明确调查采取无记名方式，且仅用于科学研究。

(3)嵌入效果偏差(embedded effect bias)。本书中该偏差主要表现在耕地外部效益整体与部分之和的偏差。基于此，牛海鹏(2010)认为在调查过程中，让受访者充分了解耕地所具有的生态效益、社会效益、经济效益，但在进行支付意愿计算时，以耕地保护外部性整体进行计算。

(4)支付方式偏差(payment ways bias)。支付方式偏差指因假设的支付方式不当引起的偏差。针对此偏差，在充分预调查基础上，依据研究区城镇居民和农户实际情况，设计"出钱"、"参加义务劳动"两种支付方式进行该偏差控制。

(5) 信息偏差 (information bias)。每位受访者由于接触所调查问题的信息背景及获取该方面信息的渠道、时间等的不同，从而对支付意愿的回答会出现一定偏差。因此，在进行问卷设计时，设置了与此相关的背景介绍。同时，调查人员尽可能地为受访者介绍其调查问题的背景，帮助受访者了解相关问题。

(6) 停留时间长度偏差 (stay time length bias)。调查时间过长，容易造成受访者心理压力过大以及厌烦情绪。所以，为了避免该类偏差，在设计问卷时对问题的数量进行合理设计，争取在信息能够全面获得的前提下，减少问题的数量。同时，将每位受访者受访时间控制在 25min 以内。

除上述主要偏差外，根据问卷内容及调查目的的不同，CVM 在具体实施过程中还存在其他偏差，如替代偏差 (substitute bias)、积极性回答偏差 (yes-saying bias)等 (赵军等，2005)。在预调查及正式调查过程中，根据偏差规避控制措施，最大可能地减少及降低上述偏差。

2. 支付卡 CVM 居民耕地保护支付意愿测度的理论模型

在实际应用中，支付卡式引导技术是 CVM 常用引导技术之一。该引导技术是由 Mitchell 和 Carson (1989) 提出的。研究提出支付卡式引导技术有非锚定型和锚定型之分。非锚定型支付卡式引导技术考虑受访者能够接受的上限值和下限值，将受访者可能接受的价值数据都罗列出来，要求受访者从给出的一系列价值数据中选择他们的最大支付意愿，也可以写出自己的最大支付意愿。为了使正在进行的调查能够得到一些约束性背景数据，项目调查组在调查过程中会向受访者提供与此相关的调查背景资料，以及询问受访者在其他公共项目中的支付意愿，以此对居民支付意愿进行综合评估，即锚定型支付卡式引导技术。

3. 二分式 CVM 居民耕地保护支付意愿测度的理论模型

单边界二分式选择问卷受访者只需对问题做出"是"或"否"的回答。假设受访者对投标额 T 回答"是 (yes)"取值为 1，回答"否 (no)"取值为 0，可以用 Logit 模型进行估计，在已有研究基础上 (张统，2008；牛海鹏，2010；Hanemann and Kanninen，1991；魏同洋等，2015)，其基本关系式表示为

$$\text{WTP}_{\text{mean}} = \frac{1}{\lambda} \ln \frac{1 + e^{\alpha^* + \beta^* x + \lambda T_{\max}}}{1 + e^{\alpha^* + \beta^* x}} \tag{2-14}$$

式中，WTP_{mean} 表示受访者的平均支付意愿；α^* 表示常数项；β^* 表示除投标额外其他解释变量的系数；λ 表示投标值变量的系数；$T_{\max}$ 表示设定的最大投标值；x 表示各影响因素变量的均值；估计参数 α^*、β^*、λ 均由最大似然法求取。采用

方差-协方差矩阵和 Park 等(1991)提出的模拟方法,进行平均支付意愿置信区间的计算(Hanemann and Kanninen,1996;魏同洋等,2015;徐中民等,2003)。

双边界二分式选择问卷假设受访者对初始投标额 T 回答 yes,则进一步给出一个更高的投标额 T_h;若受访者对 T 回答 no,则进一步给出一个较低的投标额 T_l。于是,受访者对随机给定的投标额的回答情况有四种:①"yes-yes,yy";②"yes-no,yn";③"no-yes,ny";④"no-no,nn"。假定对于 T 回答 yes、对于 T_h 回答 yes 的概率为 P_{yy};对于 T 回答 yes、对于 T_h 回答 no 的概率为 P_{yn};对于 T 回答 no、对于 T_l 回答 yes 的概率为 P_{ny};对于 T 回答 no、对于 T_l 回答 no 的概率为 P_{nn},则可以得到:

$$P_{yy} = P(T_h < \max \mathrm{WTP}) = 1 - F(T_h; \beta^* x) \tag{2-15}$$

$$P_{yn} = P(T < \max \mathrm{WTP} < T_h) = F(T_h; \beta^* x) - F(T; \beta^* x) \tag{2-16}$$

$$P_{ny} = P(T_l < \max \mathrm{WTP} < T) = F(T; \beta^* x) - F(T_l; \beta^* x) \tag{2-17}$$

$$P_{nn} = P(\max \mathrm{WTP} < T_l) = F(T_l; \beta^* x) \tag{2-18}$$

式中,$F(\cdot)$ 为累积分布函数;x 为影响受访者效用水平的因素;β^* 为影响因素的参数。于是可以得到以下对数似然函数:

$$\ln L = \sum_{i=1}^{n} (I_{yy} \ln P_{yy} + I_{yn} \ln P_{yn} + I_{ny} \ln P_{ny} + I_{nn} \ln P_{nn}) \tag{2-19}$$

式中,I_{yy}、I_{yn}、I_{ny}、I_{nn} 是一个指示函数,当受访者对随机给定的投标额的回答是 yy 时,I_{yy} 为 1,否则为 0。I_{yn}、I_{ny}、I_{nn} 的定义类似。这里假定 $F(\cdot)$ 服从 Logistic 分布,则可将上述概率模型转化为累积 Logit 模型进行计算。

在已有研究基础上(张统,2008;牛海鹏,2010;Hanemann and Kanninen,1996;魏同洋等,2015),若 P 为受访者回答 yes 的概率,则可以得到如下 Logit 模型:

$$P(接受) = \left[1 + \mathrm{e}^{-(\alpha^* + \beta^* x + \lambda T)} \right]^{-1} \tag{2-20}$$

在 $[0, T_{\max}]$ 区间上对式(2-20)求积分,从而可以得到双边界二分式 $\mathrm{WTP}_{\mathrm{mean}}$ 为

$$\mathrm{WTP}_{\mathrm{mean}} = \int_0^{T_{\max}} \frac{\mathrm{e}^{\alpha^* + \beta^* x + \lambda T}}{1 + \mathrm{e}^{\alpha^* + \beta^* x + \lambda T}} \, \mathrm{d}T = \frac{1}{\lambda} \ln \frac{1 + \mathrm{e}^{\alpha^* + \beta^* x + \lambda T_{\max}}}{1 + \mathrm{e}^{\alpha^* + \beta^* x}} \tag{2-21}$$

式中，α^*、β^*、λ 为估计参数；x 为各影响因素的均值。双边界二分式 WTP_{mean} 的置信区间计算方法等同于单边界二分式。

4. CVM 耕地保护外部性测度

采用牛海鹏（2010）对外部性估算思路的设计：由 CVM 得出的受访者以家庭为单位的平均支付意愿，求出焦作市整体耕地保护外部性，进而计算出单位面积耕地保护外部性，测算公式为

$$Y_t = \frac{A_m \times B_m \times S_m + A_n \times B_n \times S_n}{K} \tag{2-22}$$

式中，Y_t 表示第 t 年区域单位面积耕地保护外部性(元/公顷)；A_m 表示城镇居民平均支付意愿(元)；B_m 表示城镇居民的家庭数量；S_m 表示城镇居民支付率；A_n 表示农村居民平均支付意愿(元)；B_n 表示农村居民的家庭数量；S_n 表示农村居民支付率；K 表示样本区域耕地总面积(公顷)。

2.4　多层次作用边界下耕地保护外部性分割模型构建

2.4.1　省、市边界下耕地保护外部性分割模型构建

区域耕地保护总体外部性反映了某一年度特定区域内耕地所产生的生态社会效益总和，其值大小取决于区域内耕地的质量和数量。某一年度特定区域耕地保护总体外部性测算模型可表示如下（牛海鹏，2010）：

$$T = \sum SE \Rightarrow \sum_{j=1}^{n} S_j E_j \Rightarrow \sum_{i=1}^{m} \sum_{j=1}^{n} S_{ij} E_{ij} = \sum_{i=1}^{m} T_i \tag{2-23}$$

式中，T 表示某一年度特定区域耕地保护的总体外部性(元)；E 表示某一年度特定区域单位面积耕地平均总体外部性(元/公顷)；S 表示某一年度该特定区域耕地总面积(公顷)；j 表示特定区域内耕地质量等别，$j=1, 2, \cdots, n$；E_j 表示某一年度特定区域 j 等单位面积耕地的总体外部性(元/公顷)；S_j 表示某一年度特定区域 j 等耕地面积(公顷)；i 表示某一年度特定区域第 i 个次级区域，$i=1, 2, \cdots, m$；E_{ij} 表示某一年度第 i 个次级区域 j 等耕地单位面积总体外部性(元/公顷)；S_{ij} 表示第 i 个次级区域 j 等耕地面积；T_i 表示某一年度第 i 个次级区域耕地保护总体外部性(元)。

区际外部性是不同年份特定区域耕地保护外部性需求与供给的差异，即耕地保护外部性盈余/赤字，耕地保护区际外部性量化模型为（牛海鹏，2010）

$$\widehat{T}_{粮食主产区} = T_{粮食主产区} - \overline{T}_{粮食主产区} \tag{2-24}$$

$$\overline{T}_{粮食主产区} = \frac{T \times Q_{粮食主产区}}{Q} \tag{2-25}$$

式中，$\hat{T}_{粮食主产区}$ 表示某一年度特定区域(粮食主产区)耕地保护外部性盈余/赤字值(元)；$\overline{T}_{粮食主产区}$ 表示某一年度特定区域(粮食主产区)耕地保护外部性的需求量(元)；$T_{粮食主产区}$ 表示某一年度特定区域(粮食主产区)的耕地保护外部性供给(元)；T 表示某一年度特定区域所在上一级区域耕地保护的总体外部性(元)；$Q_{粮食主产区}$ 表示某一年度特定区域(粮食主产区)的人口数量(人)；Q 表示某一年度特定区域所在上一级区域人口总数(人)。

2.4.2　全国边界下耕地保护外部性分割模型构建

由于我国地域辽阔，自然经济社会条件和耕地利用情况差异较大，因此在全国范围内测度单位面积耕地保护外部性应用价值较弱，而测算全国边界下典型区域(粮食主产县、粮食主产市和粮食主产省)耕地保护现实外部性盈余/赤字(可作为区际耕地保护经济补偿标准)则具有较强的实践价值。

全国边界下典型区域(粮食主产县、粮食主产市和粮食主产省)耕地保护现实外部性盈余/赤字测算公式如下：

$$Q_m = L_m \times P \tag{2-26}$$

式中，Q_m 表示第 m 个典型区域在全国边界下耕地保护区际外部性现实值(元/公顷)；L_m 表示第 m 个典型区域在全国边界下标准耕地盈余/赤字面积(公顷)；P 表示典型区域所在省级区域的省级边界下单位面积标准耕地外部性现实值(元/公顷)。

第 m 个典型区域在全国边界下标准耕地盈余/赤字面积 L_m 计算公式如下：

$$L_m = BL_m - BY_m \tag{2-27}$$

$$BY_m = \frac{RK_m \times F}{CL} \tag{2-28}$$

式中，BL_m 表示第 m 个典型区域标准耕地保有量(公顷)；BY_m 表示第 m 个典型区域标准耕地保护义务量(公顷)；RK_m 表示第 m 个典型区域人口数量；F 表示全国人均粮食消费量；CL 表示省级区域内单位面积标准耕地粮食产量(考虑经济作物需求下的耕地粮食作物平均产量)。

第 m 个典型区域标准耕地保有量(面积) BL_m 计算公式如下：

$$BL_m = \sum_{j=1}^{n} (YL_{mj} \times \omega_j) \tag{2-29}$$

式中，YL_{mj} 表示第 m 个典型区域第 j 等耕地统计面积(公顷)；ω_j 表示典型区域所在省级区域内第 j 等耕地质量等别调整系数。

典型区域所在省级区域内第 j 等耕地质量等别调整系数 ω_j 计算公式如下：

$$\omega_j = \frac{D_j}{\sum_{j=1}^{n}(D_j \times \mu_j)} \tag{2-30}$$

式中，D_j 表示典型区域第 j 等耕地利用等指数平均值；μ_j 表示典型区域第 j 等耕地面积权重，$j=1, 2, \cdots, n$。

2.5　耕地保护经济补偿效应测度模型构建

2.5.1　耕地保护经济补偿效应概念界定

公共政策或公共项目本身具有多元、模糊的目标与期望(李允杰和邱昌泰，2008)，科学地评价公共政策或公共项目的实施效应依赖于对其做出高度的、使定量测度成为可能的实证描述(弗兰克·费希尔，2003)。因此，科学界定耕地保护经济补偿效应内涵是开展效应评价和分析的基础。

学术界尚无关于耕地保护经济补偿效应的明确定义。牛海鹏(2010)将耕地保护经济补偿效应定义为：在一定的经济补偿标准下，采用合适的补偿方式实施耕地保护经济补偿后所产生的效应的总称，具体包括区内经济补偿效应和区际经济补偿效应。其中，耕地保护的区内经济补偿效应主要是指经济补偿接受主体的耕地保护意愿、态度、行为的变化及其对生活水平和耕地收益水平的影响。耕地保护的区际经济补偿效应主要表现在耕地保护目标较低区域(或经济发达地区)对耕地建设占用的抑制效应，以及耕地保护重点区对耕地保护的积极性。牛海鹏对耕地保护经济补偿效应的定义主要基于耕地保护经济补偿接受主体的意识与行为的变化，但忽视了耕地保护经济补偿给付主体的意识与行为也是耕地保护经济补偿效应的重要体现。余亮亮和蔡银莺(2014)通过对耕地保护经济补偿政策目的的分析认为，经济补偿接受主体的农业生产积极性和耕地保护效果是耕地保护经济补偿效应的直接体现。其中，耕地保护效果又分为数量保护成效、质量保护成效和生态管护成效。但这仅是从农户的主观感知角度对耕地保护经济补偿效应的表现形式进行的识别，并未对其内涵做出明确界定。

由于耕地保护主体的多样性，不同的耕地利用和保护主体对经济效应、社会效应和生态效应的感知不同，其耕地保护的意识和行为具有明显的差异性。同时，作为耕地保护的唯一客体，耕地本身所体现出的数量、质量和生态方面的变化能客观地反映耕地保护经济补偿的生态效应和社会效应。基于此，耕地保护经济补偿效应可界定为：在不同的补偿方式、补偿标准下，耕地保护经济补偿区内区际接受和给付主体对实施耕地保护经济补偿后在意识和行为上的反映，以及耕地本身在数量、质量和生态上的变化，具体包括耕地保护经济补偿的区内效应和区际效应。其中，耕地保护区内经济补偿效应涵盖三个方面：一是区内不同耕地保护经济补偿接受主体(包括农户、村集体经济组织、地方政府)的耕地保护意愿、态度、行为的变化及其对生活水平、区域发展水平和耕地收益水平的影响；二是区内耕地保护给付主体对耕地保护效果在意识和行为上的反映；三是耕地保护经济补偿客体(耕地)在数量、质量和生态方面的变化。耕地保护区际效应可界定为耕地保护区际经济补偿接受区和给付区对耕地建设占用的双重抑制性和耕地保护的积极性。

2.5.2　基于 TOPSIS 法的满意度评价模型构建

TOPSIS 法通过建立评价指标与正理想解和负理想解之间距离的二维数据空间，获得各评价目标与正理想解的贴近度，以此作为评价目标优劣的依据(余亮亮和蔡银莺，2015a；文高辉等，2014)。其由于简便、有效的优点而多用于有限方案的多目标决策分析(胡蓉，2016；薛剑等，2014；李灿等，2013)。本节采用 TOPSIS法构建满意度评价模型，从而评价受访农户对耕地保护经济补偿的满意度。该模型通过计算受访农户对耕地保护经济补偿的各个构成要素距离最佳理想方案的贴近程度，表明受访农户对某个地区耕地保护经济补偿满意度评价的优劣程度；同时，根据各个构成要素对于耕地保护经济补偿总体满意度目标值的障碍度，进一步诊断各个构成要素影响受访农户做出满意度评价决策的重要程度。模型构建过程如下：

(1)构建决策矩阵，指标规范化处理。

基于问卷调查的微观数据，建立农户满意度评价决策矩阵，$X=(x_{ij})_{n \times m}$，$i=1,2,\cdots,n$，$j=1,2,\cdots,m$，其中，x_{ij} 表示第 i 个受访农户对第 j 项指标的满意度评价值。

为了反映评价指标实际值在该指标权重中的位置，采用极值标准化方法对评价指标进行规范化处理，可得规范化决策矩阵 $Y=(y_{ij})_{n \times m}$，计算公式为

$$y_{ij} = \frac{x_{ij} - x_{ij}^{\min}}{x_{ij}^{\max} - x_{ij}^{\min}} \tag{2-31}$$

式中，$x_{ij}^{\min}$ 为 x_{ij} 的最小值；$x_{ij}^{\max}$ 为 x_{ij} 的最大值；y_{ij} 为规范化后的第 i 个受访农户对第 j 项指标的满意度评价值。

(2) 确定指标权重:

$$p_{ij} = \frac{y_{ij}}{\sum\limits_{i=1}^{n} y_{ij}} \tag{2-32}$$

$$E_j = -\frac{1}{\ln n} \sum\limits_{i=1}^{n} p_{ij} \ln p_{ij} \tag{2-33}$$

$$W_j = \frac{W_j'}{\sum\limits_{j=1}^{m} W_j'}, \quad W_j' = 1 - E_j \tag{2-34}$$

式中, p_{ij} 为第 i 个受访农户的第 j 项指标评价值的比例; E_j 为第 j 项指标的信息熵值; W_j 为第 j 项指标的权重; W_j' 为第 j 项指标的信息冗余度; n 为评价对象的样本数; m 为评价指标个数。

(3) 构建熵权决策矩阵:

$$V = YW = \begin{bmatrix} v_{11} & v_{12} & \cdots & v_{1m} \\ v_{21} & v_{22} & \cdots & v_{2m} \\ \vdots & \vdots & & \vdots \\ v_{n1} & v_{n2} & \cdots & v_{nm} \end{bmatrix} \tag{2-35}$$

式中, V 为熵权规范化决策矩阵, 且 $V = (v_{ij})_{n \times m}$; W 为指标权重矩阵, 且 $W = (w_1, w_2, \cdots, w_m)^{\mathrm{T}}$; m、n 含义同上。

(4) 确定正负理想解。

根据加权规范化值 v_{ij} 来确定正理想解 M^+ 和负理想解 M^-:

$$M^+ = \left\{ \max v_{ij} \middle| i = 1, 2, \cdots, n \right\} = \left\{ v_1^+, v_2^+, \cdots, v_n^+ \right\} \tag{2-36}$$

$$M^- = \left\{ \min v_{ij} \middle| i = 1, 2, \cdots, n \right\} = \left\{ v_1^-, v_2^-, \cdots, v_n^- \right\} \tag{2-37}$$

式中, M^+ 为正理想解, 即加权规范化值中的最大值; M^- 为负理想解, 即加权规范化值中的最小值。

(5) 计算距离尺度。

计算不同地区评价向量到正、负理想解的距离, 距离尺度可以通过欧几里得距离来计算。评价向量到正理想解 M^+ 的距离为 D^+, 到负理想解 M^- 的距离为 D^-:

$$D^+ = \sqrt{\sum_{j=1}^{m}(v_{ij} - v_j^+)^2}, \quad i=1,2,\cdots,n \tag{2-38}$$

$$D^- = \sqrt{\sum_{j=1}^{m}(v_{ij} - v_j^-)^2}, \quad i=1,2,\cdots,n \tag{2-39}$$

式中，D^+ 为评价向量与最优目标的接近程度，D^+ 越小说明农民对耕地保护经济补偿满意度评价的效果距离正理想解越近，评价效果越优；D^- 为评价向量与最劣目标的接近程度，D^- 越小说明农民对耕地保护经济补偿满意度评价的效果距离负理想解越近，评价效果越劣。

(6)计算正理想解的贴近度：

$$C_k = \frac{D^-}{D^+ + D^-}, \quad k=1,2,\cdots,l \tag{2-40}$$

式中，$0 \leqslant C_k \leqslant 1$，$C_k$ 越大，表明受访农户对第 k 个地区耕地保护经济补偿的满意度评价越优。当 $C_k=1$ 时，即 $v_j = M^+$，表明受访农户对第 k 个地区耕地保护经济补偿的满意度评价最优，从补偿范围到补偿标准、补偿方式、资金分配等都达到了农民的预期目标；当 $C_k=0$ 时，即 $v_j = M^-$，表明受访农户对第 k 个地区耕地保护经济补偿满意度评价最差，该补偿政策的各个构成要素都完全没有达到农民的预期目标。

同时，将贴近度 C_k 划分为四个等级标准(余亮亮和蔡银莺，2015a)，用以表征受访农户对耕地保护经济补偿满意度(表 2-4)。

表 2-4　耕地保护经济补偿满意度评判标准

满意度水平	优秀	良好	一般	较差
贴近度	(0.80,1.00]	(0.60,0.80]	(0.30,0.60]	[0.00,0.30]

(7)计算各构成要素的障碍度。

为了进一步说明各个构成要素影响受访农户做出满意度评价决策的重要程度，同时引入因子贡献度、指标偏离度、障碍度三个指标进行分析诊断。因子贡献度 F_j 为单个构成要素对总体满意度的权重 W_j；指标偏离度 I_j 为构成要素与耕地保护经济补偿总体满意度目标值之间的差距；障碍度 O_j 为单个构成要素指标对耕地保护经济补偿满意度的影响程度，O_j 值越大，表明该构成要素对农户做出耕地保护经济补偿满意度评价的影响越大。计算公式如下：

$$O_j = I_j W_j \bigg/ \left(\sum_{j=1}^{n} I_j W_j \right) \tag{2-41}$$

式中，$I_j = 1 - Y_j$，Y_j 为前面构成要素指标的极值标准化均值。

2.5.3 基于多元 Logistic 回归分析的满意度影响因素评价模型构建

回归分析是一种应用极为广泛的数量分析方法，主要用于分析事物间的相关性，侧重考察变量之间的数量变化规律，并通过回归方程的形式描述和反映这种关系，帮助人们准确把握变量受其他一个或多个变量影响的程度(薛薇，2014)。回归模型要求被解释变量必须为数值型变量，若要分析一个或多个变量对一个非数值型分类变量产生的影响，则通常采用 Logistic 回归分析方法。本节中，由于因变量(被解释变量)为农户对耕地保护经济补偿的满意度评价(下面将评价等级分为五种类别)，属于有序变量。对于因变量(被解释变量)为有序变量的多分类变量，可以通过拟合 $i-1$ 个(i 为因变量类别数) Logistic 回归模型，称为累积 Logistic 回归模型(武松和潘发明，2014)。因此，本节选择有序多分类累积 Logistic 回归分析方法，构建耕地保护经济补偿农户满意度影响因素评价模型，探讨耕地保护经济补偿满意度随着农户特征差异的变化情况。模型构建过程如下：

假设有 i 个定序因变量(被解释变量)类别，取值分别为 $1,2,\cdots,k$，相应取值水平的概率为 $\pi_1, \pi_2, \cdots, \pi_i$，其对 n 个自变量 $(X_1, X_2, \cdots, X_n)$ 拟合的 $i-1$ 个模型如下：

$$\text{Logit}\frac{\pi_1}{1-\pi_1} = \text{Logit}\frac{\pi_1}{\pi_2 + \pi_3 + \cdots + \pi_i} = -\alpha_1 + \beta_1 X_1 + \beta_2 X_2 + \cdots + \beta_n X_n \tag{2-42}$$

$$\text{Logit}\frac{\pi_1 + \pi_2}{1-(\pi_1 + \pi_2)} = \text{Logit}\frac{\pi_1 + \pi_2}{\pi_3 + \pi_4 + \cdots + \pi_i} = -\alpha_2 + \beta_1 X_1 + \beta_2 X_2 + \cdots + \beta_n X_n \tag{2-43}$$

$$\vdots$$

$$\begin{aligned}\text{Logit}\frac{\pi_1 + \pi_2 + \cdots + \pi_{i-1}}{1-(\pi_1 + \pi_2 + \cdots + \pi_{i-1})} &= \text{Logit}\frac{\pi_1 + \pi_2 + \cdots + \pi_{i-1}}{\pi_i} \\ &= -\alpha_{i-1} + \beta_1 X_1 + \beta_2 X_2 + \cdots + \beta_n X_n\end{aligned} \tag{2-44}$$

式中，i 为满意度评价等级数；π_i 为相应满意度等级水平下的概率；X_n 为受访农户的特征因素；n 为受访农户的总数量；α 为模型中的常量；β 为受访农户特征因素(自变量)在回归模型中的系数，可反映该因素与满意度之间的相关程度及作用方向(即 β 值越大，该因素对受访农户做出相应满意度评价的影响程度越高；反之，影响程度越低。同时，β 符号为"+"，说明该因素对受访农户的满意度评价有正向影响；反之，有负向影响)。

2.5.4　基于模糊综合评价法的耕地保护经济补偿效应评价模型构建

模糊综合评价法是根据模糊数学的隶属度理论对受到多种因素制约的事物或现象做出一个总体评价的方法。该方法具有结果清晰、系统性强的特点，能较好地解决模糊的、难以量化的问题，适合解决各种非确定性问题。由于在基于农户感知的耕地保护经济补偿效应评价过程中，受访农户往往会受到多种不确定性因素的影响，其中模糊性是最主要的，因此借鉴现有的研究成果(邢权兴等，2014；杨纶标等，2011)，本节采用多层次模糊综合评价法对耕地保护经济补偿实施效应展开评价，模型构建过程如下：

(1)构建评价体系。

本节主要从农户对耕地保护经济补偿的社会效应、经济效应和生态效应的感知出发，建立指标体系，进而评价农户对耕地保护经济补偿的综合效应和单项效应的感知情况。指标体系包含目标层、准则层和指标层，其中目标层表示耕地保护经济补偿综合效应，准则层表示社会效应、经济效应和生态效应，指标层表示各类单项效应所对应的指标。

(2)建立评价对象的因素集：

$$X = \left\{ x_1, x_2, \cdots, x_m \right\} \tag{2-45}$$

$$X_k = \left\{ x_{k1}, x_{k2}, \cdots, x_{kj} \right\} \tag{2-46}$$

式中，X 为效应评价的因素集，包含评价体系中指标层所对应的所有指标；m 为评价体系中指标层所对应的指标总数；k 为按照效应属性划分的类别数(本节中将耕地保护经济补偿综合效应按照其属性分为社会效应、经济效应和生态效应)，即评价体系准则层所对应的指标总数；x_k 为准则层的第 k 项指标的因素集；x_{kj} 为准则层中第 k 项指标所对应的指标层中第 j 个指标值。

(3)建立评价集：

$$V = \left\{ v_1, v_2, \cdots, v_p \right\} \tag{2-47}$$

式中，v_p 为第 p 个评价等级。

(4)指标标准化处理及指标权重计算。

指标标准化处理和指标层各个指标权重的确定方法采用前面所述的极值标准化方法(式(2-31))和熵值法(式(2-32)~式(2-34))。其中准则层中各个指标的权重取其相应的指标层各指标的权重之和。

（5）建立综合评价矩阵：

$$R = \begin{bmatrix} r_{11} & r_{12} & \dots & r_{1p} \\ r_{21} & r_{22} & \dots & r_{2p} \\ \vdots & \vdots & & \vdots \\ r_{m1} & r_{m2} & \dots & r_{mp} \end{bmatrix} \qquad (2\text{-}48)$$

$$r_{mp} = \frac{q}{n} \qquad (2\text{-}49)$$

式中，m 为指标层的指标总数；p 为评价等级数；r_{mp} 为评价指标的隶属度；q 为每个指标 x_{ij} 隶属于评价集 V 中各个等级的人数；n 为参与评价的样本总量。

（6）建立模糊综合评价集：

$$B = WR \qquad (2\text{-}50)$$

式中，B 为模糊综合评价集；W 为指标的权重值。

（7）去模糊化，求取综合评价分数：

$$E = BH \qquad (2\text{-}51)$$

式中，E 为耕地保护经济补偿效应的综合评价分数；H 为测量标度（即评价等级），若按照五个等级划分（非常满意、比较满意、一般、略有不满、极不满意），并将其赋值为 5、4、3、2、1，则 $H = (5, 4, 3, 2, 1)$。

2.6　本　章　小　结

本章基于生态系统及其服务理论、公共物品和外部性理论、城乡与区域统筹发展理论等，构建了耕地保护外部性量化的理论基础，并构建了耕地保护外部性多层次作用边界概念模型，提出了基于综合方法（当量因子法、替代/成本法）的单位面积耕地保护外部性量化方法和基于 CVM 的单位面积耕地保护外部性量化方法，建立了多层次边界下耕地保护外部性分割模型；结合有限性理论、感性选择理论、公共政策评估理论和公共选择理论，界定了耕地保护经济补偿效应概念，构建了基于 TOPSIS 法的满意度评价模型；构建了基于多元 Logistic 回归的满意度影响因素评价模型和基于模糊综合评价法的耕地保护经济补偿效应评价模型，为特定区域耕地保护外部性量化、区内区际外部性分割和补偿效应评价提供了理论和方法支撑。

第3章　粮食主产区典型区域选择及外部性多层次边界确定

3.1　粮食主产区典型区域选择

3.1.1　河南省粮食主产区概况

2009 年 8 月《河南省粮食生产核心区建设规划(2008—2020 年)》获国务院常务会议批准,同月国家发展改革委下发了《国家发展改革委关于印发河南省粮食生产核心区建设规划的通知》(发改农经〔2009〕2251 号),标志着河南省粮食生产核心区建设规划获得国家批准。2009 年 11 月 23 日,河南省副省长刘满仓在河南省第十一届省人民代表大会常务委员会第十二次会议上作了《关于国家粮食战略工程河南核心区建设情况的报告》,介绍了核心区建设规划编制和组织实施工作情况。随后,河南省人民政府于 2010 年 5 月 21 日印发了《河南省人民政府关于印发河南省粮食生产核心区建设规划(2008—2020 年)的通知》(豫政〔2010〕50 号),2010 年 10 月 11 日河南省人民政府办公厅下发了《河南省人民政府办公厅关于河南粮食生产核心区建设规划的实施意见》(豫政办〔2010〕114 号),标志着河南省粮食生产核心区建设进入了实施阶段。

《河南省粮食生产核心区建设规划(2008—2020 年)》是中华人民共和国成立以来国家批复河南省的第一个农业方面的专项规划。核心区建设的基本思路是:通过稳定面积、主攻单产,改善条件、创新机制、完善政策,提高粮食生产的规模化、集约化、产业化、标准化水平,实现内涵式增长,尽快建立起粮食生产稳定增长的长效机制,把河南建设成为全国重要的粮食稳定增长的核心区,走出一条工业化城镇化与粮食稳定增长协调发展的新路子。总体建设目标是:到 2020 年,在保护好全省 1.022 亿亩耕地基本农田的基础上,粮食生产核心区用地稳定在 7500 万亩,粮食生产能力达到 650 亿公斤,使河南省粮食生产的支撑条件明显改善,抗御自然灾害能力进一步增强,粮食综合生产能力和农业综合效益显著提高,成为全国重要的粮食稳定增长的核心区、体制机制创新的试验区、农村经济社会全面发展的示范区。分阶段目标是:到 2010 年,粮食生产能力达到 550 亿公斤;到 2015 年,粮食生产能力达到 600 亿公斤;到 2020 年,粮食生产能力达到 650 亿公斤。即以 2008 年的 500 亿公斤为基数,到 2020 年的 12 年间,粮食生产能力要净增 150 亿公斤。

《河南省粮食生产核心区建设规划(2008—2020年)》提出,在黄淮海平原、豫北豫西山前平原和南阳盆地三大区域,选择基础条件好、现状水平高、增产潜力较大、集中连片的95个县(市、区)作为河南粮食核心区的主体范围。河南粮食核心区具体到95个县(市、区),一是为了统筹安排各项建设任务,突出粮食生产能力建设的重点区域;二是基于河南省近年粮食生产现状,这95个县(市、区)控制全省耕地面积的83.5%、基本农田面积的85%,其中89个县是国家已经认定的粮食生产大县。

3.1.2　典型粮食主产县选取

在理论分析和模型构建的基础上,选择不同自然经济社会条件的粮食主产区纳入到不同外部性作用边界进行实证分析,并分析测度结果的差异性及其影响因素。依据河南省不同区域自然资源条件、粮食生产基础和经济社会发展水平,在河南省粮食主产区黄淮海平原、南阳盆地和豫北豫西山前平原三大区域内选取周口市太康县、南阳市唐河县和焦作市温县三个典型粮食主产县作为实证区域,并纳入相应市域和河南省全域进行不同作用边界下的外部性测度,同时对不同区域和不同方法测度结果进行分析比较。

由于我国实行全国、省、市、县、乡五级土地利用总体规划体系,耕地规划指标层层分解落实,因此以行政区划为单元,以规划指标约束下的耕地保有量为基础进行外部性边界界定和量化分析具有可操作性。此外,由于本书第3、5、6章主要测算2012年耕地保护经济补偿标准,因此相应章节所用数据均以2012年为基础数据。本节中典型区域(太康县、唐河县和温县)所涉及的总人口数、土地面积、耕地面积及所辖乡镇数等基础数据均来源于河南省及相应地区2013年的统计年鉴。

1. 黄淮海平原典型区域——太康县

太康县是河南省周口市下辖县,位于周口市的北部,东临商丘市的柘城、睢县,北连开封市的通许、杞县,西与扶沟、西华毗邻,南与淮阳接壤。全县土地总面积1759平方公里,2012年总人口148.01万人,耕地面积128649公顷。辖城关回族镇、老冢镇、逊母口镇、马头镇、常营镇、朱口镇、高贤乡、高朗乡、城郊乡、转楼乡、杨庙乡、板桥镇、王集乡、张集乡、芝麻洼乡、符草楼镇、大许寨乡、独塘乡、马厂镇、清集镇、龙曲镇、毛庄镇、五里口乡23个乡(镇)。太康县是全国粮食生产先进县、全国商品粮基地县、国家种子产业化试点县、全国优质粮食产业工程基地县。

2. 南阳盆地典型区域——唐河县

唐河县是河南省南阳市下辖县,位于南阳市西南部,河南省、湖北省二省交

界处。全县土地总面积 2512 平方公里，2012 年总人口 142.73 万人，耕地面积 153574
公顷。辖产业集聚区、源潭镇、张店镇、郭滩镇、湖阳镇、黑龙镇、大河屯镇、
龙潭镇、桐寨铺镇、苍台镇、上屯镇、毕店镇、少拜寺镇、城郊乡、桐河乡、昝
岗乡、祁仪乡、马振抚镇、古城乡、王集乡、滨河街道、文峰街道 22 个乡(镇、
街道)。唐河县是全国著名的商品粮、棉、油基地县，是中国农业科学院全国首家
农业综合示范县、全国粮食生产百强县。

3. 豫北豫西山前平原——温县

温县是河南省焦作市下辖县，位于焦作市南部，南邻黄河，东接武陟县，西
邻孟州市，北部与沁阳市和博爱县毗邻。全县土地总面积 481.3 平方公里，2012
年总人口 44.68 万人，耕地面积 29910 公顷。2012 年辖温泉镇、赵堡镇、祥云镇、
黄庄镇、武德镇、番田镇、南张羌镇、岳村乡、招贤乡、北冷乡 10 个乡(镇)。温
县是黄河以北第一个亩产吨粮县、小麦亩产千斤县、国家商品粮生产基地县、国
家粮食生产核心区高产巩固区、河南省优质中筋小麦适宜区、全国粮食生产先进
县、河南省粮食生产先进县、全国粮食高产创建整建制推进示范县。

3.2　粮食主产区典型区域外部性多层次边界

3.2.1　粮食主产区耕地保护外部性第Ⅰ边界

粮食主产区耕地保护外部性第Ⅰ边界以市级行政区划界予以确定，即将太康
县、唐河县和温县分别纳入到周口市、南阳市、焦作市进行耕地保护总体外部性
和区际外部性测算。

1)太康县粮食主产区耕地保护外部性第Ⅰ边界区域——周口市

周口市位于河南省东南部，东临安徽阜阳市，西接河南漯河市、许昌市，南
与驻马店市相连，北和开封市、商丘市接壤。全市土地总面积 11961.04 平方公里，
2012 年总人口 1126 万人，耕地面积 857770 公顷。辖扶沟县、西华县、商水县、
太康县、鹿邑县、郸城县、淮阳县、沈丘县、项城市、川汇区 10 个县(市、区)。
周口市地属黄淮平原，地势西北高，东南低，整体地貌平坦。按照河南省地貌区
划和等级系统划分，市内以沙颍河为界，以北为黄河冲积平缓平原区，以南为淮
河及其支流冲积湖积平原区。周口市农业资源丰富，是全国重要的粮、棉、油、
肉、烟生产基地。

2)唐河县粮食主产区耕地保护外部性第Ⅰ边界区域——南阳市

南阳市位于河南省西南部，豫鄂陕三省交界处。东邻河南省驻马店市和信阳
市，南接湖北省襄樊市和十堰市，西与陕西省商洛市相连，北与河南省三门峡市、
洛阳市和平顶山市三市毗邻。地处东经 110°58′~113°49′，北纬 32°17′~33°48′。

全市土地总面积 26511.48 平方公里，2012 年总人口 1166 万人，耕地面积 1056910 公顷。辖西峡县、镇平县、内乡县、淅川县、新野县、桐柏县、唐河县、方城县、南召县、社旗县、卧龙区、宛城区 12 个县(市、区)和邓州市 1 个省直管县(市)。南阳地势呈阶梯状逐渐向中部和南部倾斜，构成向南开口与江汉平原相连接的马蹄形盆地(南阳盆地)。南阳市是河南省粮食生产核心区的重要组成部分，全国粮、棉、油、烟集中产地。

3)温县粮食主产区耕地保护外部性第 I 边界区域——焦作市

焦作市位于河南省西北部，北依太行山，与山西省接壤；南临黄河，与郑州、洛阳毗邻；东接新乡，西邻济源。地处东经 112°43′31″～113°38′35″，北纬 34°41′03″～35°29′45″。全市土地总面积 3972.58 平方公里，2012 年总人口 366 万人，耕地面积 195640 公顷。辖沁阳市、孟州市、温县、修武县、武陟县、博爱县、解放区、山阳区、中站区、马村区及高新区 11 个县(市、区)。焦作市处于太行山脉与豫北平原的交接地带，总的地势北高南低，西高东低。在中部与东部，自北向南典型的地貌组合状况为：山区—丘陵区—山前洪积平原—山前槽形交接洼地—郇封岭岗地—沁河河漫滩—黄沁河冲积平原—清风岭岗地—黄河河漫滩。焦作主要农作物有小麦、玉米、水稻、棉花、油料及其他经济作物，是河南省主要的商品粮基地，是全国著名的粮食高产区和优良的小麦种子繁育基地之一。

3.2.2 粮食主产区耕地保护外部性第 II 边界

粮食主产区耕地保护外部性第 II 边界以省级行政区划界予以确定，即将太康县、唐河县和温县纳入到河南省进行耕地保护总体外部性和区际外部性测算。具体如表 3-1 所示。

表 3-1　粮食主产区典型区域选取与多层次边界确定

典型粮食主产县	所在区域	典型性特征	外部性第 I 边界	外部性第 II 边界
太康县	黄淮海平原	全国粮食生产先进县、全国商品粮基地县	周口市行政区划界	河南省行政区划界
唐河县	南阳盆地	中国农业科学院全国首家农业综合示范县、全国粮食生产百强县	南阳市行政区划界	河南省行政区划界
温县	豫北豫西山前平原	黄河以北第一个亩产吨粮县、小麦亩产千斤县、国家商品粮生产基地县、国家粮食生产核心区高产巩固区、河南省优质中筋小麦适宜区、全国粮食生产先进县、河南省粮食生产先进县、全国粮食高产创建整建制推进示范县	焦作市行政区划界	河南省行政区划界

1. 河南省区域概况

河南省位于我国中东部、黄河中下游,介于北纬31°23′～36°22′,东经110°21′～

116°39′，东与山东、安徽两省相连，西与陕西省接壤，北与河北、山西两省为邻，南与湖北省交界。南北与东西最大直线距离分别为 530km 和 580km，土地面积 16.57 万平方公里，辖郑州、开封、洛阳、平顶山、安阳、鹤壁、新乡、焦作、濮阳、许昌、漯河、三门峡、南阳、商丘、信阳、周口、驻马店 17 个地级市和济源 1 个省直管市，158 个县(市、区)。

河南是一个低山丘陵和平原分异明显的省份，地貌类型多样。全省平原有 9.23 万平方公里，山区有 4.40 万平方公里，丘陵有 2.94 万平方公里，分别占土地总面积的 55.7%、26.6%和 17.7%。河南全年实际日照数为 2000～2600h，分布趋势是北部多于南部，平原多于山地。全年降水量为 600～1300mm，其中淮河以南地区多为 1000～1300mm，淮北平原和南阳盆地为 800～900mm，黄河沿岸地区为 700mm，向北向西降至 600mm。河南受暖温带、北亚热带季风气候影响，形成了地带性的褐土(暖温带)和黄棕壤(北亚热带)。复杂的自然条件，气候、植被、地形、成土母质的不同以及人们对土地利用方式的差别，使土壤类型多样。河南地处暖温带与亚热带的过渡区，气候适宜，北部为暖温带落叶阔叶林，南部为北亚热带常绿落叶阔叶林，东部和东北为人工植被，是河南重要的农业区。

截至 2012 年底，河南省总人口 10543 万人，其中常住人口 9406 万人；城镇人口 4473 万人，农村人口 6070 万人，城镇化水平 42.4%。2012 年生产总值 31499 亿元，三次产业结构为 12.7∶56.3∶31.0，二、三产业比例达到 87.3%。全省第一产业值 3769.54 亿元，粮食作物播种面积 9985.15 千公顷，其中小麦播种面积 5340 千公顷。全年粮食产量 5638.60 万吨，其中小麦产量 3177.35 万吨。

2. 河南省耕地利用变化分析

1)研究时段的界定

研究时段范围确定为 1996～2012 年。其中 1996～2008 年耕地数据来源于河南省第一次土地详查和各年土地变更调查；2009～2012 年耕地数据来源于《河南统计年鉴》，该数据源于第二次土地调查及其各年土地变更。

2)数据的预处理

济源市 1997 年实行省直管体制(副地级城市)，从焦作市划出，其土地变更数据单独进行；1997 年，襄城县从平顶山市划归许昌市管辖。因此，为了保持数据的连续性和前后对照的可比性，在耕地数据统计和分析时，从 1996 年开始，济源市耕地数据从焦作市剥离单独统计，襄城县耕地数据含于许昌市进行统计。

3. 河南省耕地面积变化分析

1)耕地总量动态分析

1996～2008 年，河南省耕地总量总体上呈下降态势，从 1996 年的 811.03 万公顷下降到 2008 年的 792.64 万公顷，期间合计净减少 18.39 万公顷。2009 年完成第二次土地调查，耕地面积 2009 年末为 819.20 万公顷，至 2012 年下降到 815.68 万公顷，期间合计净减少 3.52 万公顷，如图 3-1 所示。

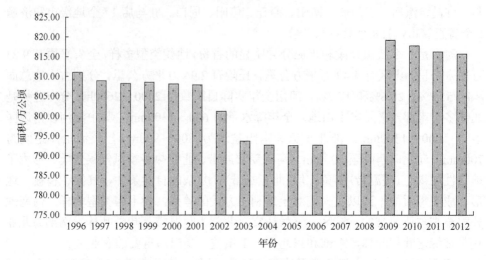

图 3-1　1996～2012 年河南省耕地面积变化图

2) 耕地增减量动态分析

1997～2012 年，河南省除 1999 年、2006 年、2008 年、2009 年变化量为正值外(2009 年变化量为正值的原因主要在于 2008 年和 2009 年数据来源差别)，其他年份均为负值(图 3-2)，其中 2002 年和 2003 年耕地减少量最大，分别为 6.66 万公顷和 7.56 万公顷。该变化表明，由于非农产业的发展，对耕地的占用在一定时期内仍是刚性需求。

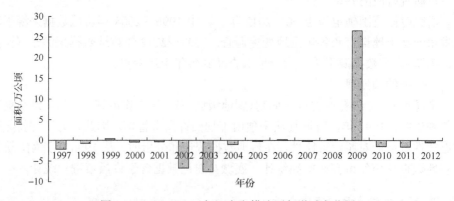

图 3-2　1997～2012 年河南省耕地面积增减变化图

3) 河南省各地市耕地变化分析

河南省耕地面积主要分布在豫东黄淮海平原、南阳盆地和豫北山前冲积平原。

从行政区划看，耕地面积最多的地市依次为南阳市、驻马店市、周口市和信阳市，1996 年分别占全省耕地面积的 12.51%、11.02%、10.53% 和 10.09%，2012 年分别占全省耕地面积的 12.95%、11.67%、10.52%、10.30%，四市耕地面积合计约占全省耕地面积的 45% 左右。1996～2008 年，郑州市、洛阳市、鹤壁市、三门峡市、信阳市、济源市耕地面积占全省比例有所下降，其中其他地市有所上升；2009～2012 年，郑州市、洛阳市、鹤壁市、许昌市、济源市耕地面积占全省比例有所下降，其他地市有所上升或持平，如表 3-2 所示。

表 3-2　1996～2012 年河南省各地市耕地面积占全省比例统计表　（单位：%）

地市	1996 年	2008 年	1996～2008 年比例变化/百分点	2009 年	2012 年	2009～2012 年比例变化/百分点
郑州市	4.22	4.14	−0.08	4.16	4.07	−0.09
开封市	5.31	5.40	0.09	5.10	5.10	0.00
洛阳市	5.64	5.35	−0.29	5.31	5.30	−0.01
平顶山市	3.91	3.98	0.07	3.95	3.95	0.00
安阳市	5.12	5.15	0.03	5.02	5.03	0.01
鹤壁市	1.34	1.33	−0.01	1.52	1.49	−0.03
新乡市	5.72	5.73	0.01	5.80	5.82	0.03
焦作市	2.42	2.43	0.01	2.39	2.40	0.01
濮阳市	3.38	3.41	0.03	3.45	3.48	0.03
许昌市	4.27	4.34	0.07	4.21	4.16	−0.05
漯河市	2.34	2.38	0.04	2.33	2.34	0.01
三门峡市	2.58	2.26	−0.32	2.17	2.17	0.00
南阳市	12.51	12.55	0.04	12.93	12.95	0.02
商丘市	8.96	9.08	0.12	8.66	8.68	0.02
信阳市	10.09	9.99	−0.10	10.25	10.30	0.05
周口市	10.53	10.78	0.25	10.52	10.52	0.00
驻马店市	11.02	11.18	0.16	11.65	11.67	0.02
济源市	0.64	0.52	−0.12	0.58	0.57	−0.01
河南省	100.00	100.00	0.00	100.00	100.00	0.00

注：本表数据均按四舍五入保留相应位数，本书表格均同此表处理。

从各地市耕地面积变化来看，1996～2008 年，除周口市持平外，其他地市均处于减少状态，其中年均减少量最大的地市为洛阳市，年均减少 0.278 万公顷；2009～2012 年，新乡市、濮阳市和信阳市耕地面积增加，焦作市耕地面积持平，其他地市均处于减少状态，其中年减少量最大的地市为郑州市，年均减少 0.290 万公顷，如表 3-3 所示。

表 3-3　1996～2012 年河南省各地市耕地面积变化统计表　　（单位：万公顷）

地市	1996 年	2008 年	1996～2008 年耕地面积年均变化量/百分点	2009 年	2012 年	2009～2012 年耕地面积年均变化量/百分点
郑州市	34.21	32.85	−0.113	34.05	33.18	−0.290
开封市	43.08	42.78	−0.025	41.76	41.62	−0.047
洛阳市	45.77	42.43	−0.278	43.51	43.26	−0.083
平顶山市	31.68	31.54	−0.012	32.37	32.18	−0.063
安阳市	41.51	40.85	−0.055	41.14	41.00	−0.047
鹤壁市	10.84	10.52	−0.027	12.44	12.18	−0.087
新乡市	46.41	45.40	−0.084	47.53	47.55	0.007
焦作市	19.66	19.25	−0.034	19.56	19.56	0.000
濮阳市	27.38	26.99	−0.033	28.25	28.36	0.037
许昌市	34.64	34.40	−0.020	34.50	33.95	−0.183
漯河市	18.99	18.86	−0.011	19.07	19.05	−0.007
三门峡市	20.96	17.91	−0.254	17.76	17.70	−0.020
南阳市	101.46	99.49	−0.164	105.98	105.68	−0.100
商丘市	72.68	72.00	−0.057	70.90	70.84	−0.020
信阳市	81.80	79.16	−0.220	83.97	83.98	0.003
周口市	85.42	85.42	0.000	86.21	85.78	−0.143
驻马店市	89.36	88.63	−0.061	95.48	95.16	−0.107
济源市	5.18	4.16	−0.085	4.72	4.65	−0.023
河南省	811.03	792.64	−1.533	819.20	815.68	−1.173

3.2.3　粮食主产区耕地保护外部性第 III 边界

粮食主产区耕地保护外部性第 III 边界以国家边界予以确定，即将太康县、唐河县和温县纳入到全国进行耕地保护总体外部性和区际外部性测算。

3.3　数据来源及处理方法

社会经济数据的来源和处理：本书所采用的各种农作物播种面积、播面单产数据、人口数量、在岗职工年平均工资、农业从业人数、固定资产投资价格指数分别来源于 2001 年、2005 年、2009 年和 2013 年《河南统计年鉴》（2000 年、2004 年、2008 年和 2012 年河南省社会经济数据）。为了数据获取的便利性，其中农业从业人数取第一产业从业人数；农产品价格数据、粮食作物的产值和费用、农产品生产的物质与技术服务费用来源于相应年份的《全国农产品成本收益资料汇编》，在具体运用时以"三种粮食作物"代替粮食作物的产值和费用；农村最低社会保障标准依据国务院扶贫开发领导小组办公室历年发布的全国贫困线标准，取全国低收入贫困线标准上限。

土地数据和利用等指数的来源和处理：土地数据采用历年《河南省土地利用现状数据册》变更数据；基于对农用地自然质量等、利用等、经济等内涵分析，农用地利用等不仅考虑了农用地自然质量条件，也考虑了农用地利用条件，反映了不同土地单元实际产出的差异。因此，可基于 2012 年河南省农用地分等成果补充完善相关数据，首先计算出河南省各等别国家级农用地利用等指数平均值和河南省全域内农用地利用等平均等指数，然后以各等别国家级农用地利用等指数平均值除以河南省全域内农用地利用等平均等指数，计算出河南省 4～12 等的耕地质量等别调整系数分别为 1.43、1.31、1.18、1.06、0.93、0.81、0.68、0.56 和 0.44。

3.4　本章小结

本章依据自然资源条件、粮食生产基础和经济社会发展水平等因素的差异性，在河南省粮食主产区黄淮海平原、南阳盆地和豫北豫西山前平原三大区域内选取周口市太康县、南阳市唐河县和焦作市温县三个典型粮食主产县作为实证区域，同时明晰了三个典型粮食主产县耕地保护外部性第Ⅰ边界(相应市级行政区划界)、第Ⅱ边界(省级行政区划界)、第Ⅲ边界(国家边界)。典型区域的选取和耕地保护外部性边界的明晰是耕地保护外部性量化实证研究的基础和前提。

第4章 基于CVM的耕地保护外部性测度
与分析——以焦作市为例

4.1 研究区域与问卷设计

4.1.1 研究区域

焦作市处于中纬度地区,属暖温带大陆性季风气候,四季分明,雨量集中。历史最高气温为43.6℃,最低气温为−22.4℃,平均气温为12.8~14.8℃;年平均日照总数为2200~2400h,日照百分率为48%~55%;近50年的全年太阳总辐射量为4625.026~5020.026MJ/m²,有效积温为4874.8℃,平均无霜期为216~240天;年平均降水量为600~700mm,多集中在7~9月三个月,最大冻土层深度为20cm。境内有黄河、沁河、蟒河等河流通过,水资源较为丰富,分属黄河、海河两大水系。焦作市整体上呈现"北山、中川、南滩"的地貌特征,依据研究区域的自然、经济和社会生态因子的分布及其各生态因子对耕地资源的开发、利用和耕地数量变化的影响,并结合研究目的和土地利用覆盖类型,可将焦作市划分为山地丘陵区、城镇工贸区、平原农业区和沿黄(河)农林开发区四个土地利用区。

4.1.2 CVM耕地保护经济补偿调查问卷设计

1. 问卷设计的原则及目的

在进行问卷设计时,问卷构成、问题设置、问题表达、问题数量等均严格按照统计学问卷调查的基本要求和原则确定。同时结合CVM对问卷设计及偏差规避的要求,在设计问卷时,以受访者能够理解问卷内容并对调查的问题进行真实作答为根本,以获得更全面的耕地保护经济补偿标准信息及数据为目标,又兼具能够最大限度降低问卷调查过程中出现的各种偏差。需要特别指出,本次调查的目的一方面是了解城镇或农村居民对耕地保护的行为方式及其耕地保护经济补偿标准的意向,在此基础上进行相关的科学分析及研究;另一方面在对居民耕地保护的行为方式及耕地保护经济补偿标准的意愿量化的基础上,为政府制定相关的耕地保护政策及耕地保护经济补偿标准提供理论参考及依据。

2. 引导技术的确定

重复投标博弈式问卷调查时间长、容易产生停留时间偏差,而且要求受访居民有足够的耐心;开放式格式提出的问题简单明了,但是受访者在回答这类格式问题时存在一定难度;支付卡问卷格式考虑受访者能够接受的上限值和下限值,将受访者可能接受的所有价值数据进行罗列,要求受访者从给出的一系列价值数据中选择他们最大的支付意愿,也可以写出自己理想的最大支付意愿数值;二分式引导技术对受访者进行支付意愿询价,此引导技术灵活性较高,信息获取能力较强,不易出现受访者对问题的回避现象,有利于偏差规避,可较为真实地获取受访者的支付意愿。基于以上分析,本书采用支付卡式和二分式引导技术进行耕地保护外部性问卷的设计。

3. 问卷设计的主要内容

遵循问卷设计原则并结合文章的研究目的分别进行支付卡式、二分式两种引导技术的问卷设计。同时,依据耕地保护主体类型与耕地之间的联系紧密程度,不同引导技术下的调查问卷又分为农村类和城镇类两种问卷类型。在预调查基础上,对问卷进一步优化、完善,并对农村类、城镇类的支付方式及支付意愿的相关问题进行修正。

1)支付卡式耕地保护经济补偿调查问卷(农村类)

支付卡式农村类居民耕地保护经济补偿问卷主要内容包括以下五个方面:

(1)受访农户对耕地生态社会效益的认知程度调查。该部分共设置六个相关问题,其中主要包括受访农户对耕地重要性的认知、政府有无必要进一步加强耕地保护并出台相关政策的认知、耕地面积减少及质量降低对家庭今后生活的影响认知、耕地面积减少及质量降低对子孙后代生活影响的认知、目前本区域耕地所面临的最严重问题的认知及对耕地具有的生态效益和社会效益的认知。

(2)耕地生态社会效益支付意愿调查。该部分主要设置两个相关问题,其中包括询问受访农户假设为了保护耕地数量不减少,质量不降低,享受目前耕地所产生的生态社会效益水平,是否愿意为保护耕地捐钱(捐物)或参加义务劳动。如果受访农户回答愿意并选择"出钱"的,则继续询问愿意从未来每年家庭收入中拿出多少金额用于耕地保护,从给出的一系列支付区间中选取支付金额。

(3)耕地保护经济补偿认知调查。此部分共设置八个问题,主要包括询问受访农户是否应对耕地利用和保护人发放一定的经济补偿,若选择应该对耕地利用和保护人发放一定的经济补偿,则继续询问受访者该补偿应该发放给谁、提供补偿的主体、应该依据什么发放耕地保护经济补偿最合理;若按照耕地面积发放耕地保护经济补偿,每年每亩应该发放多少元;对于已转包的耕地,在转包期内应将耕地保护经济补偿发放给谁;对于耕地保护经济补偿方式,询问受访者偏向的耕地保护经济补偿方式;询问是否愿意将部分耕地保护经济补偿用于农业设施(如道路、机井)建设和土壤改良。

(4)被调查者个人及家庭情况。此部分共设置五个问题，主要包括被调查者的个人情况(性别、年龄、文化程度、健康状况、是否兼业)、家庭收入主要来源、被调查者家庭情况(家庭总人数、劳动力人数、被抚养人数、兼业人数、家庭所经营耕地面积)、受访农户近三年家庭年平均收入、受访农户农业收入占家庭总收入的比例。

(5)问卷有效性调查。在问卷最后询问受访农户是否明白此次调查中的支付意愿是在假设的前提下进行的，同时请受访农户填写他们对问卷的理解程度。

同理，支付卡式城镇类居民耕地保护经济补偿调查问卷也主要包括以上五个方面的主要内容。

2)二分式耕地保护经济补偿调查问卷(农村类)

依据研究内容和目的，将二分式耕地保护经济补偿调查问卷设置为单边界二分式问卷格式和双边界二分式问卷格式。由于双边界二分式投标值是在单边界二分式基础上建立并设置的，故将其问题在同一份问卷上进行展现。结合焦作市城镇和农村居民情况，将问卷分为城镇和农村两类问卷。二分式耕地保护经济补偿调查农村类居民耕地保护经济补偿调查问卷主要包括五个方面的主要内容：

(1)受访农户对耕地生态社会效益认知程度调查。该部分共设置六个相关问题，其中主要包括受访农户对耕地重要性的认知、政府有无必要进一步加强耕地保护并出台相关政策的认知、耕地面积减少及质量降低对家庭今后生活的影响认知、耕地面积减少及质量降低对子孙后代生活影响的认知、目前本区域耕地所面临的最严重问题的认知及对耕地具有的生态效益和社会效益的认知。通过询问有关耕地保护外部性方面的问题，受访农户能够迅速了解问卷调查的目的，为接下来耕地生态社会效益调查提供有力支撑。

(2)耕地生态社会效益支付意愿调查。单边界二分式核心问题设置为询问受访农户假设为了保护耕地数量不减少，质量不降低，享受目前耕地所产生的生态社会效益水平是否愿意为保护耕地捐钱(捐物)或参加义务劳动。如果受访农户愿意拿出一定费用来保护它，在家庭目前的收入状况下，未来每年从家庭收入中拿出多少钱（从给出的投标值中选择，也可以给出自己理想的支付意愿）？在此基础上，如果受访农户回答"是"，则相继给出一个更高的投标值询问其是否能够接受；如果受访农户回答"否"，则给出一个较低的投标值再询问其是否能够接受，即双边界二分式问卷的核心问题。

(3)耕地保护经济补偿认知调查。此部分共设置八个问题，主要包括询问受访农户是否应对耕地利用和保护人发放一定的经济补偿，若选择应该对耕地利用和保护人发放一定的经济补偿，则继续询问受访者该补偿应该发放给谁、提供补偿的主体、应该依据什么发放耕地保护经济补偿最合理；若按照耕地面积发放耕地保护经济补偿，每年每亩应该发放多少元；对于已转包的耕地，在转包期内应将耕地保护经济补偿发放给谁；对于耕地保护经济补偿方式，询问受访者偏向的耕地保护经济补偿方式；询问是否愿意将部分耕地保护经济补偿用于农业设施（如道路、机井）建设和土壤改良。

（4）被调查者个人及家庭情况。此部分共设置五个问题，主要包括被调查者个人情况、家庭收入主要来源、被调查的家庭情况、受访农户近三年家庭年平均收入、受访农户农业收入占家庭总收入的比例。

（5）问卷有效性调查。在问卷最后询问受访农户是否明白此次调查中的支付意愿是在假设的前提下进行的，同时请受访农户填写他们对问卷的理解程度。

同理，二分式城镇类居民耕地保护经济补偿调查问卷亦主要包括以上五个方面的内容。但需要指出的是，城镇类居民和农村类居民由于经济收入水平、文化程度、家庭人口及与耕地的紧密联系程度等的不同，在进行上述问题设计时，有针对性地进行了相应调整。

4.1.3　假想市场情景设置

由于 CVM 是以假想市场情景为前提，假想情景设置的合理与否，直接关系到受访者对问卷的理解程度，进而会对 CVM 测度结果的精度造成一定程度的影响。因此，结合研究目的及内容，支付卡式和二分式耕地保护经济补偿调查问卷的假想市场情景分别设置如下。

1. 支付卡式耕地保护经济补偿调查问卷的假想市场情景设置

支付卡式耕地保护经济补偿调查问卷的假想市场情景设置分为受访农村类居民对耕地外部性支付意愿调查的情景设置和受访城镇类居民对耕地保护外部性支付意愿调查的情景设置。

受访农村类居民对耕地保护外部性支付意愿调查的情景设置：首先向受访者介绍耕地生态效益和社会效益，然后向受访者说明目前研究区耕地面积不断减少、质量逐渐降低的发展态势，并且明确耕地数量不断减少和质量的不断降低，不仅会导致耕地生态社会效益下降，而且对研究区居民的生活环境和生活质量也会造成一定程度的影响，进而危及社会安定及居民生活和谐。基于此，提出如下假想市场：假设为了保护耕地和基本农田数量不减少，质量不降低，使耕地所产生的生态社会效益为我们子孙后代所享用，通过建立耕地保护基金会的方式筹集专款用于耕地保护。最终在此假想市场模拟情景下设置耕地保护外部性问题进行调查。

受访城镇类居民对耕地保护外部性支付意愿调查的情景设置同于农村类问卷对该部分的设计。

2. 二分式耕地保护经济补偿调查问卷的假想市场情景设置

二分式耕地保护经济补偿调查问卷的假想市场情景设置分为受访农村类居民

对耕地保护外部性支付意愿调查的情景设置和受访城镇类居民对耕地保护外部性支付意愿调查的情景设置，其情景设置等同于支付卡式引导技术下的耕地保护外部性假想市场情景设置。

4.1.4　支付区间设置

针对支付卡式 CVM 耕地保护外部性测度，课题组共开展了两次较大规模的抽样调查。第一次调查时间为 2008 年 12 月～2009 年 1 月，第二次调查时间为 2014 年 10 月 21 日～11 月 4 日。第二次调查的支付卡式 CVM 问卷设计得到了进一步优化，且调查问卷区域分布也趋于合理，同时该时段内研究区域居民支出收入等经济因素变化较小。因此，基于研究需要和准确度，本书支付卡式 CVM 耕地保护外部性测度采用第二次调查数据进行耕地保护外部性测算和分析，并对两次抽样调查结果进行对比分析。根据研究内容和目的需要，针对二分式 CVM 耕地保护外部性测度，本书仅在第二次抽样调查中进行问卷设计并展开调查。因此，本书的支付区间设置包括支付卡式 CVM 支付区间设置及二分式 CVM 支付区间设置。

1. 支付卡式 CVM 支付区间设置

根据牛海鹏(2010)调查问卷的结果及苏明达和吴佩瑛(2004)提出的关于近似理想诱导支付模式(almost ideal elicitation method, AIEM)支付金额的价值区间公式，结合预调查情况，对居民支付意愿的平均值和标准差进行计算，并以此进行支付区间的设置。经过预调查掌握受访者的大体平均支付意愿，而在支付区间设置时，所设置的支付区间应包含预调查的居民平均支付意愿。同时，根据研究区域特定时期居民对货币区间的敏感度(调查期内，焦作市居民对货币的敏感区间为 0～25 元、0～50 元、0～100 元、0～200 元)。在进行区间设置时，应避免区间间隔的设置。区间间隔设置过大，易造成受访者无法选择；区间间隔设置过小，又将会出现多个区间选择的状况，两种极端状况均会对受访者的选择造成一定程度的影响。同时，针对不同的引导技术，支付区间的设置也存在差异。综合以上因素，支付卡式问卷的支付意愿区间设置如下：A. 1～25 元，B. 25～50 元，C. 50～75 元，D. 75～100 元，E. 100～150 元，F. 150～200 元，G. 200～250 元，H. 250～300 元，I. 300～350 元，J. 350～400 元，K. 400～500 元，L. 500～600 元，M. 600～700 元，N. 700 元以上。同时，根据城镇类居民、农村类居民义务劳动大致日平均工资标准，确定出义务劳动支付意愿区间：A. 1～2 天，B. 3～4 天，C. 5～6 天，D. 7～8 天，E. 9～10 天，F. 11～12 天，G. 13～14 天，H. 15～16 天，I. 16 天以上。

2. 二分式 CVM 支付区间设置

二分式引导技术问卷共设计了 13 个投标值分别为 25 元、50 元、75 元、100 元、150 元、200 元、250 元、300 元、350 元、400 元、500 元、600 元、700 元。

4.1.5 抽样调查

依据 2014 年城镇类、农村类户数及地域分布特征，问卷调查组于 2014 年 10 月 21 日～11 月 4 日正式开展支付卡式和二分式引导技术的耕地保护经济补偿问卷调查。在焦作市的中心城区(解放区、山阳区、中站区、马村区、高新区城镇区域)、博爱县、武陟县发放支付卡式耕地保护经济补偿调查问卷(城镇类)240 份。在沁阳市、博爱县、温县、武陟县和高新区农村区域发放支付卡式耕地保护经济补偿调查问卷(农村类)322 份。由于采用面对面调查的方式，故问卷回收率100%。但部分问卷存在漏填、乱填和前后不一致现象，同时有部分农村类问卷出现支付意愿额度脱离实际(如支付意愿额度高于年收入的 10%)的状况。因此，通过对回收问卷的检查、统计，剔除上述不合格问卷后，有效问卷为 540 份，有效率为 96.09%，其中城镇类有效问卷 237 份(问卷有效率为 98.75%)，愿意支付样本量为 201 份(愿意支付问卷比例为 84.81%)，零支付样本量为 36 份(零支付问卷比例 15.19%)；农村类有效问卷 303 份(问卷有效率为 94.10%)，愿意支付样本量为 271 份(愿意支付问卷比例为 89.44%)，零支付样本量为 32 份(零支付问卷比例 10.56%)，详见表 4-1、表 4-2。

表 4-1 支付卡式耕地保护经济补偿调查问卷分布

类型	统计项目	中心城区	北部山地丘陵县(市)	南部平原(滩地)县(市)	合计
			博爱县	武陟县	
城镇类	发放问卷数量/份	151	41	48	240
	有效问卷数量/份	149	40	48	237
	有效问卷比例/%	98.68	97.56	100.00	98.75

类型	统计项目	城乡接合部	北部山地丘陵县(市)	南部平原(滩地)县(市)	合计
		高新区	沁阳市、博爱县	温县、武陟县	
农村类	发放问卷数量/份	58	110	154	322
	有效问卷数量/份	56	107	140	303
	有效问卷比例/%	96.55	97.27	90.91	94.10

表 4-2 支付卡式问卷 2014 年焦作市城镇居民和农村居民愿意支付与零支付问卷统计表

类型	愿意支付问卷数量/份	愿意支付问卷比例/%	零支付问卷数量/份	零支付问卷比例/%	合计问卷数量/份
城镇类	201	84.81	36	15.19	237
农村类	271	89.44	32	10.56	303
总计	472	87.41	68	12.59	540

城镇类问卷调查区域不仅包括城镇人口最集中的中心城区，还包括北部山地丘陵县(市)博爱县和南部平原(滩地)县(市)武陟县；农村类问卷调查区域不仅涵盖了城乡接合部典型区域高新区农村部分，也涵盖了北部山地丘陵县(市)博爱县、

沁阳市和南部平原(滩地)县(市)武陟县和温县农村区域,如表4-1所示。可见,调查问卷区域不仅考虑了研究区域"山-园-滩"的地域特征,也兼顾了社会经济区域特征。因此,问卷在调查区域分布上具有广泛的代表性。

针对二分式引导技术问卷,依据Scheaffer抽样公式(抽样误差设定为0.06),确定调查区域适宜样本容量约为280份。但考虑到在调查过程中会产生无效问卷,因此,调查组共发放568份问卷,实际回收有效问卷536份,问卷有效率为94.37%,满足统计分析需要。其中城镇类有效问卷234份(问卷有效率为95.12%),愿意支付样本量为206份(愿意支付问卷比例为88.03%),零支付样本量为28份(零支付问卷比例11.97%);农村类有效问卷302份(问卷有效率为93.79%),愿意支付样本量为275份(愿意支付问卷比例为91.06%),零支付样本量为27份(零支付问卷比例8.94%),具体见表4-3、表4-4。

表4-3 二分式耕地保护经济补偿调查问卷分布

类型	统计项目	中心城区	北部山地丘陵县(市)博爱县	南部平原(滩地)县(市)武陟县	合计
城镇类	发放问卷数量/份	151	40	55	246
	有效问卷数量/份	143	39	52	234
	有效问卷比例/%	94.70	97.50	94.55	95.12

类型	统计项目	城乡接合部高新区	北部山地丘陵县(市)沁阳市、博爱县	南部平原(滩地)县(市)温县、武陟县	合计
农村类	发放问卷数量/份	58	130	134	322
	有效问卷数量/份	55	116	131	302
	有效问卷比例/%	94.83	89.23	97.76	93.79

表4-4 二分式问卷2014年焦作市城镇居民和农村居民愿意支付与零支付问卷统计表

类型	愿意支付问卷数量/份	愿意支付问卷比例/%	零支付问卷数量/份	零支付问卷比例/%	合计问卷数量/份
城镇类	206	88.03	28	11.97	234
农村类	275	91.06	27	8.94	302
总计	481	89.74	55	10.26	536

4.2 耕地保护外部性测度与分析

耕地保护是一种外部性很强的经济活动,在带来经济效益的同时,亦能够为社会稳定和生态环境安全提供巨大的社会效益和生态效益。因此,耕地保护外部性内部化是实现耕地价值最大化的关键环节,也是建立健全耕地保护补偿机制的重要前提。从我国政府出台的一系列有关耕地保护政策可知,科学合理地对耕地保护外部效益加以量化,并在此基础上,因地制宜地制定区域耕地保护经济补偿标准，对解决耕地保护外部性内部化难题和耕地保护补偿机制的构建及完善问题均有重要意义。因此，在深入分析耕地保护外部性量化的理论基础上，构建耕地保护外部效益量化模型，对单位面积耕地保护外部性进行测度。

4.2.1 支付卡式 CVM 耕地保护外部性测度

1. 不同支付方式设置

由于 CVM 是通过某种"方式"或"途径"获取参与者陈述的假想货币量(张志强等，2003)，以何种方式收取公众支付的货币，或选择何种工具向公众发放环境受损补偿，对受访者的支付意愿和受偿意愿均有直接影响(蔡银莺和张安录，2010)。因此，支付方式的科学设置对 CVM 在环境公共物品非使用价值评估领域的应用有重要影响。同时，耕地保护经济补偿标准政策的实施由于涉及人员多、覆盖范围广、实施周期长，需要对其进行严格的科学制定，而耕地保护外部性是耕地保护经济补偿标准制定的主要依据。因此，从不同支付方式 CVM 的微观视角对耕地保护外部性进行更为深入的研究极有必要。

根据研究目的，在耕地保护经济补偿调查问卷对支付方式假想情景设置的基础上，受访者可以根据自己的意愿选择"出钱"或"参加义务劳动"的方式参与耕地保护。针对"出钱"方式，受访者可以从给出的一系列货币价值中选择他们的最大支付意愿，也可以写出自己权衡后的最大支付意愿。由于"参加义务劳动"方式无法直接用货币表现，故采用获取受访家庭愿意义务劳动的总天数间接计算受访者的支付意愿。为了统计需要，将义务劳动天数按调查区日劳动工资进行折算(2014 年焦作市居民日平均工资为 108.8 元/天。农村居民日平均工资以研究区农产品成本收益为标准进行折算，由《全国农产品成本收益资料汇编 2015》得出劳动日均价为 74.4 元/天)。然后将折算为货币后的"参加义务劳动"支付方式的统计数据与受访者在"出钱"支付方式下对应的每一支付区间的统计数据进行综合计算整理，即"出钱和参加义务劳动"支付方式下的统计数据。

2. 支付卡式 CVM 受访者耕地生态社会效益认知状况

1)受访城镇居民特征及其对耕地生态社会效益认知
(1)受访城镇居民特征。

根据本章需要，分别对受访城镇居民总体特征、愿意支付受访城镇居民特征及不愿意支付受访城镇居民特征进行统计分析。受访城镇居民的社会经济特征指标主要有性别、年龄、文化程度、健康状况、职业、家庭总人数、工作人数、被抚养人数、在校学生人数、近三年家庭月平均收入、日常生活支出占总收入比例。由表 4-5 可知，受访城镇居民的总特征中男性比例约是女性比例的 2 倍，且多为中青年。因为一般情况下，男性对耕地保护相关政策的理解与解读相比于女性更为深刻,故在调查实施过程中,调查对象有意向男性居民倾斜,且多数家庭在调查时也主动让文化程度较高的男性来回答。受访居民的文化程度在高中及以上的比例为68.35%。从健康状况指标来看,受访者的身体健康状况均比较良好,这也有利于调查的顺利开展。从城镇居民所从事的职业类型调查结果发现,城镇受访者所从事的职业类型占比最高者是工人/服务员/业务员(占受访城镇居民比例为29.54%)。家庭在校学生的人数直接影响到家庭日常生活支出占总收入的比例。从城镇家庭的在校学生人数可以看出,55.27%的家庭仅有一个孩子上学。家庭日常生活支出占总收入比例表明,日常生活支出占总收入比例在 [30%, 90%) 的有85.65%,日常生活支出占总收入比例≥90%的占比较小,仅为10.97%。愿意支付受访城镇居民的特征调查结果(表4-6)与受访城镇居民的总体特征相一致。

表 4-5 支付卡式问卷受访城镇居民总体特征表

项目		数量/份	比例/%	项目		数量/份	比例/%
性别	男	158	66.67	家庭总人数	1~2 人	4	1.69
	女	79	33.33		3~4 人	139	58.65
年龄	18~30 岁	46	19.41		5~6 人	82	34.60
	31~45 岁	130	54.85		7 人及以上	12	5.06
	46~60 岁	52	21.94	工作人数	0 人	1	0.42
	60 岁以上	9	3.80		1~2 人	161	67.93
文化程度	初中及以下	75	31.65		3 人及以上	75	31.65
	高中、中专	66	27.85	被抚养人数	0 人	22	9.28
	大专	33	13.92		1 人	59	24.89
	本科及以上	63	26.58		2 人	88	37.13
健康状况	良好	207	87.34		3 人及以上	68	28.69
	一般	20	8.44	在校学生人数	0 人	42	17.72
	较差	10	4.22		1 人	131	55.27
职业	公务员/公司领导	15	6.33		2 人及以上	64	27.00
	经理人员/公司或企业中高层管理人员	9	3.80	近三年家庭月平均收入	<2500 元	24	10.13
	教师/医务人员	24	10.13		[2500, 4500) 元	79	33.33
	私营企业家(雇工 8 人以上)	7	2.95		[4500, 6000) 元	80	33.76
	其他专业技术人员	18	7.59		[6000, 8000) 元	28	11.81
	事业或企业办事人员	14	5.91		≥8000 元	26	10.97
	工人/服务员/业务员	70	29.54	日常生活支出占总收入比例	<30%	8	3.38
	个体工商户	43	18.14		[30%, 60%)	84	35.44
	下岗/失业人员	25	10.55		[60%, 90%)	119	50.21
	退休人员	12	5.06		≥90%	26	10.97

注:为满足统计学要求,表中部分变量类别在问卷原始分类基础上进行了合并。

表 4-6　支付卡式问卷愿意支付受访城镇居民特征表

项目		数量/份	比例/%	项目		数量/份	比例/%
性别	男	134	66.67	家庭总人数	1~2 人	3	1.49
	女	67	33.33		3~4 人	119	59.20
年龄	18~30 岁	36	17.91		5~6 人	70	34.83
	31~45 岁	114	56.72		7 人及以上	9	4.48
	46~60 岁	44	21.89	工作人数	0 人	0	0.00
	60 岁以上	7	3.48		1~2 人	135	67.16
文化程度	初中及以下	62	30.85		3 人及以上	66	32.84
	高中、中专	60	29.85	被抚养人数	0 人	19	9.45
	大专	29	14.43		1 人	51	25.37
	本科及以上	50	24.88		2 人	76	37.81
健康状况	良好	179	89.05		3 人及以上	55	27.36
	一般	14	6.97	在校学生人数	0 人	37	18.41
	较差	8	3.98		1 人	114	56.72
职业	公务员/公司领导	12	5.97		2 人及以上	50	24.88
	经理人员/公司或企业中高层管理人员	7	3.48	近三年家庭月平均收入	<2500 元	19	9.45
	教师/医务人员	19	9.45		[2500, 4500)元	68	33.83
	私营企业家（雇工 8 人以上）	6	2.99		[4500, 6000)元	69	34.33
	其他专业技术人员	16	7.96		[6000, 8000)元	25	12.44
	事业或企业办事人员	10	4.98		≥8000 元	20	9.95
	工人/服务员/业务员	64	31.84	日常生活支出占总收入比例	<30%	7	3.48
	个体工商户	40	19.90		[30%, 60%)	75	37.31
	下岗/失业人员	19	9.45		[60%, 90%)	97	48.26
	退休人员	8	3.98		≥90%	22	10.95

注：为满足统计学要求，表中部分变量类别在问卷原始分类基础上进行了合并。

　　不愿意支付的受访城镇居民特征（表 4-7）在性别、健康状况、家庭总人数、工作人数等指标方面与受访城镇居民以及愿意支付城镇居民的特征指标结果状况相符。不同特征指标主要包括文化程度、被抚养人数、在校学生人数、日常生活支出占总收入比例。不愿意支付的城镇居民中，文化程度在初中及以下占比较大，为 36.11%，此结果比愿意支付的该类受访者比例高出 5.26 个百分点。不愿意支付的受访城镇居民被抚养人数大于 3 人的比例为 36.11%，该结果比愿意支付的受访城镇居民比例高出 8.75 个百分点。2 人及以上的在校学生人数在不愿意支付的受访城镇居民中的比例比在愿意支付的受访城镇居民比例高出 14.01 个百分点。一般来说，文化程度与居民的耕地保护支付意愿呈正相关，而被抚养人数和在校学生人数与家庭可支配收入呈负相关。被抚养人数及在校学生人数越多，家庭相关支出越大，而用于家庭可支配收入会相应减少。家庭日常生活支出占总收入比例表明，日常生活支出占总收入比例在 [60%, 90%) 的有 61.11%，而日常生活支出占总收入比例≥90%的也具有一定比例，为 11.11%。日常生活支出占总收入比例越大，越容易影响居民的家庭可支配收入。因此，受以上诸多因素的影响，该受访群体不愿意对耕地保护进行支付。

表 4-7　支付卡式问卷不愿意支付受访城镇居民特征表

项目		数量/份	比例/%	项目		数量/份	比例/%
性别	男	24	66.67	家庭总人数	1~2 人	1	2.78
	女	12	33.33		3~4 人	20	55.56
年龄	18~30 岁	10	27.78		5~6 人	12	33.33
	31~45 岁	16	44.44		7 人及以上	3	8.33
	46~60 岁	8	22.22	工作人数	0 人	1	2.78
	60 岁以上	2	5.56		1~2 人	26	72.22
文化程度	初中及以下	13	36.11		3 人及以上	9	25.00
	高中、中专	6	16.67	被抚养人数	0 人	3	8.33
	大专	4	11.11		1 人	8	22.22
	本科及以上	13	36.11		2 人	12	33.33
健康状况	良好	28	77.78		3 人及以上	13	36.11
	一般	6	16.67	在校学生人数	0 人	5	13.89
	较差	2	5.56		1 人	17	47.22
职业	公务员/公司领导	3	8.33		2 人及以上	14	38.89
	经理人员/公司或企业中高层管理人员	2	5.56	近三年家庭月平均收入	<2500 元	5	13.89
	教师/医务人员	5	13.89		[2500, 4500)元	11	30.56
	私营企业家(雇工 8 人以上)	1	2.78		[4500, 6000)元	11	30.56
	其他专业技术人员	2	5.56		[6000, 8000)元	3	8.33
	事业或企业办事人员	4	11.11		≥8000 元	6	16.67
	工人/服务员/业务员	6	16.67	日常生活支出占总收入比例	<30%	1	2.78
	个体工商户	3	8.33		[30%, 60%)	9	25.00
	下岗/失业人员	6	16.67		[60%, 90%)	22	61.11
	退休人员	4	11.11		≥90%	4	11.11

注：为满足统计学要求，表中部分变量在问卷原始分类基础上进行了合并。

(2)受访城镇居民对耕地生态社会效益认知。

由于居民对耕地保护外部性的认知程度与其对耕地保护政策的执行效率紧密相关。理论上，居民对耕地保护外部性的认知程度越高，越愿意进行耕地保护。因此，根据本书研究内容及研究需要，分别对全体受访城镇居民的耕地生态社会效益认知度、愿意支付受访城镇居民的耕地生态社会效益认知度及不愿意支付受访城镇居民的耕地生态社会效益认知度进行统计分析。

在此次调研中，首先了解受访者对耕地重要性及耕地生态社会效益的认知，然后对耕地面积减少及目前本地耕地保护面临严重问题的认知进行调查。由城镇居民对耕地重要性的认知调查结果可知，绝大部分受访城镇居民均认为耕地具有生态社会效益，为接下来耕地保护支付意愿调查奠定基础。从表 4-8～表 4-10 可以看出：

(1) 由受访城镇居民的整体认知表可知，93.67%的受访城镇居民认为耕地重要，95.02%的愿意支付受访城镇居民认为耕地重要，86.11%的不愿意支付受访城镇居民认为耕地重要；总体上有 6.33%的受访城镇居民认为耕地不重要，其中愿意支付受访城镇居民认为耕地不重要的比例为 4.98%，而不愿意支付受访城镇居民认为耕地不重要的比例高达 13.89%。由于有关耕地重要性的认知问题相对比较简单，所以对该问题回答"不清楚"的选项比例为 0.00%。

(2) 针对受访城镇居民对"您认为政府有必要进一步加强耕地保护并出台相关政策吗"的回答中，整体上有 84.81%的受访城镇居民选择"有"，88.56%的愿意支付受访城镇居民对该问题的回答持肯定态度，而不愿意支付受访城镇居民对该问题的回答持肯定态度的比例仅为 63.89%；整体上有 10.55%的受访城镇居民以及 6.97%愿意支付受访城镇居民对该问题回答"无所谓"，而不愿意支付受访城镇居民对该问题回答"无所谓"的比例高达 30.56%。针对不愿意支付受访城镇居民对该问题"无所谓"的高比例回答的原因，可能是该部分城镇居民长期居住在城市，与耕地接触较少，致使自身与耕地感情比较淡薄，进而导致对耕地保护政策具体会给农民及耕地带来的影响程度不清楚。

(3) 整体上 80.17%的受访城镇居民对"您认为耕地种植农作物除了能产生经济效益外，还具有涵养水源、保持水土、调节气候、改善大气质量、维持生物多样性和净化土壤等生态效益以及提供粮食安全保障、农民养老和失业的社会保障、开敞空间及景观与科学文化等社会效益吗"问题的回答持肯定态度，愿意支付受访城镇居民对该问题的回答持肯定态度的比例高达 83.58%，而仅有 61.11%不愿意支付受访城镇居民对该问题的回答持肯定态度；分别有 11.94%和 33.33%的愿意支付受访城镇居民和不愿意支付受访城镇居民对该问题回答是"不清楚"。两者比例差异较大(差值为21.39%)的原因可能是愿意支付受访城镇居民较不愿意支付受访城镇居民对耕地价值及耕地保护政策等方面的了解及关注程度相对较高。

(4) 整体上分别有 67.51%、89.45%的受访城镇居民对"您认为耕地面积减少和质量降低会影响您家庭今后的生活吗"以及"您认为耕地面积减少和质量降低会影响子孙后代的生活吗"的回答持肯定态度，愿意支付受访城镇居民对以上两问题肯定回答比例均高于不愿意支付受访城镇居民的回答比例；而针对以上两问题的否定回答比例，愿意支付受访城镇居民回答比例均低于不愿意支付受访城镇居民回答比例。

表 4-8　支付卡式问卷受访城镇居民耕地生态社会效益认知度

认知问题	重要 (有、会)		不重要 (没有、不会)		不清楚 (无所谓)	
	数量 /份	比例 /%	数量 /份	比例 /%	数量 /份	比例 /%
您认为耕地重要吗？	222	93.67	15	6.33	0	0.00
您认为政府有必要进一步加强耕地保护并出台相关政策吗？	201	84.81	11	4.64	25	10.55
您认为耕地种植农作物除了能产生经济效益外，还具有涵养水源、保持水土、调节气候、改善大气质量、维持生物多样性和净化土壤等生态效益及提供粮食安全保障、农民养老和失业的社会保障、开敞空间及景观与科学文化等社会效益吗？	190	80.17	11	4.64	36	15.19
您认为耕地面积减少和质量降低会影响您家庭今后的生活吗？	160	67.51	68	28.69	9	3.80
您认为耕地面积减少和质量降低会影响子孙后代的生活吗？	212	89.45	7	2.95	18	7.59

表 4-9　支付卡式问卷愿意支付受访城镇居民耕地生态社会效益认知度

认知问题	重要 (有、会)		不重要 (没有、不会)		不清楚 (无所谓)	
	数量 /份	比例 /%	数量 /份	比例 /%	数量 /份	比例 /%
您认为耕地重要吗？	191	95.02	10	4.98	0	0.00
您认为政府有必要进一步加强耕地保护并出台相关政策吗？	178	88.56	9	4.48	14	6.97
您认为耕地种植农作物除了能产生经济效益外，还具有涵养水源、保持水土、调节气候、改善大气质量、维持生物多样性和净化土壤等生态效益以及提供粮食安全保障、农民养老和失业的社会保障、开敞空间及景观与科学文化等社会效益吗？	168	83.58	9	4.48	24	11.94
您认为耕地面积减少和质量降低会影响您家庭今后的生活吗？	142	70.65	52	25.87	7	3.48
您认为耕地面积减少和质量降低会影响子孙后代的生活吗？	187	93.03	5	2.49	9	4.48

表 4-10　支付卡式问卷不愿意支付受访城镇居民耕地生态社会效益认知度

认知问题	重要 (有、会)		不重要 (没有、不会)		不清楚 (无所谓)	
	数量 /份	比例 /%	数量 /份	比例 /%	数量 /份	比例 /%
您认为耕地重要吗？	31	86.11	5	13.89	0	0.00
您认为政府有必要进一步加强耕地保护并出台相关政策吗？	23	63.89	2	5.56	11	30.56
您认为耕地种植农作物除了能产生经济效益外，还具有涵养水源、保持水土、调节气候、改善大气质量、维持生物多样性和净化土壤等生态效益以及提供粮食安全保障、农民养老和失业的社会保障、开敞空间及景观与科学文化等社会效益吗？	22	61.11	2	5.56	12	33.33
您认为耕地面积减少和质量降低会影响您家庭今后的生活吗？	18	50.00	16	44.44	2	5.56
您认为耕地面积减少和质量降低会影响子孙后代的生活吗？	25	69.44	2	5.56	9	25.00

　　针对"您认为目前本地耕地保护所面临的最严重的问题是(可多选)"的调查结果显示，分别有 88.56%愿意支付受访城镇居民、88.89%的不愿意支付受访城镇居民认为目前本地耕地保护面临的严重问题是"城镇化和城市建设用地扩张，耕地面积不断减少"；50.25%的愿意支付受访城镇居民、36.11%的不愿意支付受访城镇居民认为"耕地受农药、化肥、工业生产排放物等污染严重，质量下降"；同时，64.18%的愿意支付受访城镇居民、58.33%的不愿意支付受访城镇居民认为本地区耕地保护面临最严重的问题是"政府保护耕地力度不大"；40%左右的受访城镇居民认为"村集体和村民小组没有发挥好耕地保护作用"；还有少量受访城镇居民(20.40%的愿意支付受访城镇居民、16.67%的不愿意支付受访城镇居民)认为"农户对自身经营耕地保护力度不大"是目前本区域耕地保护面临的最严重问题，详见表 4-11。

表 4-11　支付卡式问卷受访城镇居民耕地生态社会效益认知度

您认为目前本地耕地保护所面临的最严重的问题是(可多选)？				
项目	愿意支付受访城镇居民		不愿意支付受访城镇居民	
	数量/份	比例/%	数量/份	比例/%
A(城镇化和城市建设用地扩张，耕地面积不断减少)	178	88.56	32	88.89
B(耕地受农药、化肥、工业生产排放物等污染严重，质量下降)	101	50.25	13	36.11
C(政府保护耕地力度不大)	129	64.18	21	58.33
D(村集体和村民小组没有发挥好耕地保护作用)	96	47.76	12	33.33
E(农户对自身经营耕地保护力度不大)	41	20.40	6	16.67

　　2)受访农村居民特征及其对耕地生态社会效益认知
　　(1)受访农村居民特征。
　　根据本章需要，调查受访农村居民的社会经济特征指标主要包括：性别、年龄、文化程度、健康状况、是否兼业、家庭收入主要来源、家庭总人数、家庭劳动力人数、被抚养人数、兼业人数、承包耕地面积、近三年家庭年平均收入和农业收入占家庭总收入的比例，分别从受访农村居民总体特征、愿意支付受访农村居民特征及不愿意支付受访农村居民特征三方面进行分析，具体调查结果如表 4-12～表 4-14 所示。受访农户特征统计结果表明，性别特征统计结果显示，受访农村居民男性明显多于女性，原因可能是农村家庭受中国传统思想的影响，男性一般在家中居于主事地位，而女性主要负责家庭的生活琐事。调查中也发现，女性受访者较于羞涩表达自己的意愿，若男性劳动力在现场的情况下，更多的则是交由家里的男性回答；在调查过程中，为了提高问卷数据的可信性，只针对 18 岁以上的人群开展调查，从受访农村居民的年龄调查结果可知，受访农村居民的年龄主要集中在 31～60 岁，且受访农村居民的健康状况普遍显示良好；受访农村居民的文化程度普遍较低，主要为初中及以下水平；整体上愿意支付的受访农村居民兼业比例低于不愿意支付的受访农村居民兼业比例，而且本地或外地打工是受访农村居民家庭收入主要来源；家庭总人数调查结果显示，受访农村居民家庭总人数主要集中在3~6人，其中在愿意支付受访农村居民家庭中家庭劳动力人数为3人及以上比例为52.77%，高于不愿意支付受访农村居民家庭的该项比例调查结果。大部分被调查农村居民家庭被抚养人数为2人、3人及以上；承包耕地面积分析结果显示，愿意支付受访农村居民承包耕地面积3~5亩的居多，占比35.42%，而不愿意支付受访农村居民承包耕地面积3亩以下居多，占比50.00%。对于主要经济来源是务农的受访农村居民而言，由于其耕地面积较少，家庭收入水平较低，而选择不愿意支付；受访农村居民的家庭年平均收入水平普遍不高，其中愿意支付受访农村居民中，66.79%的近三年家庭年平均收入水平在3万元以下，仅有4.43%的愿意支付受访农村居民的近三年家庭年平均收入超过7万元。

表4-12　支付卡式问卷受访农村居民总体特征表

项目		数量/份	比例/%	项目		数量/份	比例/%
性别	男	188	62.05	家庭劳动力人数	1~2人	143	47.19
	女	115	37.95		3人及以上	157	51.82
年龄	18~30岁	22	7.26	被抚养人数	0人	23	7.59
	31~45岁	126	41.58		1人	50	16.50
	46~60岁	127	41.91		2人	124	40.92
	60岁以上	28	9.24		3人及以上	106	34.98
文化程度	初中及以下	257	84.82	兼业人数	0人	54	17.82
	高中、中专	44	14.52		1~2人	224	73.93
	大专	1	0.33		3~4人	21	6.93
	本科及以上	1	0.33		4人以上	4	1.32
健康状况	良好	218	71.95	承包耕地面积	<3亩	91	30.03
	一般	70	23.10		[3, 5)亩	103	33.99
	较差	15	4.95		[5, 7)亩	40	13.20
是否兼业	是	144	47.52		≥7亩	69	22.77
	否	159	52.48	近三年家庭年平均收入	<1万元	71	23.43
家庭收入主要来源	种地	105	34.65		[1, 3)万元	131	43.23
	本地或外地打工	181	59.74		[3, 5)万元	78	25.74
	自己创业	17	5.61		[5, 7)万元	10	3.30
家庭总人数	1~2人	9	2.97		≥7万元	13	4.29
	3~4人	110	36.30	农业收入占家庭总收入的比例	<30%	147	48.51
	5~6人	134	44.22		[30%, 60%)	52	17.16
	7人及以上	50	16.50		[60%, 90%)	57	18.81
家庭劳动力人数	0人	3	0.99		≥90%	47	15.51

注：为满足统计学要求，表中部分变量类别在问卷原始分类基础上进行了合并。

表 4-13　支付卡式问卷愿意支付受访农村居民特征表

项目		数量/份	比例/%	项目		数量/份	比例/%
性别	男	170	62.73	家庭劳动力人数	1～2 人	125	46.13
	女	101	37.27		3 人及以上	143	52.77
年龄	18～30 岁	19	7.01	被抚养人数	0 人	21	7.75
	31～45 岁	112	41.33		1 人	42	15.50
	46～60 岁	114	42.07		2 人	115	42.44
	60 岁以上	26	9.59		3 人及以上	93	34.32
文化程度	初中及以下	230	84.87	兼业人数	0 人	52	19.19
	高中、中专	39	14.39		1～2 人	197	72.69
	大专	1	0.37		3～4 人	18	6.64
	本科及以上	1	0.37		4 人以上	4	1.48
健康状况	良好	195	71.96	承包耕地面积	<3 亩	75	27.68
	一般	63	23.25		[3, 5) 亩	96	35.42
	较差	13	4.80		[5, 7) 亩	35	12.92
是否兼业	是	123	45.39		≥7 亩	65	23.99
	否	148	54.61	近三年家庭年平均收入	<1 万元	66	24.35
家庭收入主要来源	种地	94	34.69		[1, 3) 万元	115	42.44
	本地或外地打工	161	59.41		[3, 5) 万元	69	25.46
	自己创业	16	5.90		[5, 7) 万元	9	3.32
家庭总人数	1～2 人	9	3.32		≥7 万元	12	4.43
	3～4 人	96	35.42	农业收入占家庭总收入的比例	<30%	126	46.49
	5～6 人	121	44.65		[30%, 60%)	50	18.45
	7 人及以上	45	16.61		[60%, 90%)	50	18.45
家庭劳动力人数	0 人	3	1.11		≥90%	45	16.61

注：为满足统计学要求，表中部分变量类别在问卷原始分类基础上进行了合并。

（2）受访农村居民对耕地生态社会效益认知。

从表 4-15～表 4-17 可以看出：

（1）由受访农村居民对耕地生态社会效益整体认知表可知，整体上，97.03%的受访农村居民认为耕地重要，97.05%愿意支付受访农村居民认为耕地重要，96.88%不愿意支付受访农村居民认为耕地重要。因此，可以看出，无论是否愿意支付耕地保护费用，针对耕地重要性的认知，绝大部分受访农村居民均持较为乐观的态度；总体上有 2.64%的受访农村居民认为耕地不重要，其中愿意支付受访农村居民认为耕地不重要的比例为 2.58%，而不愿意支付受访农村居民认为耕地不重要的比例为 3.13%。相比而言，不愿意支付受访农村居民认为耕地不重要的比例高于愿意支付受访农村居民对该问题回答的比例结果，与现实相符。

表 4-14　支付卡式问卷不愿意支付受访农村居民特征表

项目		数量/份	比例/%	项目		数量/份	比例/%
性别	男	18	56.25	家庭劳动力人数	1~2 人	18	56.25
	女	14	43.75		3 人及以上	14	43.75
年龄	18~30 岁	3	9.38	被抚养人数	0 人	2	6.25
	31~45 岁	14	43.75		1 人	8	25.00
	46~60 岁	13	40.63		2 人	9	28.13
	60 岁以上	2	6.25		3 人及以上	13	40.63
文化程度	初中及以下	27	84.38	兼业人数	0 人	2	6.25
	高中、中专	5	15.63		1~2 人	27	84.38
	大专	0	0.00		3~4 人	3	9.38
	本科及以上	0	0.00		4 人以上	0	0.00
健康状况	良好	23	71.88	承包耕地面积	<3 亩	16	50.00
	一般	7	21.88		[3, 5) 亩	7	21.88
	较差	2	6.25		[5, 7) 亩	5	15.63
是否兼业	是	21	65.63		≥7 亩	4	12.50
	否	11	34.38	近三年家庭年平均收入	<1 万元	5	15.63
家庭收入主要来源	种地	11	34.38		[1, 3) 万元	16	50.00
	本地或外地打工	20	62.50		[3, 5) 万元	9	28.13
	自己创业	1	3.13		[5, 7) 万元	1	3.13
家庭总人数	1~2 人	0	0.00		≥7 万元	1	3.13
	3~4 人	14	43.75	农业收入占家庭总收入的比例	<30%	21	65.63
	5~6 人	13	40.63		[30%, 60%)	2	6.25
	7 人及以上	5	15.63		[60%, 90%)	7	21.88
家庭劳动力人数	0 人	0	0.00		≥90%	2	6.25

注：为满足统计学要求，表中部分变量类别在问卷原始分类基础上进行了合并。

表 4-15　支付卡式问卷受访农村居民耕地生态社会效益认知度

认知问题	重要（有、会）		不重要（没有、不会）		不清楚（无所谓）	
	数量/份	比例/%	数量/份	比例/%	数量/份	比例/%
您认为耕地重要吗？	294	97.03	8	2.64	1	0.33
您认为政府有必要进一步加强耕地保护并出台相关政策吗？	277	91.42	7	2.31	19	6.27
您认为耕地种植农作物除了能产生经济效益外，还具有涵养水源、保持水土、调节气候、改善大气质量、维持生物多样性和净化土壤等生态效益以及提供粮食安全保障、农民养老和失业的社会保障、开敞空间及景观与科学文化等社会效益吗？	201	66.34	26	8.58	76	25.08
您认为耕地面积减少和质量降低会影响您家今后的生活吗？	271	89.44	29	9.57	3	0.99
您认为耕地面积减少和质量降低会影响子孙后代的生活吗？	274	90.43	20	6.60	9	2.97

表 4-16　支付卡式问卷愿意支付受访农村居民耕地生态社会效益认知度

认知问题	重要(有、会)		不重要(没有、不会)		不清楚(无所谓)	
	数量/份	比例/%	数量/份	比例/%	数量/份	比例/%
您认为耕地重要吗？	263	97.05	7	2.58	1	0.37
您认为政府有必要进一步加强耕地保护并出台相关政策吗？	253	93.36	6	2.21	12	4.43
您认为耕地种植农作物除了能产生经济效益外，还具有涵养水源、保持水土、调节气候、改善大气质量、维持生物多样性和净化土壤等生态效益以及提供粮食安全保障、农民养老和失业的社会保障、开敞空间及景观与科学文化等社会效益吗？	183	67.53	22	8.12	66	24.35
您认为耕地面积减少和质量降低会影响您家庭今后的生活吗？	245	90.41	25	9.23	1	0.36
您认为耕地面积减少和质量降低会影响子孙后代的生活吗？	249	91.88	16	5.90	6	2.22

表 4-17　支付卡式问卷不愿意支付受访农村居民耕地生态社会效益认知度

认知问题	重要(有、会)		不重要(没有、不会)		不清楚(无所谓)	
	数量/份	比例/%	数量/份	比例/%	数量/份	比例/%
您认为耕地重要吗？	31	96.88	1	3.13	0	0.00
您认为政府有必要进一步加强耕地保护并出台相关政策吗？	24	75.00	1	3.13	7	21.88
您认为耕地种植农作物除了能产生经济效益外，还具有涵养水源、保持水土、调节气候、改善大气质量、维持生物多样性和净化土壤等生态效益以及提供粮食安全保障、农民养老和失业的社会保障、开敞空间及景观与科学文化等社会效益吗？	18	56.25	4	12.50	10	31.25
您认为耕地面积减少和质量降低会影响您家庭今后的生活吗？	26	81.25	4	12.50	2	6.25
您认为耕地面积减少和质量降低会影响子孙后代的生活吗？	25	78.13	4	12.50	3	9.37

(2)针对受访农村居民对"您认为政府有必要进一步加强耕地保护并出台相关政策吗"的回答中，整体来看，91.42%的受访农村居民选择"有"，其中 93.36%的愿意支付受访农村居民对该问题的回答持肯定态度，而不愿意支付受访农村居民对该问题的回答持肯定态度的比例仅为 75.00%；4.43%的愿意支付受访农村居民对该问题回答为"无所谓"，而不愿意支付受访农村居民对该问题回答"无所谓"的比例高达 21.88%。针对不愿意支付受访农村居民对该问题"无所谓"的高比例回答的原因可能是该部分农村居民已经不再从事农业生产，对耕地感情逐渐淡薄，相应对耕地保护政策关注较少。

(3)总体来看，66.34%的受访农村居民认为耕地有生态社会效益，其中愿意支付受访农村居民对耕地生态社会效益持肯定态度的比例高达 67.53%，而仅有56.25%的不愿意支付受访农村居民对该问题持肯定态度；分别有 24.35%的愿意支付受访农村居民和31.25%的不愿意支付受访农村居民对该问题回答"不清楚"。

(4)整体上分别有 89.44%、90.43%的受访农村居民对"您认为耕地面积减少和质量降低会影响您家庭今后的生活吗"以及"您认为耕地面积减少和质量降低会影响子孙后代的生活吗"的回答持肯定态度,其中愿意支付受访农村居民对以上两问题肯定回答比例均高于不愿意支付受访农村居民的回答结果;而对于以上两问题的否定回答比例而言,愿意支付受访农村居民回答结果均低于不愿意支付受访农村居民回答结果。

　　针对"您认为目前本地耕地保护所面临的最严重的问题是(可多选)"调查结果显示,分别有59.41%的愿意支付受访农村居民、68.75%的不愿意支付受访农村居民认为目前本地耕地保护面临的最严重问题是"城镇化和城市建设用地扩张,耕地面积不断减少";分别有40.59%的愿意支付受访农村居民、75.00%的不愿意支付受访农村居民认为"耕地受农药、化肥、工业生产排放物等污染严重,质量下降";同时,49.82%的愿意支付受访农村居民、59.38%的不愿意支付受访农村居民认为本地区耕地保护面临最严重问题是"政府保护耕地力度不大";约占40%的受访农村居民认为"村集体和村民小组没有发挥好耕地保护作用"(愿意支付受访农村居民比例为36.53%,不愿意支付受访农村居民比例为40.63%);其次还有少量农村居民受访者(11.07%的愿意支付受访农村居民、15.63%的不愿意支付受访农村居民),认为"农户对自身经营耕地保护力度不大"是目前本区域耕地保护面临的最严重问题,详见表4-18。

表4-18　支付卡式问卷受访农村居民耕地生态社会效益认知度

您认为目前本地耕地保护所面临的最严重的问题是(可多选)?				
项目	愿意支付受访农村居民		不愿意支付受访农村居民	
	数量/份	比例/%	数量/份	比例/%
A(城镇化和城市建设用地扩张,耕地面积不断减少)	161	59.41	22	68.75
B(耕地受农药、化肥、工业生产排放物等污染严重,质量下降)	110	40.59	24	75.00
C(政府保护耕地力度不大)	135	49.82	19	59.38
D(村集体和村民小组没有发挥好耕地保护作用)	99	36.53	13	40.63
E(农户对自身经营耕地保护力度不大)	30	11.07	5	15.63

3. 数据的预处理

　　调查结果表明,城镇类和农村类愿意支付受访者选择愿意以"出钱"方式进行耕地保护的样本量分别为146份、144份,各占愿意支付样本量的72.64%、53.14%;分别有55户城镇类受访者、127户农村类受访者选择以"参加义务劳动"的方式参与耕地保护活动,分别占样本量的27.36%、46.86%。结果表明,城镇类受访者选择"出钱"方式的比例高于农村类,而选择"参加义务劳动"方式的比例明显低于农村类。由于城镇类受访者相对于农村类有较高的经济支付能力,且所能够支配的闲暇时间较少等,故上述结果差异与现实相符。愿意支付受访者支付方式选择如表4-19所示。

表 4-19 2014 年愿意支付受访者的支付方式选择表

项目	"出钱"		"参加义务劳动"		合计	
	数量/份	比例/%	数量/份	比例/%	数量/份	比例/%
城镇类	146	72.64	55	27.36	201	100
农村类	144	53.14	127	46.86	271	100

4. 支付意愿统计与分析

结合不同支付方式的居民支付意愿支付区间设计，分别对选择不同方式的居民支付意愿进行相应的频数及频率统计，并运用 Origin 软件绘制相应支付方式的频率分布折线图，为突出反映居民支付意愿频率分布特点，折线图中仅显示频率大于 10% 的数据，如图 4-1 和图 4-2 所示。

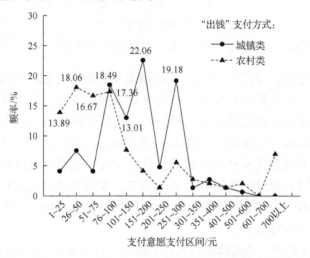

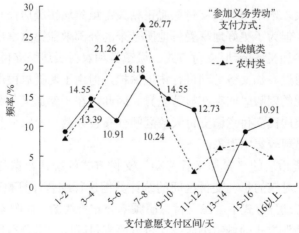

图 4-1 受访者在不同支付方式下的频率分布折线图

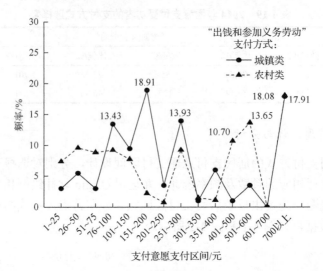

图 4-2　受访者在"出钱和参加义务劳动"下的频率分布折线图

由图 4-1 可知,"出钱"支付方式的城镇类居民支付意愿倾向于较高支付区间,其频率分布折线图波动性较大;而农村类居民支付意愿主要集中在较低支付区间,其频率分布折线图显示农村类居民支付意愿整体上随着支付区间金额的不断提高而递减,但存在较小波动。"参加义务劳动"支付方式的城镇类和农村类居民支付天数的频率分布折线图整体上呈现一致性,但存在差异。两类居民支付意愿支付天数均主要集中在 3～12 天,但城镇类居民支付意愿支付天数区间分布较分散,其频率分布折线图波动性相对较大;而农村类居民支付意愿支付天数区间分布较集中。

"出钱"支付方式的城镇类和农村类居民支付意愿表明,在其他条件一定的情况下,经济收入水平与居民支付意愿正相关;虽然城镇类居民与耕地耕作的直接关联度较小,但为了更好地享受耕地所带来的外部效益愿意拿出更多的金额用于耕地保护。"参加义务劳动"支付方式的城镇类和农村类居民支付意愿对比显示,受访者均愿意通过参加义务劳动进行耕地保护,但由于两类居民所属职业性质不同,所能够支配的闲暇时间存在显著差异。因此,在"参加义务劳动"天数的选择分布上城镇类居民支付意愿支付天数区间分布较分散,而农村类居民支付意愿支付天数区间呈现较集中现象。

将折算为货币后的"参加义务劳动"支付方式的统计数据与受访者在"出钱"支付方式下对应的每一支付区间的统计数据进行综合计算整理,绘制出"出钱和参加义务劳动"方式下居民支付意愿频率分布折线图。如图 4-2 所示,"出钱和参加义务劳动"方式的城镇类居民支付意愿支付区间频率分布较为分散,且存在较大波动性；而农村类居民支付意愿支付区间频率分布呈阶段式波动，以 201～250 元支付区间为节点，折线图呈现先基本平稳下降后出现较大波动趋势。折线图节点前出现平稳下降趋势，与随着支付区间的增大而居民支付意愿降低的现实相符。节点之后却出现较大波动状况，其原因可能在于农村类居民在经济收入方面存在较大的差距和分化。居民耕地保护支付意愿在 1～75 元及 401～700 元支付区间内，城镇类居民的支付频率普遍低于农村类居民，而在 76～400 元的支付区间内城镇类居民支付频率总体上明显高于农村类居民。分析可知，出现上述差异是由于将义务劳动天数折算为货币进行计算时，城镇类居民和农村类居民选择义务劳动支付天数及日劳动工资差异较大。

5. 支付卡式不同支付方式的耕地保护外部性测度

运用式(2-22)，测算出"出钱"、"参加义务劳动"、"出钱和参加义务劳动"不同支付方式的焦作市 2014 年耕地外部效益分别为 711.0 元/(公顷·年)、3405.7 元/(公顷·年)、1624.9 元/(公顷·年)，如表 4-20 和表 4-21 所示。作为对比，2008 年不同支付方式下焦作市居民耕地保护支付意愿和外部性如表 4-22 和表 4-23 所示。

表 4-20　2014 年不同支付方式的焦作市居民耕地保护支付意愿

项目	"出钱"		"参加义务劳动"		合计		"出钱"平均支付意愿/(元/(户·年))	"参加义务劳动"天数平均值/天	"参加义务劳动"换算为"出钱"支付意愿/(元/(户·年))	两种支付工具下平均支付意愿/(元/(户·年))
	数量/份	比例/%	数量/份	比例/%	数量/份	比例/%				
农村类	144	53.14	127	46.86	271	100	152.6	7.7	573.8	350.0
城镇类	146	72.64	55	27.36	201	100	165.2	8.6	936.7	376.3

表 4-21　2014 年不同支付方式的焦作市居民耕地保护外部性

支付工具	支付意愿/(元/(户·年))		支付率/%		家庭户数/万户		区域耕地外部效益/(亿元/年)	耕地面积/公顷	耕地外部效益/(元/(公顷·年))
	农村类	城镇类	农村类	城镇类	农村类	城镇类			
"出钱"	152.6	165.2	89.44	84.81	46.77	53.23	1.38	194639	711.0
"参加义务劳动"	573.8	936.7	89.44	84.81	46.77	53.23	6.63	194639	3405.7
"出钱和参加义务劳动"	350.0	376.3	89.44	84.81	46.77	53.23	3.16	194639	1624.9

注：2014 年底焦作市总户数为 100 万户，城镇化率为 53.23%，推出城镇类和农村类居民户数分别为 53.23 万户、46.77 万户。耕地面积为 194639 公顷。

由于首先询问受访者是否愿意为保护耕地"出钱"或"参加义务劳动"，其次再询问受访者愿意选择哪种支付方式进行耕地保护。支付率为愿意支付的样本量/有效问卷总量。因此，农村类居民、城镇类居民在三种不同支付方式下的支付率是相同的。

表 4-22　2008 年不同支付方式下焦作市居民耕地保护支付意愿

项目	"出钱"		"参加义务劳动"		合计		"出钱"平均支付意愿/(元/(户·年))	"参加义务劳动"天数平均值/天	"参加义务劳动"换算为"出钱"支付意愿/(元/(户·年))	两种支付工具下平均支付意愿/(元/(户·年))
	数量/份	比例/%	数量/份	比例/%	数量/份	比例/%				
农村类	18	8.82	186	91.18	204	100	129.0	8.2	177.7	173.4
城镇类	71	44.65	88	55.35	159	100	152.6	7.9	469.6	328.0

表 4-23　2008 年不同支付方式下焦作市居民耕地保护外部性

支付工具	支付意愿/(元/(户·年))		支付率/%		家庭户数/户		区域耕地外部效益/(亿元/年)	耕地面积/公顷	耕地外部效益/(元/(公顷·年))
	农村类	城镇类	农村类	城镇类	农村类	城镇类			
"出钱"	129.0	152.6	79.38	84.57	520771	431279	1.09	192518	566.0
"参加义务劳动"	177.7	469.6	79.38	84.57	520771	431279	2.45	192518	1271.3
"出钱和参加义务劳动"	173.4	328.0	79.38	84.57	520771	431279	1.91	192518	993.7

注：农村类居民日平均工资以当年的农作物生产劳动日工价为依据进行换算，依据研究区域农产品成本收益，日平均工资为 21.6 元/天；城镇类居民日平均工资以 2008 年在岗职工年平均工资为依据进行换算，为 59.2 元/天。

6. 两次支付卡式耕地保护外部性调查结果的差异性分析

1) 两次 CVM 调查信息比较

为了进一步对比分析不同支付方式的居民支付意愿统计结果在不同时点的差异性,将本次调查结果(简称 PC2)与 2008 年调查结果(简称 PC1)进行纵向对比分析。

由表 4-24 和表 4-25 及问卷设计可知,两次调查的相同点在于受访群体、调查方式、诱导技术、调查区域、调查内容等方面,而在样本量的发放、问卷有效率、投标区间极值等方面存在差异。根据调查区域社会经济状况变化,在 PC2 设计时提高了投标区间极值,由原来的 600 元以上提高到 700 元及以上,整体上 PC2问卷设计优于 PC1。

表 4-24　两次 CVM 调查基本情况比较

问卷代码	调查时间	受访群体	调查方式	诱导技术	发放/有效样本数/份	问卷总体有效率/%
PC1	2008.12～2009.01	城镇居民和农村居民	面访	支付卡	482/445	92.32
PC2	2014.10～2014.11				562/540	96.09

表 4-25　两次城镇居民和农户支付方式选择

项目	"出钱"(PC1/PC2)		"参加义务劳动"(PC1/PC2)		合计(PC1/PC2)	
	数量/份	比例/%	数量/份	比例/%	数量/份	比例/%
城镇类	71/146	44.65/72.64	88/55	55.35/27.36	159/201	100/100
农村类	18/144	8.82/53.14	186/127	91.18/46.86	204/271	100/100

2)两次 CVM 调查结果的差异性分析

由表 4-21 和表 4-23 可知,"出钱"、"参加义务劳动"支付方式以及综合计算整理的"出钱和参加义务劳动"支付方式的城镇类和农村类居民支付意愿均处于增长态势,且均是"参加义务参加劳动"支付方式支付意愿增长幅度最大。焦作市城镇类居民、农村类居民选择以"出钱"、"参加义务劳动"、"出钱和参加义务劳动"的方式进行耕地保护户均支付意愿 PC2 结果比 PC1 调查结果分别高出 12.6元/(户·年)、467.1 元/(户·年)、48.3 元/(户·年)和 23.6 元/(户·年)、396.1 元/(户·年)、176.6 元/(户·年)。

从两次不同时点的支付意愿调查结果来看(详见表 4-20 和表 4-22),不同支付方式的城镇类居民和农村类居民支付意愿的差距整体上不断缩小。"出钱"、"参加义务劳动"、"出钱和参加义务劳动"方式的 PC1、PC2 调查城镇类居民与农村类居民支付意愿间的差距分别为 23.6 元/(户·年)、291.9 元/(户·年)、154.6 元/(户·年)和 12.6 元/(户·年)、362.9 元/(户·年)、26.3 元/(户·年)。"参加义务劳动"方式的 PC2 居民支付意愿间的差距稍高于 PC1 调查结果,综合分析可知,主要原因可能是近几年劳动力价值及农产品成本收益迅速增加,致使义务劳动折合成货币后的价值增速明显,进而造成该种支付工具下居民支付意愿出现较大波动。

从支付意愿(WTP)支付率角度分析,PC2 城镇类和农村类支付率较 PC1 均呈上升趋势。城镇类居民、农村类居民支付率 PC2 较 PC1 分别上升 0.24 个百分点、10.06 个百分点,农村类居民支付率上升幅度高于城镇类居民。从参加义务劳动天数平均值的两次调查结果对比发现,PC1 与 PC2 城镇类和农村类参加义务劳动天数平均值变化较小,差值小于 1 天。城镇类参加义务劳动天数平均值 PC2 比 PC1稍高(0.7 天),农村类参加义务劳动天数平均值 PC2 比 PC1 稍低(0.5 天)。

由表 4-25 可知,"出钱"支付方式的两类居民愿意支付比例 PC2 显著高于PC1,而"参加义务劳动"支付方式下两类居民愿意支付比例 PC2 明显低于 PC1。分析可知,一是随着居民家庭收入水平的不断提高及土地相关部门对耕地重要性的宣传力度逐渐增大,居民耕地生态社会效益认知程度提高,促使居民愿意拿出一部分资金进行耕地保护;二是生活节奏不断加快,相对加大了居民的生活压力,致使居民所能够自由支配的时间不断减少;三是两次支付卡式问卷支付意愿支付区间设置的略微调整一定程度上会对居民支付意愿造成影响。

在科学设置投标值、假想市场情景及合理进行假想偏差规避下,基于支付卡式CVM 城镇类、农村类"出钱"、"参加义务劳动"、"出钱和参加义务劳动"方式下的2014 年焦作市户均耕地保护居民支付意愿分别为 165.2 元/(户·年)、936.7 元/(户·年)、376.3 元/(户·年)和 152.6 元/(户·年)、573.8 元/(户·年)、350.0 元/(户·年);"出钱"、"参加义务劳动"、"出钱和参加义务劳动"方式下单位面积耕地保护外部性分别为 711.0 元/(公顷·年)、3405.7 元/(公顷·年)、1624.9 元/(公顷·年)。

在"出钱"、"参加义务劳动"及综合计算的"出钱和参加义务劳动"三种不同支付方式下,基于支付卡式 CVM 的单位面积耕地保护外部性具有一定差异性。在区域居民户数、耕地面积和支付率一定的前提下,不同支付方式的年户均耕地保护支付意愿的差异性是产生单位面积耕地保护外部性差异性的根本原因。

通过对两次不同支付方式 CVM 的耕地保护外部性调查结果对比发现,不同支付方式的城镇类居民和农村类居民的耕地保护支付意愿及其影响因素存在一定差异性。总体上,造成其结果差异的主要影响因素包括居民家庭收入水平、文化程度、与耕地的关联程度、耕地生态社会效益认知程度、可支配的闲暇时间、劳动力成本及农产品成本收益等。其中在义务劳动平均天数相差甚微的情况下,城镇类居民日平均工资及农村类居民农产品成本收益是影响"义务劳动"支付方式居民支付意愿显著差异性的主要原因。同时,由于调查时点的变化及 CVM 客观偏差的存在,同一调查方式及引导技术对同一地区的不同时点进行调查,加之社会经济特征变量的变化,不排除会在一定程度上对居民支付意愿造成影响。

4.2.2　二分式 CVM 耕地保护外部性测度

1. 不同样本方案设置

为进一步探讨不同样本方案下受访者平均支付意愿(支付意愿)的差异性,进而分析不同样本方案下单位面积耕地保护经济补偿标准的差异性,将二分式问卷中具有正支付意愿样本量 481 份(其中城镇类、农村类样本量分别为 206 份、275 份)称为分类非均分样本方案。在分类非均分样本方案的基础上再归并出非均分样本和均分样本两类方案。三类样本的不同点在于分类非均分样本方案具有城镇类和农村类样本之分,在测算单位面积耕地保护经济补偿标准时,先分类测算城镇类和农村类受访者平均支付意愿,再依据城镇户数和农村户数进行单位面积耕地保护经济补偿标准测算;非均分样本方案是将分类非均分样本方案下城镇类和农村类样本同一化,受访者所在区域因素(城镇类或农村类)仅作为样本特征,在统一测算平均支付意愿的基础上依据研究区域总户数进行单位面积耕地保护经济补偿标准测算,其样本数量与分类非均分样本数量相同;均分样本方案是在非均分样本方案下针对各个支付方案均随机选取相同样本数量而构成(本书在每个支付方案下随机选取 35 份),其单位面积耕地保护经济补偿标准测算过程与非均分样本方案相同。分类非均分样本方案下农村类样本特征包括性别、年龄、健康状况、文化程度、是否兼业、家庭收入主要来源、家庭总人数、家庭劳动力人数、被抚养人数、兼业人数、承包耕地面积、近三年家庭年平均收入及农业收入占家庭总收入的比例,城镇类样本特征包括性别、年龄、健康状况、文化程度、职业、家庭总人数、被抚养人数、工作人数、在校学生人数、近三年家庭月平均收入、日常生活支出占总收入比例。非均分样本和均分样本两类方案的特征包括性别、年龄、健康状况、文化程度、家庭总人数、家庭劳动力人数/工作人数、被抚养人数、家庭年收入(城镇类样本在归并为均分样本方案和非均分样本方案时,将其近三年家庭月平均收入换算为近三年家庭年平均收入)、区域(城镇类或农村类)。三类样本方案下各投标值的接受率如表 4-26 所示。

表 4-26　单边界二分式 CVM 引导技术方案设置

投标值/元	总样本量/份				接受样本量/份				接受率/%			
	均分样本	非均分样本	分类非均分样本		均分样本	非均分样本	分类非均分样本		均分样本	非均分样本	分类非均分样本	
			城镇类	农村类			城镇类	农村类			城镇类	农村类
50	35	49	17	32	35	49	17	32	100.00	100.00	100.00	100.00
75	35	36	15	21	31	31	14	17	88.60	86.11	93.33	80.95
100	35	60	31	29	29	44	23	21	82.90	73.33	74.19	72.41
150	35	47	18	29	20	25	13	12	57.10	53.19	72.22	41.38
200	35	41	20	21	14	16	7	9	40.00	39.02	35.00	42.86
250	35	39	19	20	19	19	10	9	54.30	48.72	52.63	45.00
300	35	53	25	28	18	22	7	15	51.50	41.51	28.00	53.57
350	35	42	14	28	10	11	4	7	28.60	26.19	28.57	25.00
400	35	40	18	22	11	11	6	4	31.40	27.50	33.33	18.18
500	35	36	14	22	11	11	4	7	31.40	30.56	28.57	31.82
600	35	38	15	23	7	8	2	6	20.00	21.05	13.33	26.09
合计	385	481	206	275	—	—	—	—	—	—	—	—

表 4-26 显示出均分样本、非均分样本和分类非均分样本三种不同样本方案下,随着投标值的增加各支付方案的受访者接受率总体上呈下降态势。均分样本、非均分样本、分类非均分城镇类样本、分类非均分农村类样本受访者接受率分别从 100%下降到 20.00%、21.05%、13.33%和 26.09%,符合理论总体态势变化规律。

2. 变量选择及定义

为归纳分析受访者的社会经济特征、耕地保护认知对耕地保护支付意愿的影响,选取受访者的反应 Y 作为被解释变量。为研究方便,对双边界二分式四个反应变量定义如下:"是-是(y-y)"、"是-否(y-n)"、"否-是(n-y)"、"否-否(n-n)"的回答分别定义为 1、2、3、4,四个定义之间没有优劣与次序之分;受访者的社会经济特征、耕地保护认知等因素作为解释变量,具体如表 4-27 所示。

表 4-27 二分式 CVM 变量的选取与定义

变量名称/单位	变量指标说明
Y	被解释变量，单边界二分式：受访者对投标值回答"是"时，$Y=1$，回答"否"时，$Y=0$；双边界二分式：受访者对投标值"是-是(y-y)"、"是-否(y-n)"、"否-是(n-y)"、"否-否(n-n)"的回答分别取值为 1、2、3、4
T/元	初始投标值
X_1	您认为耕地重要吗？1="不重要"，2="不清楚"，3="重要"
X_2	您认为政府有必要进一步加强耕地保护并出台相关政策吗？1="没有"，2="无所谓"，3="有"
X_3	您认为耕地种植农作物除了能产生经济效益外，还具有涵养水源、保持水土、调节气候、改善大气质量维持生物多样性和净化土壤等生态效益以及提供粮食安全保障、农民养老和失业的社会保障、开敞空间及景观与科学文化等社会效益吗？1="没有"，2="不清楚"，3="有"
X_4	您认为耕地面积减少和质量降低会影响您家庭今后的生活吗？1="不会"，2="不清楚"，3="会"
X_5	您认为耕地面积减少和质量降低会影响子孙后代的生活吗？1="不会"，2="不清楚"，3="会"
X_6/人	家庭总人数，实际调查数据
X_7/人	家庭劳动力人数/工作人数，实际调查数据
X_8/人	兼业人数，实际调查数据
X_9/人	在校学生人数，实际调查数据
X_{10}/人	被抚养人数，实际调查数据
X_{11}	性别，1="男"，0="女"
X_{12}/岁	年龄，1="18~30 岁"，2="31~45 岁"，3="46~60 岁"，4="61 岁以上"
X_{13}	文化程度，1="未上过学"，2="小学"，3="初中"，4="高中(中专)"，5="大专"，6="本科及以上"
X_{14}	健康状况，1="较差"，2="一般"，3="良好"
X_{15}(农村类)/万元	近三年家庭年平均收入，1="<1 万元"，2="[1, 3)万元"，3="[3, 5)万元"，4="[5, 7)万元"，5="[7, 9)万元"，6="≥9 万元"
X_{16}	区域，1="城镇"，0="农村"
X_{17}/%	日常生活支出占总收入比例，1="<30%"，2="[30%, 60%)"，3="[60%, 90%)"，4="≥90%"
X_{18}	职业，1="公务员/公司领导"，2="经理人员/公司或企业中高层管理人员"，3="教师/医务人员"，4="私营企业家(雇工 8 人以上)"，5="其他专业技术人员"，6="事业或企业办事人员"，7="工人/服务员/业务员"，8="个体工商户"，9="下岗/失业人员"，10="退休人员"
X_{19}/亩	承包耕地面积，1="<3 亩"，2="[3, 5)亩"，3="[5, 7)亩"，4="≥7 亩"
X_{20}	是否兼业，1="是"，2="否"
X_{21}/%	农业收入占家庭总收入比例，1="<30%"，2="[30%, 60%)"，3="[60%, 90%)"，4="≥90%"
X_{22}	家庭主要收入来源，1="种地"，2="本地或外地打工"，3="自己创业"

注：三类样本方案共有变量 T、X_1、X_2、X_3、X_4、X_5、X_6、X_7、X_{10}、X_{11}、X_{12}、X_{13}、X_{14}、X_{15}(适用于均分样本、非均分样本和分类非均分农村类样本方案)；城镇类样本特有变量：X_9、X_{17}、X_{18}；农村类样本特有变量：X_8、X_{19}、X_{20}、X_{21}、X_{22}；其中 X_{15}(城镇类)赋值：1="[1, 3)万元"，2="[3, 5)万元"，3="[5, 7)万元"，4="[7, 9)万元以上"，5="≥9 万元"；非均分样本与均分样本共有变量：T、X_1、X_2、X_3、X_4、X_5、X_6、X_7、X_{10}、X_{11}、X_{12}、X_{13}、X_{14}、X_{15}、X_{16}。

3. 二分式 CVM 受访者耕地生态社会效益认知状况

1) 受访城镇居民特征及其对耕地生态社会效益认知

(1) 受访城镇居民特征。

根据研究需要，仅针对二分式问卷的有效问卷进行受访居民特征及其对耕地生态社会效益认知状况的统计。

由表 4-28 可知，受访城镇居民男性比例约是女性的 2 倍，且多为中青年；受访居民的文化程度在高中及以上的比例为 67.95%，且大多数受访者身体健康状况都良好，有利于调查的顺利开展；尽量对各行业人员进行调查，争取获得更广泛、

表 4-28　二分式受访城镇居民特征

	项目	数量/份	比例/%		项目	数量/份	比例/%
性别	男	148	63.25	职业	退休人员	15	6.41
	女	86	36.75	家庭总人数	1~3 人	58	24.79
年龄	18~30 岁	47	20.09		4~5 人	142	60.68
	31~45 岁	123	52.56		6 人及以上	34	14.53
	46~60 岁	46	19.66	工作人数	1~2 人	154	65.81
	61 岁以上	18	7.69		3~4 人	77	32.91
文化程度	未上过学	7	2.99		4 人以上	3	1.28
	小学	15	6.41	被抚养人数	0 人	11	4.70
	初中	53	22.65		1~2 人	156	66.67
	高中(中专)	75	32.05		3~4 人	62	26.50
	大专	32	13.68		5 人及以上	5	2.14
	本科及以上	52	22.22	在校学生人数	0 人	33	14.10
健康状况	良好	198	84.62		1 人	141	60.26
	一般	31	13.25		2 人	53	22.65
	较差	5	2.14		3 人及以上	7	2.99
职业	公务员/公司领导	21	8.97	近三年家庭月平均收入	<2500 元	11	4.70
	经理人员/公司或企业中高层管理人员	17	7.26		[2500, 4500) 元	81	34.62
	教师/医务人员	19	8.12		[4500, 6000) 元	89	38.03
	私营企业家(雇工 8 人以上)	7	2.99		[6000, 8000) 元	34	14.53
	其他专业技术人员	15	6.41		≥8000 元	19	8.12
	事业或企业办事人员	24	10.26	日常生活支出占总收入比例	<30%	28	11.97
	工人/服务员/业务员	47	20.09		[30%, 60%)	90	38.46
	个体工商户	44	18.80		[60%, 90%)	108	46.15
	下岗/失业人员	25	10.68		≥90%	8	3.42

注：为满足统计学要求，表中部分变量类别在问卷原始分类基础上进行了合并。

真实的数据；城镇居民家庭总人数 4～5 人居多，占样本总量的 60.68%，其中被抚养人数 1～2 人居多，占样本总量的 66.67%；城镇居民家庭在校学生人数 1 人居多；近三年家庭月平均收入在 2500～6000 元的城镇家庭占比达到 72.65%；城镇家庭日常生活支出占总收入比例显示出城镇家庭月支出占月收入比例在 [60%，90%) 的居多，为 46.15%，≥90% 的占比较小，仅为 3.42%。

(2) 受访城镇居民对耕地生态社会效益认知。

对 234 份二分式城镇类有效问卷进行统计分析可知 (表 4-29)，94.44% 的受访城镇居民均认为耕地重要，说明城镇居民对耕地重要性的认可度较高；仅有 3.42% 的受访城镇居民认为政府没有必要进一步加强耕地保护并出台相关政策，从侧面反映出大部分受访者对政府出台的耕地保护政策比较关注；78.21% 的受访城镇居民对耕地存在的生态社会效益持肯定态度，但仍有 16.67% 的受访者对耕地的生态社会效益的认知持"不清楚"态度，从另一方面反映出耕地保护外部性没有得到充分重视现象的存在。有高达 26.50% 的受访城镇居民认为耕地面积减少和质量降低不会影响家庭今后的生活。该部分受访者可能长期远离农村，对耕地的重要性缺乏充分认识，也进一步表明相关部门做好耕地保护宣传工作的重要性。

表 4-29 二分式问卷受访城镇居民耕地生态社会效益认知度

认知问题	重要 (有、会)		不重要 (没有、不会)		不清楚 (无所谓)	
	数量 /份	比例 /%	数量 /份	比例 /%	数量 /份	比例 /%
您认为耕地重要吗？	221	94.44	9	3.85	4	1.71
您认为政府有必要进一步加强耕地保护并出台相关政策吗？	204	87.18	8	3.42	22	9.40
您认为耕地种植农作物除了能产生经济效益外，还具有涵养水源、保持水土、调节气候、改善大气质量、维持生物多样性和净化土壤等生态效益以及提供粮食安全保障、农民养老和失业的社会保障、开敞空间及景观与科学文化等社会效益吗？	183	78.21	12	5.13	39	16.67
您认为耕地面积减少和质量降低会影响您家庭今后的生活吗？	166	70.94	62	26.50	6	2.56
您认为耕地面积减少和质量降低会影响子孙后代的生活吗？	207	88.46	12	5.13	15	6.41

针对"目前本地耕地保护所面临的最严重的问题 (可多选)"调查结果 (表 4-30) 显示，94.44% 的受访城镇居民认为"城镇化和城市建设用地扩张，耕地面积不断减少"，54.27% 的受访城镇居民认为"耕地受农药、化肥、工业生产排放物等污染严重，质量下降"，受访城镇居民认为"政府保护耕地力度不大"和"村集体和村民小组没有发挥好耕地保护作用"的比例分别占有效问卷的 64.10% 和 37.61%，其次还有少量受访者 (14.96%) 从农户角度出发，认为"农户对自身经营耕地保护力度不大"。

表 4-30　二分式问卷受访城镇居民对"目前本地耕地保护所面临的最严重的问题"的认知状况

您认为目前本地耕地保护所面临的最严重的问题是(可多选)？		
选项	数量/份	比例/%
A(城镇化和城市建设用地扩张，耕地面积不断减少)	221	94.44
B(耕地受农药、化肥、工业生产排放物等污染严重，质量下降)	127	54.27
C(政府保护耕地力度不大)	150	64.10
D(村集体和村民小组没有发挥好耕地保护作用)	88	37.61
E(农户对自身经营耕地保护力度不大)	35	14.96

2)受访农村居民特征及其对耕地生态社会效益认知

(1)受访农村居民特征。

由表 4-31 可知，受访农村居民男性比例较高，且多为中青年；受访农村居民的文化程度主要为小学和初中，占比高达 77.82%，受访者整体文化程度较

表 4-31　二分式问卷受访农村居民特征

项目		数量/份	比例/%	项目		数量/份	比例/%
性别	男	182	60.26	被抚养人数	1～2 人	168	55.63
	女	120	39.74		3 人及以上	121	40.07
年龄	18～30 岁	10	3.31	兼业人数	0 人	48	15.89
	31～45 岁	133	44.04		1～2 人	218	72.19
	46～60 岁	123	40.73		3 人及以上	36	11.92
	61 岁以上	36	11.92	经营耕地面积	<3 亩	92	30.46
文化程度	未上过学	32	10.60		[3, 5)亩	116	38.41
	小学	94	31.13		[5, 7)亩	56	18.54
	初中	141	46.69		≥7 亩	38	12.58
	高中及以上	35	11.58	近三年家庭年平均收入	<1 万元	65	21.52
健康状况	良好	213	70.53		[1, 3)万元	159	52.65
	一般	67	22.19		[3, 5)万元	64	21.19
	较差	22	7.28		[5, 7)万元	8	2.65
是否兼业	是	128	42.38		≥7 万元	6	1.99
	否	174	57.62	农业收入占家庭总收入比例	<30%	171	56.62
家庭总人数	1～3 人	36	11.92		[30%, 60%)	49	16.23
	4～5 人	150	49.67		[60%, 90%)	32	10.60
	6 人及以上	116	38.41		≥90%	50	16.56
家庭劳动力人数	1 人	26	8.61	家庭主要收入来源	种地	90	29.80
	2～3 人	202	66.89		本地或外地打工	202	66.89
	4 人及以上	74	24.50		自己创业	10	3.31
被抚养人数	0 人	13	4.30				

注：为满足统计学要求，表中部分变量类别在问卷原始分类基础上进行了合并。

低，但大多数受访者身体健康状况都较好，有利于调查的顺利开展；受访农村居民家庭总人数 4 人以上占比高达 88.08%，这与农村人口基数大的事实相符，其中家庭劳动力人数 2~3 人居多，占比 66.89%，而被抚养人数 1~2 人居多，占比 55.63%，其次是被抚养人数 3 人及以上的农村居民家庭也占有 40.07%，被抚养人数与家庭可支配收入成反比，被抚养人数越多，家庭可支配收入越少，而家庭可支配收入的高低与居民耕地保护支付意愿紧密相关；受访农村居民的承包耕地面积调查结果显示，承包耕地面积在 [3, 5) 亩比例最大，占比 38.41%，其次是面积＜3 亩的，占比 30.46%；受访农户的近三年家庭年平均收入在 [1, 3) 万元的居多，其中农业收入占家庭总收入比例＜30%的占比 56.62%，农业收入占家庭总收入比例≥90%的占比 16.56%，说明该部分农村居民家庭主要收入来源仍然以务农为主，大部分受访农村居民家庭的主要收入来源为本地或外地打工，但仍有部分农村居民家庭靠务农维持生计。

(2) 受访农村居民对耕地生态社会效益认知。

由 302 份二分式农村居民有效问卷进行统计分析可知 (表 4-32)，94.70%的受访农村居民均认为耕地重要，说明农村居民对耕地重要性的认可度很高；仅有 3.64%的受访农村居民认为政府没有必要进一步加强耕地保护并出台相关政策，从侧面反映出大部分受访农村居民对政府出台的耕地保护政策比较关注；61.92%的受访农村居民对耕地存在的生态社会效益持肯定态度，但也有 29.80%的农村居民对耕地生态社会效益的认知不清楚，从另一个方面反映出政府应加强耕地生态社会效益方面的宣传力度；有 9.27%的受访农村居民认为耕地面积减少和质量降低不会影响家庭今后的生活，该部分农村受访农村居民可能由于耕地面积较少或已将所承包的耕地进行了流转，从而不再从事农业生产，符合现实。

表 4-32　二分式问卷受访农村居民耕地生态社会效益认知度

认知问题	重要(有、会)		不重要(没有、不会)		不清楚(无所谓)	
	数量/份	比例/%	数量/份	比例/%	数量/份	比例/%
您认为耕地重要吗？	286	94.70	13	4.30	3	0.99
您认为政府有必要进一步加强耕地保护并出台相关政策吗？	267	88.41	11	3.64	24	7.95
您认为耕地种植农作物除了能产生经济效益外，还具有涵养水源、保持水土、调节气候、改善大气质量、维持生物多样性和净化土壤等生态效益以及提供粮食安全保障、农民养老和失业的社会保障、开敞空间及景观与科学文化等社会效益吗？	187	61.92	25	8.28	90	29.80
您认为耕地面积减少和质量降低会影响您家庭今后的生活吗？	272	90.07	28	9.27	2	0.66
您认为耕地面积减少和质量降低会影响子孙后代的生活吗？	278	92.05	18	5.96	6	1.99

针对"目前本地耕地保护所面临的最严重的问题（可多选）"调查结果显示（表 4-33），占 61.26%的受访农村居民认为"城镇化和城市建设用地扩张，耕地面

积不断减少”，有 42.72%的受访农村居民认为“耕地受农药、化肥、工业生产排放物等污染严重，质量下降”，有 53.64%的受访农村居民认为“政府保护耕地力度不大”，43.38%的受访农村居民选择了“村集体和村民小组没有发挥好耕地保护作用”，其次还有少量受访农村居民(14.57%)从农户角度出发，认为“农户对自身经营耕地保护力度不大”。

表 4-33　二分式问卷受访农村居民对"目前本地耕地保护所面临的最严重的问题"的认知状况

选项	数量/份	比例/%
A(城镇化和城市建设用地扩张，耕地面积不断减少)	185	61.26
B(耕地受农药、化肥、工业生产排放物等污染严重，质量下降)	129	42.72
C(政府保护耕地力度不大)	162	53.64
D(村集体和村民小组没有发挥好耕地保护作用)	131	43.38
E(农户对自身经营耕地保护力度不大)	44	14.57

4. 单边界二分式 CVM 耕地保护外部性测度

1)单边界二分式 CVM 居民耕地保护支付意愿的影响因素分析

运用统计软件 SPSS 17.0 对单边界二分式不同样本方案进行二元 Logistic 回归分析时，通过试验与分析，均分样本方案采用向后逐步回归法进行处理，回归变量被剔除模型的依据是条件参数估计所得的似然比统计量的概率值，是以假定参数为基础进行似然比检验；非均分样本及分类非均分样本均采用向前逐步回归法进行处理，变量引入的依据是得分统计量的显著性水平，回归变量被剔除模型的依据是条件参数估计所得的似然比统计量的概率值。因此，在已确定的逐步回归方法下，依据回归变量被剔除模型的控制要求，直至模型通过检验时步骤终止，最终步骤中达到显著性水平的自变量即模型自变量。三类样本方案各参数最终估值结果如表 4-34～表 4-36 所示。

表 4-34　均分样本模型估计结果

自变量	均值	系数	自由度	显著性水平	$\mathrm{Exp}(B)$	$\mathrm{Exp}(B)$的 95%C.I.	
						下限	上限
X_4	2.650	−0.553	1	0.002[***]	0.575	0.407	0.812
T	270.450	−0.007	1	0.000[***]	0.993	0.991	0.995
X_{13}	3.400	0.237	1	0.036[**]	1.268	1.016	1.582
X_{15}	2.990	0.273	1	0.035[**]	1.315	1.019	1.696
X_{16}	0.480	−1.158	1	0.003[***]	0.314	0.147	0.670
常量	—	2.438	1	0.001	11.451	—	—

[***]表示统计检验在 1%的显著性水平上显著；

[**]表示统计检验在 5%的显著性水平上显著。

注：$\mathrm{Exp}(B)$即优势比(odds ratio，OR)，C.I.即可信区间(confidence interval)，下同。

表 4-35　非均分样本模型估计结果

自变量	均值	系数	自由度	显著性水平	Exp(B)	Exp(B)的95%C.I.	
						下限	上限
T	256.86	−0.006	1	0.000***	0.994	0.992	0.995
X_{13}	3.31	0.326	1	0.001***	1.386	1.141	1.684
X_{16}	0.43	−0.509	1	0.050***	0.601	0.361	1.000
常量	—	0.807	1	0.011	2.242	—	—

表 4-36　分类非均分样本模型估计结果

类别	自变量	均值	系数	自由度	显著性水平	Exp(B)	Exp(B)的95%C.I.	
							下限	上限
城镇类	T	253.03	−0.008	1	0.000***	0.992	0.990	0.995
	X_{13}	4.22	0.301	1	0.019***	1.351	1.052	1.735
	常量	—	0.698	1	0.226	2.01		
农村类	T	259.73	−0.006	1	0.000***	0.994	0.992	0.996
	X_{13}	2.62	0.39	1	0.023***	1.477	1.056	2.065
	X_{15}	2.13	0.595	1	0.002***	1.184	1.249	2.634
	X_{21}	1.86	0.477	1	0.000***	1.611	1.244	2.087
	常量	—	−1.586	1	0.023	0.205		

　　由表 4-34～表 4-36 可知，三类不同样本方案下的变量统计检验结果均达到了规定的显著性水平。初始投标值 T，回归系数均为负，表明受访者的支付意愿与投标额呈负相关关系，即投标额越高，受访者对耕地保护的支付意愿越低，该结果与经济学外部性相关原理相符。X_{13}（受访者的文化程度）和 X_{15}（受访者的近三年家庭年平均收入）在规定的显著性水平范围内回归系数为正，表明文化程度和近三年家庭年平均收入水平越高的受访者，越愿意支付一定的金额用于耕地保护，符合预期，且与文献（唐建，2010；Hanemann and Kanninen，1999；于洋等，2013）研究的结果一致。X_4 与受访者的支付意愿呈负相关关系，即对"耕地面积减少和质量降低会影响您家庭今后的生活"的认知程度越深，支付意愿越低，不符合预期。研究认为，在进行多元 Logistic 回归分析时，由于涉及多个自变量，而各自变量对因变量的贡献大小及方向会受到其他自变量是否进入的影响，从而导致某个自变量的回归系数的作用方向与预期方向（客观假设）不一致。但鉴于该变量并不影响模型的整体，所以此处未将其剔除。X_{16}（区域）的回归系数为负，表明在其他条件一定的前提下，受访城镇居民对随机投标额的接受概率小于受访农户。X_{21}（农业收入占家庭总收入比例）回归系数为 0.477，表明农业收入占家庭总收入比例越高的家庭，农户越愿意拿出一部分收入用来保护耕地。尤其对种粮大户而言，农业收入

是家庭的主要经济来源,耕地质量的高低直接影响家庭生活水平,因此农户对耕地保护政策比较支持。

2)单边界二分式 CVM 居民耕地保护支付意愿测度及模型检验

(1)单边界二分式 CVM 居民耕地保护支付意愿测度。

表 4-34~表 4-36 中各变量均在 5%的显著性水平下通过检验,依据各变量的回归系数、均值结合所构建的单边界二分式支付意愿的二元 Logistic 回归模型,将上述三类不同样本方案下各变量的回归系数和均值代入式(2-14),测度出三类不同样本方案下受访者的平均支付意愿(WTP$_{mean}$)分别为

$$均分样本受访者 \ WTP_{mean} = 293.19 \ 元/(年 \cdot 户)$$

$$非均分样本受访者 \ WTP_{mean} = 284.20 \ 元/(年 \cdot 户)$$

$$分类非均分城镇类样本受访者 \ WTP_{mean} = 255.20 \ 元/(年 \cdot 户)$$

$$分类非均分农村类样本受访者 \ WTP_{mean} = 201.30 \ 元/(年 \cdot 户)$$

以上测度结果显示,分类非均分城镇类样本受访者平均支付意愿、分类非均分农村类样本受访者平均支付意愿存在一定差异,分类非均分城镇类样本受访者平均支付意愿高出分类非均分农村类样本 53.90 元/(年·户)。通过对分类非均分样本模型估值结果分析可知,文化程度、近三年家庭平均收入水平的回归系数均为正值,与居民的支付意愿成正相关。该特征表明受访者文化程度越高、近三年家庭年平均收入越高,受访者越愿意支付一定的金额用于耕地保护,这与研究区域城镇居民在文化程度、近三年家庭年平均收入方面整体高于农村居民相一致。

(2)不同样本方案下支付意愿模型检验。

二元 Logistic 回归常用的检验方法有 H-L(Hosmer-Lemeshow)检验和对数似然比检验。为提高模型检验的精确度,选取模型系数综合检验、H-L 检验、-2 对数似然比、Cox 及 Snell R 方值、Nagelkerke R 方值进行模型拟合度检验,直至模型通过检验时步骤终止,最终步骤中达到显著性水平的自变量即模型自变量。

由表 4-37 可知,均分样本、非均分样本、分类非均分样本最终模型的 H-L 检验显著性水平均大于 0.05,说明接受零假设,表明各样本方案下最终模型均能够很好地拟合数据;均分样本、非均分样本、分类非均分样本最终模型系数综合检验的显著性水平为 0.000,均小于 0.05,说明统计结果具有较高的显著性水平,模型拟合度较好;不同样本方案下最终模型的 Cox 及 Snell R 方值均在 0.2~0.4,Nagelkerke R 方值均在 0~1,而且非均分样本、分类非均分样本的 Nagelkerke R 方值均逐步趋向于 1,对于分类数据而言,只要模型的拟合检验值均处于限定的合理区间内,也可认为模型整体的拟合度较好。因此,各方案下的最终模型具有较好的拟合度。模型-2 对数似然值服从卡方分布且在数学上更为方便,所以-2 对数似然值用于检验 Logistic 回归的显著性水平。非均分样本、分类非均分城镇

类样本、分类非均分农村类样本中最终模型的-2 对数似然值分别为 533.704、227.958、307.280，且均是在所属样本模型组中的最小值，说明三种样本模型拟合度均较好。均分样本-2 对数似然值 425.056 在所属样本模型组中值为最大，依据此检验项发现模型拟合度不是很好，但综合考虑 H-L 检验显著性水平、模型系数综合检验显著性水平、Cox 及 Snell R 方值和 Nagelkerke R 方值，可以说明该样本方案下的最终模型也具有较好的拟合度。

表 4-37　单边界二分式三类样本方案的支付意愿模型检验

类别	模型	模型系数综合检验			H-L 检验			-2 对数似然值	Cox 及 Snell R 方值	Nagelkerke R 方值
		卡方	自由度	显著性水平	卡方	自由度	显著性水平			
均分样本	步骤 1	114.229	15	0.000	10.324	8	0.243	417.869	0.257	0.343
	步骤 6	113.236	10	0.000	11.461	8	0.177	418.863	0.255	0.340
	步骤 11	107.042	5	0.000	7.994	8	0.434	425.056	0.243	0.324
非均分样本	步骤 1	98.413	1	0.000	10.324	8	0.243	568.043	0.185	0.247
	步骤 4	120.727	4	0.000	11.461	8	0.177	545.730	0.222	0.296
	步骤 7	132.752	7	0.000	7.994	8	0.434	533.704	0.241	0.322
分类非均分样本	城镇类样本 步骤 1	51.495	1	0.000	16.575	8	0.035	233.771	0.221	0.295
	城镇类样本 步骤 2	57.308	2	0.000	13.616	8	0.092	227.958	0.243	0.324
	农村类样本 步骤 2	56.303	2	0.000	24.747	8	0.002	324.837	0.185	0.247
	农村类样本 步骤 4	73.860	4	0.000	10.710	8	0.219	307.280	0.236	0.314

(3) 单边界二分式 CVM 居民耕地保护外部性测度结果。

根据不同样本方案下受访者的平均支付意愿，结合式(2-22)测算出均分样本、非均分样本、分类非均分样本方案下单位面积耕地保护外部性分别为 1351.8 元/(公顷·年)、1310.3 元/(公顷·年)、1054.8 元/(公顷·年)，具体如表 4-38 所示。

表 4-38　2014 年焦作市耕地保护外部性

支付意愿/(元/(户·年))				支付率/%				单位面积耕地外部性/(元/(公顷·年))		
均分样本	非均分样本	分类非均分样本		均分样本	非均分样本	分类非均分样本		均分样本	非均分样本	分类非均分样本
		城镇类	农村类			城镇类	农村类			
293.19	284.2	255.2	201.3	89.74	89.74	88.03	91.06	1351.8	1310.3	1054.8

注：2014 年底焦作市总户数为 100 万户，城镇化率为 53.23%，推出农户和城镇居民户数分别为 53.23 万户、46.77 万户。耕地面积为 194639 公顷。

5. 双边界二分式 CVM 耕地保护外部性测度

1) 双边界二分式 CVM 居民耕地保护支付意愿的影响因素分析

由表 4-27 变量的选取与定义及表 4-39 可知，双边界二分式共设置 11 个投标区间，且不同样本方案对投标值的设计范围恰好覆盖整个样本支付意愿。可以看出"是-否(y-n)"、"否-是(n-y)"两种回答所占样本量均较少且两者样本数量差异均较小。

表 4-39　双边界二分式不同样本方案调查结果

支付方案	均分样本/份				非均分样本/份				分类非均分样本/份							
									城镇类				农村类			
	y-y	y-n	n-y	n-n	y-y	y-n	n-y	n-n	y-y	y-n	n-y	n-n	y-y	y-n	n-y	n-n
(50，75，25)	33	2	0	0	46	3	0	0	17	0	0	0	29	3	0	0
(75，100，50)	30	1	2	2	30	1	3	2	14	0	1	0	16	1	2	2
(100，150，75)	18	11	3	3	30	13	8	9	17	6	5	3	13	7	3	6
(150，200，100)	17	4	9	6	21	4	12	10	10	3	2	3	11	1	10	7
(200，250，150)	13	1	8	13	14	1	9	17	7	0	6	7	7	1	3	10
(250，300，200)	15	4	1	15	15	4	1	19	8	2	0	9	7	2	1	10
(300，350，250)	14	4	2	15	14	4	5	26	3	0	3	15	11	4	2	11
(350，400，300)	9	1	3	22	10	1	3	28	4	0	2	8	6	1	1	20
(400，500，350)	7	4	0	24	7	4	0	29	4	2	0	12	3	2	0	17
(500，600，400)	6	5	3	21	10	5	3	22	2	2	1	9	4	3	2	13
(600，700，500)	5	2	0	28	6	2	0	30	1	1	0	13	5	1	0	17
合计	167	38	31	149	203	42	44	192	91	16	20	79	112	26	24	113

由表 4-40～表 4-42 可知，双边界二分式不同样本方案变量统计检验结果均达到规定的 5%显著性水平，且初始投标值 T 回归系数均为负，表明受访者的支付意愿与投标额呈负相关关系，即投标额越高，受访者对耕地保护的支付意愿越低，该结果与经济学外部性相关原理相符。分析可知，居民耕地保护支付意愿的影响因素主要有 X_{13}（文化程度）、X_{15}（近三年家庭年平均收入）、X_{16}（区域）、X_7（家庭劳动力人数/工作人数）、X_5（认知程度）、X_{21}（农业收入占家庭总收入比例）等。由变量显著性水平可知，X_{13}、X_{15} 在规定的显著性水平范围内回归系数为正，表明文化程度和近三年家庭年平均收入越高的受访者，越愿意支付一定的金额用于耕地保护，符合预期。X_7、X_5 在规定的显著性水平范围内回归系数均为正，表明受访者家庭劳动力人数（或工作人数）越多以及对耕地重要性的认知程度越高的人群，越愿意支付一定的金额用于耕地保护。X_{16} 的回归系数为负，表明在其他条件一定的前提下，城镇区域受访者对随机投标额的接受概率小于农村受访者。X_{21} 回归系数为 0.55，表明农业收入占家庭总收入比例越高的家庭，农村居民越愿意拿出一部分收入用来保护耕地。

表 4-40　双边界二分式均分样本模型估计结果

自变量	均值	系数	自由度	显著性水平	Exp(B)	Exp(B)的95%C.I. 下限	上限
X_4	2.65	−0.879	1	0.000	0.415	0.257	0.671
X_{15}	2.99	0.364	1	0.021	1.439	1.057	1.959
X_{16}	0.48	−1.234	1	0.008	0.291	0.117	0.726
T	270.45	−0.01	1	0.000	0.990	0.988	0.992
常量	—	3.603	1	0.078	—	—	—

表 4-41　双边界二分式非均分样本模型估计结果

自变量	均值	系数	自由度	显著性水平	Exp(B)	Exp(B)的95%C.I. 下限	上限
X_1	2.9	−0.988	1	0.013	0.372	0.171	0.809
X_4	2.67	−0.840	1	0.000	0.431	0.277	0.672
X_5	2.85	0.665	1	0.047	1.945	1.010	3.744
X_{15}	2.92	0.294	1	0.040	1.341	1.014	1.774
X_{16}	0.43	−0.981	1	0.015	0.375	1.170	0.826
T	256.86	−0.009	1	0.000	0.991	0.989	0.993
常量	—	4.347	1	0.019	—	—	—

表 4-42　双边界二分式分类非均分样本模型估计结果

类别	自变量	均值	系数	自由度	显著性水平	Exp(B)	Exp(B)的95%C.I. 下限	上限
城镇类	X_7	2.48	0.714	1	0.037	2.041	1.045	3.988
	T	253.03	−0.011	1	0.000	0.990	0.986	0.993
	常量	—	0.500	1	0.832	—	—	—
农村类	X_{13}	2.62	0.503	1	0.027	1.654	1.058	2.585
	X_{15}	2.13	0.782	1	0.001	2.187	1.350	3.543
	X_{21}	1.86	0.55	1	0.014	1.733	1.117	2.689
	T	259.73	−0.008	1	0.000	0.992	0.990	0.994
	常量	—	−3.333	1	0.071	—	—	—

2) 双边界二分式 CVM 居民耕地保护支付意愿测度及模型检验

(1) 双边界二分式 CVM 居民耕地保护支付意愿测度。

表 4-40～表 4-42 中各变量均在 0.05 的显著性水平下通过检验，依据各变量的回归系数、均值结合所构建的双边界二分式支付意愿的多元 Logistic 回归模型，将上述三类不同样本方案下各变量的回归系数和均值代入式(2-21)，测度出三类不同样本方案下受访者的平均支付意愿分别为

均分样本受访者 WTP$_{mean}$=192.20 元/(年·户)

非均分样本受访者 WTP$_{mean}$=194.60 元/(年·户)

分类非均分城镇类样本受访者 WTP$_{mean}$=215.00 元/(年·户)

分类非均分农村类样本受访者 WTP$_{mean}$=134.80 元/(年·户)

以上测度结果显示，双边界二分式下均分样本与非均分样本受访者平均支付意愿测度结果差异不显著，而均分样本、非均分样本与分类非均分样本下的测度结果及分类非均分城镇类样本、分类非均分农村类样本受访者平均支付意愿均存在一定差异，分类非均分城镇类样本受访者平均支付意愿高出分类非均分农村类样本 80.20 元/(年·户)。说明样本方案的设置对居民支付意愿测度结果存在显著影响。同时，通过对分类非均分样本模型估值结果分析可知，文化程度、家庭工作人数、近三年家庭年平均总收入的回归系数均为正值，与居民的支付意愿呈正相关关系。该特征表明受访者文化程度越高、近三年家庭年平均总收入越高，越愿意支付一定的金额用于耕地保护，这与研究区域城镇居民在文化程度、近三年家庭年平均总收入方面整体高于农村居民的事实相符。

(2)不同样本方案下支付意愿模型检验。

由表 4-43 可知，均分样本、非均分样本、分类非均分样本模型的似然比检验显著性水平为 0.000，小于 0.05，说明统计结果具有较高的显著性水平，且所选取的三个伪 R 方参数(Cox 及 Snell、Nagelkerke、McFadden)的值均在合理区间，模型拟合度较好；当前模型中的-2 对数似然值均小于零模型的-2 对数似然值，似然比检验的显著性水平均为 0.000，在 0.05 的显著性水平下，应拒绝回归方程显著性检验的原假设，说明不同样本方案的模型选择正确。

表 4-43　双边界二分式三类样本方案的支付意愿模型检验

类别		模型拟合信息				伪 R 方		
		似然比检验				Cox 及 Snell	Nagelkerke	McFadden
		-2 对数似然值	卡方	自由度	显著性水平			
均分样本		712.640	178.635	45	0.000	0.371	0.412	0.200
非均分样本		899.808	212.818	45	0.000	0.358	0.396	0.190
分类非均分样本	城镇类样本	356.828	116.970	30	0.000	0.433	0.481	0.246
	农村类样本	517.689	121.461	33	0.000	0.357	0.395	0.189

(3)双边界二分式 CVM 耕地保护外部性测度结果。

根据不同样本方案下受访者的平均支付意愿，结合式(2-22)测算出双边界二分式 CVM 均分样本、非均分样本、分类非均分样本方案下单位面积耕地保护外部性分别为 886.15 元/(公顷·年)、897.22 元/(公顷·年)、812.56 元/(公顷·年)，具体如表 4-44 所示。

表 4-44　2014 年焦作市耕地保护外部性

支付意愿/(元/(户·年))				支付率/%				单位面积耕地外部性/(元/(公顷·年))		
均分样本	非均分样本	分类非均分样本		均分样本	非均分样本	分类非均分样本		均分样本	非均分样本	分类非均分样本
		城镇类	农村类			城镇类	农村类			
192.2	194.6	215.0	134.8	89.74	89.74	88.03	91.06	886.15	897.22	812.56

注: 2014 年底焦作市总户数为 100 万户,城镇化率为 53.23%,推出农村类和城镇类居民户数分别为 53.23 万户、46.77 万户。耕地面积为 194639 公顷。

4.2.3　不同引导技术的耕地保护外部性测度结果分析

在科学设置投标值、假想市场情景及合理进行假想偏差规避下,支付卡式 CVM 不同支付方式的焦作市单位面积耕地保护外部性具有一定差异性,且"出钱和参加义务劳动"方式下居民耕地保护支付意愿和单位面积耕地保护外部性测度结果具有较高的可靠性。基于支付卡式 CVM 城镇类、农村类"出钱"、"参加义务劳动"、"出钱和参加义务劳动"方式下的焦作市户均耕地保护居民支付意愿分别为 165.2 元/年、936.7 元/年、376.3 元/年和 152.6 元/年、573.8 元/年、350.0 元/年;"出钱"、"参加义务劳动"、"出钱和参加义务劳动"方式下单位面积耕地保护外部性分别为 711.0 元/(公顷·年)、3405.7 元/(公顷·年)、1624.9 元/(公顷·年)。基于二分式调查焦作市农村类户均耕地保护居民支付意愿为 134.8~293.19 元/年,城镇类户均耕地保护居民支付意愿为 192.2~293.19 元/年,单位面积耕地保护外部性为 812.56~1351.8 元/(公顷·年)。综合对比两种引导技术的户均耕地保护居民支付意愿及单位面积耕地保护外部性发现,"出钱和参加义务劳动"方式的耕地保护外部性测度结果与二分式测度结果相近。蔡银莺以湖北省为例,基于 CVM 估算出受访者"出钱和参加义务劳动"方式下农地非市场价值为 13081.90 元/(公顷·年),其中湖北省户均耕地保护居民支付意愿 444.65 元/(公顷·年)(蔡银莺等,2006)。考虑到 CVM 调查结果与所研究区域的经济发展水平、劳动力价值、公共物品的供给模式、耕地资源环境认知等因素紧密相关,经对比分析认为该估算结果与本书"出钱和参加义务劳动"方式测度结果相近。因此,本书最终选取"出钱和参加义务劳动"方式的 1624.9 元/(公顷·年)作为焦作市单位面积耕地保护外部性最终测度结果。实践上,采用"出钱和参加义务劳动"相结合的支付方式,不仅能提高居民参与耕地保护活动时间分配的灵活性,而且一定程度上提高了公众参与耕地保护的积极性,更加有利于耕地保护政策的贯彻实施。因此,本书认为采用支付卡式评估耕地保护外部性时,"出钱和参加义务劳动"方式所得结果具有较高的可靠性。

二分式 CVM 不同样本方案测度结果的精度与投标值样本数量显著相关,与投标值样本数量均衡度的相关性则不显著。分类非均分样本方案从城镇和农村两个维度分别计算居民年户均耕地保护支付意愿,其中城镇类、农村类每个投标值样本数量分别为 14~31 份、20~32 份;非均分样本方案和均分样本方案将城镇类

和农村类样本予以归并和随机选取，其中非均分样本方案每个投标值样本数量为
36～60 份，均分样本方案每个投标值样本数量均为 35 份。以非均分样本方案单位
面积耕地外部性测度结果为基准，单边界二分式下均分样本、分类非均分样本方案
单位面积耕地外部性测度结果偏差值分别为 41.5 元/(公顷·年)、255.5 元/(公顷·
年)，相应偏差率分别为 3.2%、19.5%；双边界二分式下均分样本、分类非均分样本
方案单位面积耕地外部性测度结果偏差值分别为 11.07 元/(公顷·年)、84.66 元/(公
顷·年)，相应偏差率分别为 1.2%、9.4%。该特征表明，同一引导技术不同样本方
案 CVM 测度结果的精度与投标值样本数量显著相关，与投标值样本数量均衡度
的相关性则不显著。不同样本方案下，样本区域属性(城镇、农村)分类或合并导
致样本特征类型和数量的差异，影响着不同样本方案下居民年户均耕地保护支付
意愿。本书中，分类非均分样本方案子样本数量偏低，造成该方案下测度结果的
精度降低。因此，在同一总样本下，区域属性(城镇、农村)分类或合并、投标值
样本数量的多少和均衡性是产生居民年户均耕地保护支付意愿差异性的根本原因。

　　在科学设置投标值和假想市场情景、合理进行假想偏差规避及合适样本数量
下，双边界二分式能够获得更多较为详细的信息，一定程度上缩小了问卷假设偏
差，其得到的结果精度高于单边界二分式测度结果。同时，依据统计分析要求，
特定方案各投标值所包含的子样本量至少大于 20 份时测度结果可达到一定精度，
精度要求较低时子样本量为 15 份左右即可，理想状态子样本量为应达到 30 份以
上。因此，基于双边界二分式 CVM 均分样本、非均分样本下的居民耕地保护支
付意愿(192.2 元/(户·年)、194.6 元/(户·年))和单位面积耕地保护外部性测度结
果(886.15 元/(公顷·年)、897.22 元/(公顷·年))具有较高的精度。基于 CVM 方法
的耕地保护外部性是以虚拟市场为前提的受访者对耕地保护支付意愿在单位面积
耕地上的一种体现，由于没有考虑研究区域外受益主体的支付意愿及社会经济发
展水平的影响，其值较小。综上所述，在未来进行 CVM 问卷支付方式及样本方
案设计时，应在双边界二分式问卷设计基础上，分别采用"出钱和参加义务劳动"
相结合的支付方式以及采用均分样本方案或分类均分样本方案，在提高居民参与
耕地保护活动时间分配灵活性及参与耕地保护积极性的同时，亦有助于提高居民
耕地保护支付意愿和耕地保护外部性测度结果的精确性。

4.3　CVM 投标值子样本量对耕地保护外部性
测度结果的影响分析

4.3.1　不同样本方案投标值子样本量设置

　　为探讨不同样本方案各投标值子样本数量对耕地保护外部性测度结果精度的
影响程度，依据统计分析对特定方案各投标值所包含的子样本量从较低精度到较

高精度的要求,分别设置 10 类样本方案,即同一样本方案下的投标值所对应的子样本量均相同。数据来源为二分式 CVM 问卷调查获得的具有正支付意愿的 481 份样本,且变量的选取与定义保持不变。10 类样本方案投标值所对应的子样本量分别为 13 份(样本方案 M_1)、15 份(样本方案 M_2)、20 份(样本方案 M_3)、25 份(样本方案 M_4)、30 份(样本方案 M_5)、31 份(样本方案 M_6)、32 份(样本方案 M_7)、33 份(样本方案 M_8)、34 份(样本方案 M_9)、35 份(样本方案 M_{10})。依据投标值区间的设定标准及方式,将此次问卷下的每类样本方案均设置 11 个支付方案。所以,样本方案 $M_1 \sim M_{10}$ 的总样本量依次为 143 份、165 份、220 份、275 份、330 份、341 份、352 份、363 份、374 份、385 份。需要说明的是,10 类样本方案均是从具有正支付意愿的 481 份样本中随机选取的。在测算单位面积耕地保护经济补偿标准及其外部性时,10 类样本方案均是在统一测算平均支付意愿的基础上依据研究区域总户数进行单位面积耕地保护经济补偿标准测算的,最后根据样本区域耕地总面积计算耕地保护外部性。10 类不同样本方案设置如表 4-45 所示。

表 4-45　二分式 CVM 不同样本方案设置

支付方案	投标值/元	样本方案									
		M_1	M_2	M_3	M_4	M_5	M_6	M_7	M_8	M_9	M_{10}
(1)	(50,75,25)	13	15	20	25	30	31	32	33	34	35
(2)	(75,100,50)	13	15	20	25	30	31	32	33	34	35
(3)	(100,150,75)	13	15	20	25	30	31	32	33	34	35
(4)	(150,200,100)	13	15	20	25	30	31	32	33	34	35
(5)	(200,250,150)	13	15	20	25	30	31	32	33	34	35
(6)	(250,300,200)	13	15	20	25	30	31	32	33	34	35
(7)	(300,350,250)	13	15	20	25	30	31	32	33	34	35
(8)	(350,400,300)	13	15	20	25	30	31	32	33	34	35
(9)	(400,500,350)	13	15	20	25	30	31	32	33	34	35
(10)	(500,600,400)	13	15	20	25	30	31	32	33	34	35
(11)	(600,700,500)	13	15	20	25	30	31	32	33	34	35
合计	—	143	165	220	275	330	341	352	363	374	385

4.3.2　二分式 CVM 居民支付意愿影响因素分析

经试验分析,运用 SPSS 17.0 分别对单边界二分式不同样本方案居民支付意愿进行二元 Logistic 逐步回归分析,对双边界二分式不同样本方案居民支付意愿进行多元 Logistic 全因子回归分析,最终结果如表 4-46~表 4-49 所示。

表 4-46　样本方案 M_1、M_2、M_3 模型处理结果

类别	样本方案 M_1				样本方案 M_2				样本方案 M_3			
	自变量	均值	回归系数	显著性水平	自变量	均值	回归系数	显著性水平	自变量	均值	回归系数	显著性水平
单边界	X_{13}	3.28	0.552	0.004	X_1	2.89	−1.276	0.038	X_3	2.57	−0.542	0.027
	X_{16}	0.45	−1.068	0.027	X_4	2.64	−0.687	0.017	X_{15}	2.95	0.450	0.000
	T	270.45	−0.006	0.000	T	270.45	−0.008	0.000	T	270.45	−0.006	0.000
	常量	—	0.051	0.932	常量	—	7.543	0.000	常量	—	1.768	0.016
双边界	X_{16}	0.45	−1.602	0.021	X_1	2.89	−1.279	0.054	X_3	2.57	−0.579	0.041
	T	270.45	−0.008	0.000	X_4	2.64	−0.910	0.006	X_{15}	2.95	0.652	0.000
	常量	—	4.629	0.025	T	270.45	−0.011	0.000	T	270.45	−0.009	0.000
	—				常量	—	8.761	0.000	常量	—	2.084	0.013

表 4-47　样本方案 M_4、M_5、M_6 模型处理结果

类别	样本方案 M_4				样本方案 M_5				样本方案 M_6			
	自变量	均值	回归系数	显著性水平	自变量	均值	回归系数	显著性水平	自变量	均值	回归系数	显著性水平
单边界	X_4	2.7	0.045	0.038	X_4	2.66	−0.543	0.002	X_{15}	2.94	0.464	0.001
	T	270.45	0.000	0.017	T	270.45	−0.006	0.000	X_{16}	0.43	−0.797	0.026
	常量	—	0.000	0.000	常量	—	3.035	0.000	T	270.45	−0.007	0.000
	—								常量	—	1.001	0.007
双边界	X_4	2.7	−0.525	0.024	X_1	2.9	−0.976	0.038	X_{15}	2.94	0.495	0.002
	T	270.45	−0.009	0.000	X_4	2.66	−0.540	0.009	X_{16}	0.43	−1.014	0.024
	常量	—	3.484	0.000	T	270.45	−0.008	0.000	T	270.45	−0.009	0.000
	—				常量	—	6.441	0.000	常量	—	0.321	0.024

表 4-48　样本方案 M_7、M_8、M_9 模型处理结果

类别	样本方案 M_7				样本方案 M_8				样本方案 M_9			
	自变量	均值	回归系数	显著性水平	自变量	均值	回归系数	显著性水平	自变量	均值	回归系数	显著性水平
单边界	X_{15}	2.90	0.283	0.038	X_4	2.64	−0.426	0.012	X_{15}	2.91	0.267	0.005
	T	270.45	−0.007	0.017	T	270.45	−0.007	0.000	T	270.45	−0.007	0.000
	常量	—	1.044	0.003	常量	—	3.002	0.000	常量	—	1.115	0.001
双边界	X_4	2.66	−0.638	0.012	X_{15}	2.94	0.414	0.007	X_4	0.67	−0.514	0.013
	X_{15}	2.90	0.544	0.001	X_{16}	0.43	−0.980	0.025	X_{15}	2.91	0.462	0.003
	X_{16}	0.41	−1.121	0.015	T	270.45	−0.009	0.000	X_{16}	0.41	−0.937	0.032
	T	270.45	−0.010	0.000	常量	—	0.684	0.667	T	270.45	−0.010	0.000
	常量	—	2.031	0.269	—	—	—	—	常量	—	1.245	0.336

表 4-49　样本方案 M_{10} 模型处理结果

类别	样本方案 M_{10}			
	自变量	均值	回归系数	显著性水平
单边界	X_4	2.65	−0.553	0.002
	X_{13}	3.40	0.237	0.036
	X_{15}	2.99	0.273	0.035
	X_{16}	0.48	−1.158	0.003
	T	270.45	−0.007	0.000
	常量	—	2.438	0.001
双边界	X_4	2.65	−0.879	0.000
	X_{15}	2.99	0.364	0.021
	X_{16}	0.48	−1.234	0.008
	T	270.45	−0.010	0.000
	常量	—	3.603	0.078

　　综合各样本方案模型结果(表 4-46～表 4-49)可知，除样本方案 M_4 模型中的初始投标值 T 的回归系数为 0.000 外，其余各样本方案的初始投标值 T 的回归系数均为负值且通过 0.05 的显著性水平。表明在其他因素不变的情况下，初始投标值越高，受访者耕地保护支付意愿越低。总体来看，受访者的支付意愿与近三年家庭年平均收入(X_{15})、区域(X_{16})、文化程度(X_{13})及认知程度中的"您认为耕地面积减少和质量降低会影响子孙后代的生活吗？"(X_4)紧密相关。近三年家庭年平均收入及文化程度越高，受访者耕地保护意愿越高。区域(X_{16})回归系数均为负，说明在其他条件一定的前提下，城镇区域受访者对随机投标额的接受概率小于农村受访者。同时，受访者对耕地生态社会效益认知程度越深，越愿意支付一定金额用于耕地保护。

　　综合各样本方案模型结果可以看出，当各投标值所对应的子样本量小于 30 份时，不同样本方案在同一引导技术下进入模型的自变量差异显著。当各投标值所对应的子样本量大于 30 份时，不同样本方案在同一引导技术下进入模型的自变量差异性较小；整体上同一样本方案在不同引导技术下进入模型的自变量存在一致性；随着各投标值所对应的子样本数量的增加，进入模型自变量的数量逐渐增加且进入的自变量趋于稳定。分析可知，出现上述差异的原因：一是不同样本方案的总样本量存在一定差异；二是不同样本方案所对应投标值的子样本量不同；三是采用不同的二分式引导技术对样本方案的模型结果会产生一定影响。

4.3.3　二分式 CVM 不同均分样本方案下耕地保护外部性测度结果

　　根据式(2-14)、式(2-21)分别计算出二分式 CVM 引导技术下不同样本方案

2014 年焦作市居民耕地保护支付意愿，再依据式(2-22)分别计算出二分式 CVM 引导技术下不同样本方案 2014 年焦作市居民耕地保护外部性，具体如表 4-50 所示。

表 4-50　二分式 CVM 引导技术下不同样本方案 2014 年焦作市耕地保护外部性

引导技术	支付意愿/(元/(户·年))										支付率/%	耕地面积/公顷
	M_1	M_2	M_3	M_4	M_5	M_6	M_7	M_8	M_9	M_{10}		
单边界	250.30	164.60	288.40	262.40	275.00	291.30	273.80	277.40	276.80	293.19	89.74	194639
双边界	469.90	247.60	286.00	241.30	281.20	174.00	165.80	186.30	200.00	192.20		

引导技术	单位面积耕地外部性/(元/(公顷·年))									
	M_1	M_2	M_3	M_4	M_5	M_6	M_7	M_8	M_9	M_{10}
单边界	1154.03	758.90	1329.69	1209.82	1267.91	1343.06	1262.38	1278.98	1276.21	1351.82
双边界	2166.51	1141.58	1318.63	1112.53	1296.50	802.24	764.44	858.95	922.12	886.15

注：2014 年底焦作市总户数为 100 万户，耕地面积为 194639 公顷。

　　依据统计分析要求，特定方案各投标值所包含的子样本量至少大于 20 份时测度结果才可达到一定精度。由表 4-50 可知，当子样本量小于 20 份时，不同引导技术的居民耕地保护支付意愿差值较大。单边界二分式下样本方案 M_1 与 M_2 的居民耕地保护支付意愿差值为 85.70 元/(户·年)；双边界二分式下样本方案 M_1 与 M_2 的居民耕地保护支付意愿差值为 222.30 元/(户·年)。

　　以投标值子样本量为 30 份(M_5)的居民支付意愿测度结果(275.00 元/(户·年))为基准，单边界二分式下样本方案 $M_6 \sim M_{10}$ 的居民耕地保护支付意愿区间为 273.80~293.19 元/(户·年)，偏差值范围为 1.2~18.19 元/(户·年)，偏差率范围为 0.44%~6.61%；双边界二分式下样本方案 $M_6 \sim M_{10}$ 的居民耕地保护支付意愿区间为 165.80~200.00 元/(户·年)，偏差值范围为 81.2~115.4 元/(户·年)，偏差率范围为 28.88%~41.04%。通过此精度要求下的居民耕地保护支付意愿测度结果的偏差值及偏差率的对比可知，当子样本量大于 30 份时，单边界二分式下的居民支付意愿明显大于双边界二分式对其的测度结果。同时，双边界二分式下的偏差值及偏差率均大于单边界二分式，符合 Hanemann 和 Kanninen(1999)认为的单边界二分式有高估支付意愿的现象存在的研究结论。同时由于双边界二分式更接近真实市场中的议价情景，促使受访者更加认真对待调查，因此该引导技术下的估计量的统计效率相对较高。

4.3.4　投标值子样本量对耕地保护外部性测度结果的影响分析

　　(1)二分式 CVM 不同样本方案的总样本量及各投标值的子样本量与研究结果的精度密切相关，投标值子样本量在不满足精度要求的情况下，其测度结果精度会产生较大偏差,且在其他条件一定的前提下,样本方案投标值子样本量的增加或减少,双边界二分式支付意愿估值结果较单边界二分式支付意愿估值结果更敏感。

(2)当样本方案各投标值子样本量大于 30 份时,子样本数量对双边界二分式居民耕地保护支付意愿估计值的影响越来越小。在信息调查条件充足的前提下,样本方案各投标值子样本量的选取最好控制在 30 份以上,CVM 二分式资源环境外部性的测度结果才能具有较高的统计效率。从数值上看,当投标值子样本量大于 30 份时,同一引导技术下不同样本方案的居民支付意愿测度结果差异较小,且支付意愿估计值逐渐趋于稳定。单边界二分式下的居民支付意愿均大于双边界二分式下的测度结果,且前者各样本方案的估值结果均是后者估值结果的 1.7 倍左右,该结论与相关学者蔡银莺和张安录(2010)及毛良祥(2013)的研究成果相一致。同时,由于双边界二分式更接近真实市场中的议价情景,受访者会更加认真地对待调查。因此,在投标值子样本量大于 30 份时,双边界二分式引导技术下估计量的统计效率相对较高,此条件下的耕地保护外部性区间值(764.44~922.12 元/(公顷·年))可作为相关部门制定耕地保护经济补偿标准政策的参考依据。

4.4　本章小结

本章在基于 CVM 测算的耕地保护外部性基础上,对支付卡式不同支付方式的居民耕地保护支付意愿及耕地保护外部性进行测度。同时,为了进一步探讨不同样本方案下受访者平均支付意愿的差异性,进而分析不同样本方案下单位面积耕地保护经济补偿标准的差异性,分别对单边界二分式和双边界二分式下不同样本方案居民耕地保护支付意愿和耕地保护外部性进行测度。在此基础上,对不同引导技术的耕地保护外部性测度结果进行概括分析。研究结果表明:

(1)支付卡式 CVM 不同支付方式的焦作市单位面积耕地保护外部性具有一定差异性,且"出钱和参加义务劳动"方式下居民耕地保护支付意愿和单位面积耕地保护外部性测度结果具有较高的可靠性。

(2)二分式 CVM 不同样本方案测度结果的精度与投标值样本数量显著相关,与投标值样本数量均衡度的相关性不显著。在同一总样本下,区域属性(城镇、农村)分类或合并、投标值样本数量的多少和均衡性是产生居民年户均耕地保护支付意愿差异性的根本原因。

(3)在未来进行 CVM 问卷支付方式及样本方案设计时,应在双边界二分式问卷设计基础上,分别采用"出钱和参加义务劳动"相结合的支付方式及采用均分样本方案或分类均分样本方案,在提高居民参与耕地保护活动时间分配灵活性及参与耕地保护积极性的同时,亦有助于提高耕地保护居民支付意愿和耕地保护外部性测度结果的精确性。

(4)采用二分式引导技术进行耕地保护外部性测度时，在其他条件一定的前提下，当样本方案各投标值子样本量大于 30 份时，与单边界二分式相比，子样本量对双边界二分式居民耕地保护支付意愿估计值的影响越来越小，且支付意愿估计值逐渐趋于稳定。在信息调查条件充足的前提下，样本方案各投标值子样本量的选取最好控制在 30 份以上，CVM 二分式资源环境外部性的测度结果才具有较高的有效性。

第5章 多层次边界下典型区域单位面积耕地保护外部性理论值测算

5.1 省级边界下典型区域单位面积耕地保护外部性理论值测算

以下采用当量因子法对耕地生态效益、开敞空间及景观与科学文化效益进行测算，采用替代/恢复成本法对耕地粮食安全效益和耕地社会保障效益进行测算，并对测算结果进行分析。

5.1.1 省级边界下单位面积耕地生态效益、开敞空间及景观与科学文化效益测算

1. 省级边界下当量因子测算

运用式 (2-2)，在调查分析河南省各种粮食作物播种面积、粮食播面单产及其各粮食作物的全国平均价格基础上，测算出河南省 2000 年、2004 年、2008 年和 2012 年单位当量因子的价值量 E_a 分别为 685.2 元/公顷、1001.3 元/公顷、1331.2 元/公顷和 1765.3 元/公顷，如表 5-1 所示。单位当量因子的价值量取决于一个区域粮食作物类型、播种面积、播面单产及其价格。一般而言，在特定区域各种粮食作物播种面积稳定的情况下，播面单产及其价格成为单位当量因子价值量变化的主要因素。当播面单产提高、价格上升时，单位当量因子的价值量也呈上升趋势；反之，单位当量因子的价值量下降。但播面单产与价格往往不同向变化，单位当量因子的价值量反映了两者的综合变化，即单位面积耕地产值的变化。从总体上来看，2000 年、2004 年、2008 年和 2012 年各年单位当量因子的价值量呈上升趋势，其主要原因在于粮食价格上升幅度较大。对播面单产而言，小麦、稻谷播面单产处于稳定提高趋势；玉米总体上趋于上升，但具有一定的波动性；大豆则处于下降态势。

表 5-1 省级边界下耕地单位当量因子测算表

年份	项目	小麦	玉米	稻谷	大豆	小计	E_a/(元/公顷)
2000	播种面积/千公顷	4922.30	2201.30	459.60	564.70	8147.90	685.2
	播面单产/(公斤/公顷)	4542.00	4883.00	6937.00	2050.00		
	价格/(元/50 公斤)	52.88	42.81	60.43	102.77		
	产值/(亿元)	236.449	92.032	38.533	23.794	390.81	

续表

年份	项目	小麦	玉米	稻谷	大豆	小计	E_a/(元/公顷)
2004	播种面积/千公顷	4856.00	2420.00	508.50	522.50	8307.00	1001.3
	播面单产/(公斤/公顷)	5109.00	4339.00	7044.00	1981.00		
	价格/(元/50 公斤)	74.47	58.06	86.00	141.02		
	产值/(亿元)	369.510	121.930	61.608	29.193	582.24	
2008	播种面积/千公顷	5260.00	2820.00	604.67	486.10	9170.77	1331.2
	播面单产/(公斤/公顷)	5800.00	5727.00	7328.00	1825.00		
	价格/(元/50 公斤)	82.76	72.48	93.39	184.26		
	总产值/(亿元)	504.968	234.112	82.763	32.693	854.54	
2012	播种面积/千公顷	5340.00	3100.00	648.16	460.52	9548.68	1765.3
	播面单产/(公斤/公顷)	5950.00	5638.00	7599.00	1697.00		
	价格/(元/50 公斤)	99.23	104.82	147.74	239.35		
	总产值/(亿元)	630.567	366.405	145.535	37.411	1179.92	

注：各种农作物播种面积和播面单产数据来源于历年《河南统计年鉴》，价格数据来源于历年《全国农产品成本收益资料汇编》。

2. 省级边界下生态效益、开敞空间及景观与科学文化效益测算

根据 2000 年、2004 年、2008 年和 2012 年的单位当量因子的价值量，结合谢高地等提出的"中国陆地生态系统单位面积生态服务价值当量因子表"中的农田生态系统各服务功能当量因子(谢高地等，2008)，应用式(2-3)，分别测算出省级边界下 2000 年、2004 年、2008 年和 2012 年单位面积耕地生态效益值(包括涵养水源、保持水土、改善小气候、改善大气质量、维持生物多样性和净化土壤效益)、开敞空间及景观与科学文化效益综合值，具体如表 5-2 所示。可见，随着 2000 年、2004 年、2008 年和 2012 年单位当量因子的价值量呈上升趋势，生态效益、开敞空间及景观与科学文化效益值总体上也逐渐增加。该特征表明耕地的生态效益、开敞空间及景观与科学文化效益值(尤其是生态效益)随着其生物量生产的增加、社会经济发展水平的提高而逐渐增加。

表 5-2　基于当量因子的省级边界下耕地生态效益、开敞空间及景观与科学文化效益测算

本研究耕地效益体系 (A 体系)		谢高地等提出的农田生态 统服务类型体系(B 体系)	当量值	效益值/元			
				2000 年	2004 年	2008 年	2012 年
生态 效益	涵养水源	水源调节	0.77	527.4	771.0	1025.0	1359.3
	保持水土	土壤形成与保护	1.47	1007.1	1471.9	1956.8	2594.9
	改善小气候	气候调节	0.97	664.5	971.3	1291.2	1712.3
	改善大气质量	气体调节	0.72	493.3	720.9	958.4	1271.0
	维持生物多样性	生物多样性保护	1.02	698.8	1021.3	1357.8	1800.6
	净化土壤	废物处理	1.39	952.3	1391.8	1850.3	2453.7

续表

本研究耕地效益体系 （A 体系）		谢高地等提出的农田生态系 统服务类型体系（B 体系）	当量值	效益值/元			
				2000 年	2004 年	2008 年	2012 年
社会 效益	耕地粮食安全	—	—	—	—	—	—
	耕地社会保障	—	—	—	—	—	—
	开敞空间及景观	娱乐文化	0.17	116.4	170.2	226.3	300.1
	科学文化						

注：生态系统生态服务价值当量因子是指生态系统产生的生态服务的相对贡献大小的潜在能力，定义为每公顷全国平均产量的农田每年自然粮食产量的经济价值。

5.1.2 省级边界下单位面积耕地粮食安全效益测算

1. 新增耕地投入成本测算

耕地资源的国家粮食安全战略价值是指中央政府从国家粮食安全战略考虑，通过土地利用规划、实施土地整治等方式确保耕地数量和质量得以实现的价值部分。由于目前耕地的生产资料价格并不能体现国家对耕地保护的支出，故国家保护耕地支出需要通过国家对占用耕地收取的费用和保护现有耕地所必要的耗费计算（周建春，2005）。廖和平等（2011）认为国家对占用耕地收取的费用主要包括耕地占用税、新增建设用地土地有偿使用费和耕地开垦费等，国家因保护现有耕地而支出的项目主要包括灾毁耕地的复垦费用、基本农田指示牌费用及耕地的遥感动态监测费用。由于耕地占用税是国家对占用耕地建房或者从事其他非农业建设的单位和个人，依据实际占用耕地面积按照规定税额一次性征收的一种税。新增建设用地土地有偿使用费，是指国务院或省级人民政府在批准农用地转用、征用土地时，向取得出让等有偿使用方式的新增建设用地的市、县人民政府收取的平均土地纯收益。因此，耕地占用税、新增建设用地有偿使用费是国家从税费方面抑制耕地占用人和当地政府占用耕地的行为，该税费主要用于耕地开垦和建设。因此，在计算国家对占用耕地支出时，可仅考虑耕地开垦费。国家因保护现有耕地而支出的灾毁耕地的复垦费用、基本农田指示牌费用及耕地的遥感动态监测费用单位面积数额较小，可忽略不计（廖和平等，2011）。

根据《河南省人民政府办公厅关于加强土地调控严格土地管理的通知》（豫政办〔2007〕33 号），结合河南省关于《降低收费标准的行政事业性收费项目》的规定，按照非农业建设项目占用水浇地标准，新增耕地投入成本（V_1）采用河南省耕地开垦费平均标准为 13 元/平方米。

2. 新增耕地收益损失值测算

由于开垦耕地效益的滞后性和培肥地力的渐进性，耕地开垦后前 t 年虽有收效，但不能达到正常耕地产出水平(陈丽等，2006)。根据对河南省实施后土地开发整理项目的调查，土壤熟化期一般为 4 年。因此，确定耕地开垦后前 4 年存在收益损失，且每年收益损失分别约为当年区域耕地产值的 40%、30%、20% 和 10%。2012 年河南省每公顷耕地平均产值分别为 46568.7 元。折现率取 2012 年内的一年期存款基准利 3%。据式(5-1)可计算出收益损失值为 43914.5 元/公顷：

$$V_2 = \frac{b \times 40\%}{1 + r_1} + \frac{b \times 30\%}{(1 + r_1)^2} + \frac{b \times 20\%}{(1 + r_1)^3} + \frac{b \times 10\%}{(1 + r_1)^4} \tag{5-1}$$

式中，V_2 表示新增耕地的收益损失值(元)；b 表示当年耕地产值(元)；r_1 表示折现率。

3. 单位面积耕地粮食安全效益测算

耕地收益还原率 r 取 3.08%，运用式(2-4)可求出以 2012 年为基准年的耕地粮食安全效益为 5356.6 元/公顷，如表 5-3 所示。

表 5-3　2012 年省级边界下耕地粮食安全效益测算

新增耕地单位面积投入平均成本/(元/公顷)	新增单位面积耕地在土壤熟化期的收益损失值/(元/公顷)	无限年期耕地粮食安全效益价格/(元/公顷)	耕地粮食安全收益还原率/%	年度耕地粮食安全效益/(元/公顷)
130000.0	43914.5	173914.5	3.08	5356.6

实质上，耕地粮食安全效益不仅取决于新增耕地单位面积投入平均成本、新增单位面积耕地在土壤熟化期的收益损失值，而且与耕地补充难度有关。以 2012 年作为基准年，根据建筑材料价格指数和人工成本的变化(由于资料缺失，建筑材料价格指数和人工成本的变化以固定资产投资价格指数替代)测算出 2000 年、2004 年、2008 年和 2012 年的新增耕地投资成本变化系数；依据各年耕地平均产值，测算出各年新增单位面积耕地在土壤熟化期的收益损失变化系数；耕地补充难度系数在短期内变化不大，均取 1(但在长期内，耕地补充难度系数大小则是影响耕地粮食安全效益值的重要因素)。据此，可测算出 2000 年、2004 年、2008 年和 2012 年的耕地粮食安全效益分别为 1436.2 元/公顷、2601.9 元/公顷、3578.0 元/公顷和5356.6 元/公顷，如表 5-4 所示。

可见，随着耕地稀缺性增强，耕地粮食安全效益值也处于增加态势，印证了黄宗煌(1991)基于不同粮食自给率测算的每人每年所愿意付出的选择价值(可看成耕地粮食安全效益另外一种表现形式)表现为增加趋势的观点。

表 5-4　2000 年、2004 年、2008 年和 2012 年省级边界下耕地粮食安全效益测算

年份	新增耕地投资成本变化系数	新增单位面积耕地在土壤熟化期的收益损失变化系数	耕地补充难度系数	年度耕地粮食安全效益/(元/公顷)
2000	0.83	0.32	1	1436.2
2004	0.91	0.53	1	2601.9
2008	0.99	0.67	1	3578.0
2012	1.00	1.00	1	5356.6

注：(1) 各系数均以 2012 年为基准年进行换算，其中新增耕地投资成本变化系数以固定资产投资价格指数进行换算确定；

(2) 新增单位面积耕地在土壤熟化期的收益损失变化系数采用对应年份耕地平均产值换算确定；

(3) 由于研究时段较短，补充耕地难度系数不变，均取 1。

5.1.3　省级边界下单位面积耕地社会保障效益测算

农村最低社会保障标准(S_{min})取全国低收入贫困线标准上限(表 5-5)。依据 2000 年、2004 年、2008 年和 2012 年河南省粮食作物、油料作物、棉花和蔬菜的单位面积耕地产值、物质与服务费用、各种作物类型的播种面积比例，测算出单位面积耕地年纯收入系数(表 5-6)。结合在岗职工年平均工资、区域单位面积耕地年均产值运用式(2-6)测算出劳均耕地适度经营规模，进而测算出农业实际需要就业人数和特定区域耕地所能承担的社会保障人数。然后运用式(2-5)，测算出 2000 年、2004 年、2008 年和 2012 年河南省区域耕地社会保障效益总量分别为 174.8384 亿元、151.3861 亿元、222.7568 亿元和 371.1857 亿元，单位面积耕地社会保障效益分别为 2163.5 元/公顷、1909.9 元/公顷、2810.3 元/公顷和 4550.6 元/公顷。具体如表 5-7 所示。

表 5-5　2000～2012 年全国低收入贫困线标准

年份	低收入贫困线标准(人均年纯收入区间)/元	低收入贫困线区间上限值(人均年纯收入)/元
2000	626～800	800
2001	631～872	872
2002	628～869	869
2003	638～882	882
2004	669～924	924
2005	684～944	944
2006～2007	694～958	958
2008	786～1067	1067
2009～2010		1196
2011～2012		2300

注：以上数据根据国务院扶贫办历年发布的全国贫困线标准整理。

表 5-6　省级边界下单位面积耕地年纯收入系数测算表

类型	指标	年份			
		2000	2004	2008	2012
粮食作物	单位面积耕地产值/(元/0.0667 公顷)	352.96	591.95	748.81	1104.82
	物质与服务费用/(元/0.0667 公顷)	182.87	200.12	287.78	398.28
	单位面积耕地年纯收入/(元/0.0667 公顷)	170.09	391.83	461.03	706.54
	播种面积比例/%	72.29	68.64	71.44	73.71
油料作物	单位面积耕地产值/(元/0.0667 公顷)	353.74	570.09	817.77	1246.09
	物质与服务费用/(元/0.0667 公顷)	150.28	169.12	239.73	324.56
	单位面积耕地年纯收入/(元/0.0667 公顷)	203.46	400.97	578.04	921.53
	播种面积比例/%	11.95	11.90	11.30	11.62
棉花	单位面积耕地产值/(元/0.0667 公顷)	839.23	966.15	1063.26	1964.99
	物质与服务费用/(元/0.0667 公顷)	259.98	297.8	403.39	541.55
	单位面积耕地年纯收入/(元/0.0667 公顷)	579.25	668.35	659.87	1423.44
	播种面积比例/%	6.24	7.28	4.51	1.89
蔬菜	单位面积耕地产值/(元/0.0667 公顷)	2386.67	3325.93	4097.77	6099.72
	物质与服务费用/(元/0.0667 公顷)	748.69	919.93	1121.93	1365.49
	单位面积耕地年纯收入/(元/0.0667 公顷)	1637.98	2406	2975.84	4734.23
	播种面积比例/%	9.52	12.18	12.75	12.77
综合	单位面积耕地年纯收入/(元/0.0667 公顷)	339.36	658.29	803.92	1259.58
	单位面积耕地产值/(元/0.0667 公顷)	577.02	949.48	1197.86	1775.56
	纯收入与产值比/%	58.81	69.33	67.11	70.94

注：(1) 资料来源于《全国农产品成本收益资料汇编》、《河南统计年鉴》；
(2) 以"三种粮食作物"代替粮食作物的产值和费用；
(3) 物质与服务费用包括直接费用(种子费、化肥费、农家肥费、农药费、农膜费、租赁作业费、燃料动力费、技术服务费、工具材料费、修理维护费、其他直接费用)和间接费用(固定资产折旧、税费等)。

表 5-7　省级边界下耕地社会保障效益测算表

指标	年份			
	2000	2004	2008	2012
在岗职工年平均工资 R_t /元	6930	12114	24816	37958
农村劳动力外出务工工资水平系数 α	0.7	0.7	0.7	0.7
农村从事非农产业人员年纯收入 $R_n = \alpha R_t$ /元	4851	8479.8	17371.2	26570.6
区域单位面积耕地年均产值 R_q /(元/公顷)	14070.65	24807.07	32149.23	46568.66
耕地年纯收入系数 λ/%	58.81	69.33	67.11	70.94
区域单位面积耕地年均纯收入 $R_a = \lambda R_q$ /(元/公顷)	8274.95	17198.74	21575.35	33035.81
专业务农收入平衡系数 σ	1	1	1	1
耕地劳均适度经营规模 $S_r = \sigma R_n / R_a$ /公顷	0.5862	0.4930	0.8051	0.8043
区域耕地面积 S_g /公顷	8081255.15	7926343.29	7926374.29	8156770.00

续表

指标	年份			
	2000	2004	2008	2012
农业实际需要就业人数 S_{aap} /人	13785195	16076218	9844703	10141491
农业从业人数 S_{ap} /人	35640000	32460000	28470000	26280000
特定区域耕地承担的社会保障人数 $S_p = S_{ap} - S_{aap}$ /人	21854805	16383782	18625297	16138509
农村最低社会保障标准 S_{min} /元	800	924	1196	2300
区域耕地社会保障效益 $S_b = S_p \times S_{min}$ /(亿元)	174.8384	151.3861	222.7586	371.1857
单位耕地社会保障效益 $S_{bb} = S_b / S_g$ /(元/公顷)	2163.5	1909.9	2810.3	4550.6

注：（1）在岗职工年平均工资、农业从业人数数据来源于历年《河南统计年鉴》；
（2）农业从业人数取第一产业从业人数。

5.1.4　省级边界下单位面积耕地保护外部效益测算及其分析

综上分析，基于参数比照法（当量因子法）进行了生态效益、开敞空间及景观与科学文化效益测算，基于替代/恢复成本法进行了耕地粮食安全效益和耕地社会保障效益测算。在此基础上依据式(2-1)进行汇总，可综合确定出 2000 年、2004 年、2008 年和 2012 年河南省的耕地外部效益，包括生态效益和社会效益，具体如表 5-8 和图 5-1 所示。

表 5-8　省级边界下典型区域单位面积耕地生态社会效益理论值及其比例

本书耕地效益体系		太康县、唐河县和温县耕地生态社会效益值与比例							
		2000 年		2004 年		2008 年		2012 年	
		效益值/(元/公顷)	比例/%	效益值/(元/公顷)	比例/%	效益值/(元/公顷)	比例/%	效益值/(元/公顷)	比例/%
生态效益	涵养水源	527.4	6.55	771.0	6.99	1025.0	6.81	1359.3	6.35
	保持水土	1007.1	12.50	1471.9	13.34	1956.8	13.00	2594.9	12.13
	改善小气候	664.5	8.25	971.3	8.81	1291.2	8.58	1712.3	8.00
	改善大气质量	493.3	6.12	720.9	6.54	958.4	6.37	1271.0	5.94
	维持生物多样性	698.8	8.67	1021.3	9.26	1357.8	9.02	1800.6	8.41
	净化土壤	952.3	11.82	1391.8	12.62	1850.3	12.29	2453.7	11.47
	小计	4343.4	53.89	6348.2	57.55	8439.5	56.06	11191.8	52.30
社会效益	耕地粮食安全	1436.2	17.82	2601.9	23.59	3578.0	23.77	5356.6	25.03
	耕地社会保障	2163.5	26.84	1909.9	17.32	2810.3	18.67	4550.6	21.27
	开敞空间及景观与科学文化	116.4	1.45	170.2	1.54	226.3	1.50	300.1	1.40
	小计	3716.1	46.11	4682.0	42.45	6614.6	43.94	10207.3	47.70
合计		8059.5	100.00	11030.2	100.00	15054.1	100.00	21399.1	100.00

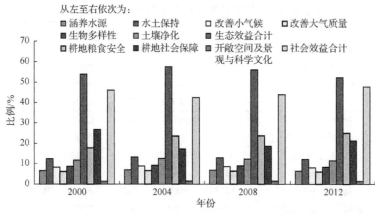

图 5-1　2000 年、2004 年、2008 年、2012 年省级边界下耕地生态社会效益结构图

表 5-8、图 5-1 显示，省级边界下太康县、唐河县和温县 2000 年、2004 年、2008 年和 2012 年耕地外部效益及其效益构成均具有一致性，年度总体外部效益分别为 8059.5 元/公顷、11030.2 元/公顷、15054.1 元/公顷和 21399.1 元/公顷，表现为连续加速递增状态。生态效益和社会效益也均处于连续递增趋势，生态效益从 2000 年的 4343.4 元/公顷增加到 2012 年的 11191.8 元/公顷，社会效益从 3716.1 元/公顷增加到 10207.3 元/公顷。从耕地保护效益类型构成看，生态效益从 2000 年的 53.89%下降到 2012 年的 52.30%，社会效益同期从 46.11%提高到 47.70%。从耕地保护单项效益类型构成看，耕地粮食安全效益从 17.82%上升到 25.03%，处于连续上升趋势，涵养水源、保持水土等其他单项效益类型处于波动下降态势。以上特征表明，耕地生态社会效益与耕地稀缺程度、区域经济社会发展水平呈正相关关系；随着区域经济社会的发展，耕地生态社会效益(尤其是社会效益)的重要性日趋凸显；随着对粮食需求量的持续上升，耕地粮食安全效益将长期处于增长趋势。

5.2　市级边界下典型区域单位面积耕地保护外部性理论值测算

5.2.1　市级边界下单位面积耕地生态效益、开敞空间及景观与科学文化效益测算

运用式(2-2)，依据 2012 年周口市、南阳市、焦作市小麦、玉米、稻谷、大豆播种面积、播面单产和价格，测算出 2012 年周口市、南阳市、焦作市单位当量因子的价值量分别为 2013.1 元、1621.5 元和 2219.2 元(表 5-9)。可以看出，焦作市单位量因子的价值量最高，南阳市最低。主要原因在于小米、玉米两种主体农作物的播面单产焦作市最高，分别达到 7667 公斤/公顷、7435 公斤/公顷，而南阳市仅为 5448 公斤/公顷、5551 公斤/公顷。

表 5-9　2012 年市级边界下耕地单位当量因子测算表

行政区	指标	小麦	玉米	稻谷	大豆	小计	E_d/(元/公顷)
周口市	播种面积/千公顷	658.41	368.06	0.59	108.48	1135.54	
	播面单产/(公斤/公顷)	7419	6270	9000	2800		2013.1
	价格/(元/50 公斤)	99.23	104.82	147.74	239.35		
	产值/(亿元)	96.943	48.379	0.157	14.540	160.02	
南阳市	播种面积/千公顷	668.78	300.19	46.07	62.65	1077.69	
	播面单产/(公斤/公顷)	5448	5551	6833	1928		1621.5
	价格/(元/50 公斤)	99.23	104.82	147.74	239.35		
	产值/(亿元)	72.309	34.933	9.302	5.782	122.33	
焦作市	播种面积/千公顷	141.08	118.75	5.69	4.20	269.72	
	播面单产/(公斤/公顷)	7667	7435	7948	2922		2219.2
	价格/(元/50 公斤)	99.23	104.82	147.74	239.35		
	产值/(亿元)	21.467	18.509	1.336	0.587	41.90	

注：各种农作物播种面积和播面单产数据来源于历年《河南统计年鉴》，价格数据来源于历年《全国农产品成本收益资料汇编》。

　　根据 2012 年周口市、南阳市、焦作市的单位当量因子的价值量，并结合谢高地等提出的"中国陆地生态系统单位面积生态服务价值当量因子表"中的农田生态系统各服务功能当量因子(谢高地等，2008)，运用式(2-3)分别测算出 2012 年市级边界下太康县、唐河县、温县的生态效益值(包括涵养水源、保持水土、改善小气候、改善大气质量、维持生物多样性和净化土壤效益)、开敞空间及景观与科学文化效益综合值，具体如表 5-10 所示。可以看出，2012 年太康县、唐河县、温县耕地生态效益、开敞空间及景观与科学文化效益值与其单位当量因子的价值量直接相关。

表 5-10　2012 年基于当量因子的市级边界下典型区域耕地生态效益、
开敞空间及景观与科学文化效益测算

本书耕地效益体系(A 体系)		谢高地等提出的农田生态系统服务类型体系(B 体系)	当量值	效益值/元		
				太康县	唐河县	温县
生态效益	涵养水源	水源调节	0.77	1550.1	1248.6	1708.8
	保持水土	土壤形成与保护	1.47	2959.3	2383.7	3262.2
	改善小气候	气候调节	0.97	1952.7	1572.9	2152.6
	改善大气质量	气体调节	0.72	1449.5	1167.5	1597.8
	维持生物多样性	生物多样性保护	1.02	2053.4	1654.0	2263.6
	净化土壤	废物处理	1.39	2798.3	2253.9	3084.7
社会效益	耕地粮食安全	—				
	耕地社会保障	—				
	开敞空间及景观	娱乐文化	0.17	342.2	275.7	377.3
	科学文化					

注：生态系统生态服务价值当量因子是指生态系统产生的生态服务的相对贡献大小的潜在能力，定义为每公顷全国平均产量的农田每年自然粮食产量的经济价值。

5.2.2 市级边界下单位面积耕地粮食安全效益测算

运用式(5-1),依据周口市、南阳市、焦作市 2012 年耕地年均产值,计算出新增耕地投入成本和新增耕地收益损失值,进而运用式(2-4)测算出太康县、唐河县、温县 2012 年耕地粮食安全效益分别为 5722.2 元/公顷、5385.4 元/公顷和 5854.5 元/公顷,如表 5-11 所示。由于新增耕地单位面积投入平均成本取值相同,则耕地粮食安全效益取决于新增单位面积耕地在土壤熟化期的收益损失值,而新增单位面积耕地在土壤熟化期的收益损失值取决于区域耕地平均产值。因此,耕地粮食安全效益大小与区域耕地平均产值直接相关。

表 5-11　市级边界下 2012 年耕地粮食安全效益测算

行政区	新增耕地单位面积耕地平均投入成本/(元/公顷)	新增单位面积耕地在土壤熟化期的收益损失/(元/公顷)	耕地粮食安全价值/(元/公顷)	耕地粮食安全收益还原率/%	耕地粮食安全效益/(元/公顷)
周口市	130000	55785.8	185785.8	3.08	5722.2
南阳市	130000	44851.3	174851.3	3.08	5385.4
焦作市	130000	60079.7	190079.7	3.08	5854.5

5.2.3 市级边界下单位面积耕地社会保障效益测算

运用式(2-5),依据周口市、南阳市、焦作市 2012 年粮食作物、油料作物、棉花和蔬菜四种作物类型的单位面积耕地产值,在岗职工年平均工资、农业从业人数和区域耕地面积测算出太康县、唐河县、温县 2012 年单位面积耕地所承担的单位耕地社会保障效益分别为 4177.4 元/公顷、3630.0 元/公顷和 4590.2 元/公顷。具体如表 5-12 和表 5-13 所示。

表 5-12　市级边界下典型区域 2012 年耕地年纯收入系数测算表

类型	指标	太康县	唐河县	温县
粮食作物	单位面积耕地产值/(元/0.0667 公顷)	1285.01	1029.89	1468.33
	物质与服务费用/(元/0.0667 公顷)	398.28	398.28	398.28
	单位面积耕地年纯收入/(元/0.0667 公顷)	886.73	631.61	1070.05
	播种面积比例/%	74.41	65.31	81.20
油料作物	单位面积耕地产值/(元/0.0667 公顷)	1231.97	1321.50	1658.58
	物质与服务费用/(元/0.0667 公顷)	324.56	324.56	324.56
	单位面积耕地年纯收入/(元/0.0667 公顷)	907.41	996.94	1334.02
	播种面积比例/%	6.46	17.98	5.68
棉花	单位面积耕地产值/(元/0.0667 公顷)	2029.77	1857.02	1980.69
	物质与服务费用/(元/0.0667 公顷)	541.55	541.55	541.55
	单位面积耕地年纯收入/(元/0.0667 公顷)	1488.22	1315.47	1439.14
	播种面积比例/%	4.46	2.66	0.63

续表

类型	指标	太康县	唐河县	温县
蔬菜	单位面积耕地产值/(元/0.0667 公顷)	5797.77	5971.92	8389.66
	物质与服务费用/(元/0.0667 公顷)	1365.49	1365.49	1365.49
	单位面积耕地年纯收入/(元/0.0667 公顷)	4432.28	4606.43	7024.17
	播种面积比例/%	14.67	14.05	12.49
综合	单位面积耕地年纯收入/(元/0.0667 公顷)	1435.19	1273.99	1830.91
	单位面积耕地产值/(元/0.0667 公顷)	1977.03	1798.73	2346.68
	纯收入与产值比/%	72.59	70.83	78.02

表 5-13 2012 年市级边界下典型区域耕地社会保障效益测算表

指标	太康县	唐河县	温县
在岗职工年平均工资 R_t /元	32104	30583	35508
农村劳动力外出务工工资水平系数 α	0.7	0.7	0.7
农村从事非农产业人员年纯收入 $R_n = \alpha R_t$ /元	22472.8	21408.1	24855.6
区域单位面积耕地年均产值 R_q /(元/公顷)	59159.98	47560.14	63711.86
耕地年纯收入系数 λ/%	72.59	70.83	78.02
区域耕地单位面积平均年纯收入 $R_a = \lambda R_q$ /(元/公顷)	42944.23	33686.85	49707.99
专业务农收入平衡系数 σ	1	1	1
耕地劳均适度经营规模 $S_r = \sigma R_n / R_a$ /公顷	0.5233	0.6355	0.5000
区域耕地面积 S_g/公顷	857770	1056910	195640
农业实际需要人数 S_{aap} /人	1639149	1663107	391255
农业从业人数 S_{ap} /人	3197100	3331200	781700
耕地承担的社会保障人数 $S_p = S_{ap} - S_{aap}$ /人	1557951	1668093	390445
农村最低社会保障标准 S_{min} /元	2300	2300	2300
区域耕地社会保障效益 $S_b = S_p \times S_{min}$ /亿元	35.8329	38.3661	8.9802
单位耕地社会保障效益 $S_{bb} = S_b / S_g$ /(元/公顷)	4177.4	3630.0	4590.2

注：(1)在岗职工年平均工资、农业从业人数数据来源于历年《河南统计年鉴》、《焦作统计年鉴》、《周口统计年鉴》和《南阳统计年鉴》；

(2)农业从业人数取第一产业从业人数。

5.2.4 市级边界下单位面积耕地保护外部效益测算及其分析

在此基础上，依据式(2-1)测算出 2012 年市级边界下太康县、唐河县和温县的单位面积耕地外部效益，包括生态效益和社会效益，具体如表 5-14 所示。

表 5-14 2012 年市级边界下典型区域单位面积耕地生态社会效益测算结果

本书耕地效益体系		效益值/(元/公顷)		
		太康县	唐河县	温县
生态效益	涵养水源	1550.0	1248.6	1708.9
	保持水土	2959.3	2383.7	3262.2
	改善小气候	1952.7	1572.9	2152.6
	改善大气质量	1449.5	1167.5	1597.8
	维持生物多样性	2053.4	1654.0	2263.6
	净化土壤	2798.3	2253.9	3084.7
	小计	12763.2	10280.6	14069.8
社会效益	耕地粮食安全	5722.2	5385.4	5854.5
	耕地社会保障	4177.4	3630.0	4590.2
	开敞空间及景观与科学文化	342.2	275.7	377.3
	小计	10241.8	9291.1	10822.0
合计		23005.0	19571.7	24891.8

从表 5-14 可以看出，2012 年太康县、唐河县和温县耕地外部效益分别为
23005.0 元/公顷、19571.7 元/公顷和 24891.8 元/公顷。其中温县耕地外部效益最高，
太康县其次，唐河县最低。该特征表明，在同一等级外部性边界下，由于耕地利用
自然社会经济条件的差异，不同市级外部性边界内耕地外部效益存在较大差异。

5.3 省、市级边界下典型区域单位面积耕地保护外部性比较

通过对比发现（表 5-15），在某一特定外部性边界下不同典型区域单位面积平
均耕地保护总体外部性理论值相同，即在省级边界下，太康县、唐河县和温县单
位面积耕地保护外部性均为 21399.1 元/公顷。该特征表明，在同一层次外部性边
界下实施耕地保护经济补偿体系，若不考虑耕地质量差异性，则边界内不同次级
区域单位面积耕地保护经济补偿标准应具有一致性。

对于同一典型区域在不同层次外部性边界下，耕地保护外部性理论值存在差
异，且差异的波动性不同。在省、市级边界下，太康县、唐河县、温县单位面积
耕地的外部效益、生态效益、耕地粮食安全效益和社会保障效益均有偏差，但偏
差的波动程度不同。一般而言，市级边界区域与省级边界区域的自然社会经济条
件平均差异度越小，偏差的波动程度越小，反之偏差的波动程度越大。该特征表
明，在不同层次范围内实施耕地保护经济补偿体系，同一典型区域单位面积耕地
保护经济补偿标准具有差异性。

表 5-15　2012 年省、市级边界下典型区域单位面积耕地生态社会效益

（单位：元/公顷）

本书耕地效益体系		市级边界下			省级边界下
		太康县	唐河县	温县	太康县、唐河县、温县
生态效益	涵养水源	1550.0	1248.6	1708.9	1359.3
	保持水土	2959.3	2383.7	3262.2	2594.9
	改善小气候	1952.7	1572.9	2152.6	1712.3
	改善大气质量	1449.5	1167.5	1597.8	1271.0
	维持生物多样性	2053.4	1654.0	2263.6	1800.6
	净化土壤	2798.3	2253.9	3084.7	2453.7
	小计	12763.2	10280.6	14069.8	11191.8
社会效益	耕地粮食安全	5722.2	5385.4	5854.5	5356.6
	耕地社会保障	4177.4	3630.0	4590.2	4550.6
	开敞空间及景观与科学文化	342.2	275.7	377.3	300.1
	小计	10241.8	9291.1	10822.0	10207.3
合计		23005.0	19571.7	24891.8	21399.1

对于同一典型区域在省、市外部性边界下耕地生态社会效益的结构具有一定的差异性，即生态效益(涵养水源、保持水土、改善小气候、改善大气质量、维持生物多样性、净化土壤)、社会效益(耕地粮食安全、耕地社会保障、开敞空间及景观与科学文化)占生态效益和社会效益的比例存在一定差异，其主要原因是不同边界内自然经济社会条件的差异(表 5-16)。

表 5-16　2012 年省、市级边界下典型区域单位面积耕地生态社会效益结构对比表

（单位：%）

本书耕地效益体系		市级边界(周口市、南阳市、焦作市)			省级边界(河南省)
		太康县	唐河县	温县	太康县、唐河县、温县
生态效益	涵养水源	6.74	6.38	6.86	6.35
	保持水土	12.86	12.17	13.11	12.13
	改善小气候	8.49	8.04	8.65	8.00
	改善大气质量	6.30	5.97	6.42	5.94
	维持生物多样性	8.93	8.45	9.09	8.41
	净化土壤	12.16	11.52	12.39	11.47
	小计	55.48	52.53	56.52	52.30
社会效益	耕地粮食安全	24.87	27.51	23.52	25.03
	耕地社会保障	18.16	18.55	18.44	21.27
	开敞空间及景观与科学文化	1.49	1.41	1.52	1.40
	小计	44.52	47.47	43.48	47.70
合计		100.00	100.00	100.00	100.00

5.4   本 章 小 结

基于综合方法(当量因子法、替代/成本法)量化了周口市太康县、南阳市唐河县和焦作市温县三个典型粮食主产县在省、市外部性边界下平均单位面积耕地保护外部性理论值,并进行了对比分析,实证了不同边界下外部性理论值存在时空差异性。

(1)在省级外部性边界下,太康县、唐河县和温县2000年、2004年、2008年和2012年的单位面积平均耕地保护外部性理论值均为 8059.5 元/公顷、11030.2 元/公顷、15054.1 元/公顷和 21399.1 元/公顷;在市级(周口市、南阳市和焦作市)外部性边界下,太康县、唐河县和温县 2012 年单位面积耕地平均外部性理论值分别为23005.0 元/公顷、19571.7 元/公顷和24891.8 元/公顷,但省级边界下均为21399.1 元/公顷。

(2)以上量化结果表明,在某一特定外部性边界下不同典型区域单位面积平均耕地保护总体外部性理论值具有一致性,且随着社会经济发展水平提高和耕地资源的稀缺性增强而增加(时间差异性);同一等级不同外部性边界下不同典型区域单位面积平均耕地保护外部性理论值存在空间差异性;不同等级外部性边界下同一典型区域单位面积平均耕地保护外部性具有非一致性。

第6章 多层次边界下典型区域耕地保护外部性现实值测算

6.1 省级边界下典型区域耕地保护外部性现实值测算

6.1.1 河南省耕地质量及其等别划分

耕地质量是耕地的综合属性，是指耕地提供和协调农作物生长发育所需水分、养分、空气和热量的能力。耕地质量的高低一方面取决于耕地所在区域的气候因素和影响耕地地力的土壤质地、土壤有机质含量、土壤酸碱度等自然因素，另一方面农业生产投入水平、生产组织管理等社会经济因素对耕地质量的高低也发挥着重要作用。依据《河南省农用地等别完善成果(2011年)》，各地市耕地质量等别比例如表6-1所示。

表 6-1　河南省耕地等别比例一览表(利用等)　　　　(单位：%)

地级市	耕地质量等别									合计
	4等	5等	6等	7等	8等	9等	10等	11等	12等	
郑州市		0.03	10.16	43.28	40.96	3.81	1.75	0.01		100.00
开封市			1.07	69.78	28.06	1.09				100.00
洛阳市		0.69	9.64	20.95	9.35	25.15	27.38	6.84		100.00
平顶山			5.81	30.46	45.19	8.71	9.83			100.00
安阳市		1.81	46.95	21.80	11.80	4.58	9.26	3.74	0.06	100.00
鹤壁市			51.87	28.85	15.69	1.32	2.03	0.24		100.00
新乡市		12.79	47.49	28.78	8.92	0.88	0.80	0.34		100.00
焦作市	4.64	49.33	27.56	13.82	2.79	1.09	0.39	0.38		100.00
濮阳市		1.13	29.77	59.02	10.08					100.00
许昌市			5.00	79.32	7.83	3.71	4.14	0.00		100.00
漯河市			3.55	74.51	21.93	0.01				100.00
三门峡			0.01	6.27	16.91	26.60	28.37	21.84		100.00
南阳市			0.37	49.73	29.82	10.91	9.09	0.08		100.00
商丘市			12.04	85.83	2.13					100.00
信阳市			0.02	24.22	51.95	23.46	0.35			100.00
周口市			5.58	78.73	15.69					100.00
驻马店				31.00	51.20	17.64	0.16			100.00
济源市			13.50	30.17	11.84	27.01	11.71	5.77		100.00
合计	0.11	2.10	10.86	46.86	25.43	8.99	4.55	1.10		100.00

6.1.2　省级边界下不同等别单位面积耕地保护外部性现实值测算

基于综合方法测算出 2012 年河南省单位面积耕地平均外部效益理论值为 21399.1 元/公顷，但由于没有考虑人们的心理和实际经济承受能力，即支付意愿大小，也未考虑耕地质量等别，因此该数值仅可作为特定区域单位面积耕地保护平均经济补偿标准的理论值。

在根据不同等别耕地粮食综合生产能力(本书采用利用等指数平均值)的高低基础上，依据式(2-30)，确定耕地质量等别调整系数。

在分析统计 2012 年河南省城镇恩格尔系数和农村恩格尔系数的基础上，采用加权法确定综合恩格尔系数(权重以城镇化水平度量)。依据式(2-7)测算出 2012 年河南省社会经济发展阶段系数(表 6-2)。然后，依据式(2-8)可测算出 2012 年河南省不同质量等别耕地基于综合方法的耕地保护外部性现实值(表 6-3)，其中单位面积耕地保护外部性平均现实值为 10517.7 元/公顷。不同质量等别耕地保护外部性现实值可作为对应质量等别耕地的最高经济补偿标准，其中单位面积耕地保护外部性平均现实值可作为研究区域耕地保护最高经济补偿平均标准，即单位面积平均经济补偿标准的上限可确定为 10517.7 元/公顷。

表 6-2　2012 年河南省社会经济发展阶段系数

城镇恩格尔系数/%	农村恩格尔系数/%	城镇化率/%	综合恩格尔系数(E_n)/%	$T=1/E_n$	$t=T-3$	$-t$	e^{-t}	$l=1/(1+e^{-t})$
33.800	33.600	42.4	33.715	2.9660	−0.0340	0.0340	1.0346	0.4915

表 6-3　2012 年省级边界下不同质量等别耕地保护外部性现实值(补偿标准)

指标	耕地质量等别				
	4 等	5 等	6 等	7 等	8 等
耕地质量等别调整系数	1.43	1.31	1.18	1.06	0.93
外部性理论值/(元/公顷)	30611.7	27949.8	25287.9	22614.3	19964.1
外部性现实值/(元/公顷)	15045.6	13737.3	12429.0	11114.9	9812.4

指标	耕地质量等别			
	9 等	10 等	11 等	12 等	总体
耕地质量等别调整系数	0.81	0.68	0.56	0.44	1.00
外部性理论值/(元/公顷)	17302.2	14640.4	11978.5	9316.6	21399.1
外部性现实值/(元/公顷)	8504.1	7195.7	5887.4	4579.1	10517.7

测算结果显示(表 6-3)，随着耕地质量等别的上升，基于综合方法的单位面积耕地保护经济补偿标准现实值从 12 等的 4579.1 元/公顷提高到 4 等的 15045.6 元/公顷，并且与其理论值有明显差距，表明单位面积耕地保护补偿标准的高低与其质量高低和区域社会经济发展水平密切相关。

6.1.3 省级边界下耕地保护区际外部性(区际补偿标准)测算

将太康县、唐河县、温县纳入到省级边界区域内(河南省),根据太康县、唐河县、温县和河南省不同等别耕地面积和单位面积耕地保护现实外部性,测算出太康县、唐河县、温县和河南省不同等别耕地补偿额度和总体补偿额度,具体如表 6-4 所示。其中总体补偿额度即表现为耕地保护的现实外部性供给。

表 6-4 2012 年省级边界下太康县、唐河县、温县耕地保护区际外部性现实值(区际补偿标准)

(单位:亿元)

地区	耕地质量等别									合计
	4 等	5 等	6 等	7 等	8 等	9 等	10 等	11 等	12 等	
太康县			0.01	14.30						14.31
河南省(不含太康县)	1.37	23.50	110.06	410.75	203.57	62.34	26.70	5.29	0.01	843.59
唐河县				14.23	2.11	0.34	0.01			16.69
河南省(不含唐河县)	1.37	23.50	110.06	410.82	201.46	62.00	26.70	5.29	0.01	841.21
温县	0.17	3.02	0.81	0.03						4.03
河南省(不含温县)	1.19	20.48	109.26	425.03	203.57	62.34	26.70	5.29	0.01	853.87

依据太康县、唐河县、温县和河南省人口数量,运用式(2-25)可综合测算出基于综合方法的太康县、唐河县、温县和河南省耕地保护现实外部性需求;运用式(2-24)测算出基于综合方法的太康县、唐河县、温县和河南省耕地保护现实外部性盈余/赤字(经济补偿盈余/赤字),具体如表 6-5 所示。可以看出,在省级边界下,太康县、唐河县、温县外部性盈余,即在河南省区域内实施耕地保护经济补偿,太康县、唐河县、温县耕地保护区际经济补偿盈余额分别为 2.26 亿元、5.07 亿元、0.40 亿元。

表 6-5 2012 年省级边界下太康县、唐河县、温县耕地保护区际外部性盈余/赤字(区际补偿标准)

地区	耕地保护经济补偿供给/亿元	人口数量/万人	省级边界耕地保护经济补偿需求/亿元	省级边界经济补偿盈余/赤字/亿元
太康县	14.31	148.01	12.05	2.26
河南省(不含太康县)	843.59	10393.99	845.85	−2.26
唐河县	16.69	142.73	11.62	5.07
河南省(不含唐河县)	841.21	10399.27	846.28	−5.07
温县	4.03	44.68	3.63	0.40
河南省(不含温县)	853.87	10497.32	854.27	−0.40

6.2 省、市级边界下典型区域耕地保护外部性现实值比较

6.2.1 省、市级边界下不同等别单位面积耕地保护外部性现实值比较

依据式(2-7)测算出 2012 年周口市、南阳市、焦作市社会经济发展阶段系数(表 6-6)。然后，依据式(2-8)可测算出 2012 年市级边界下太康县、唐河县和温县不同质量等别耕地基于综合方法的耕地生态社会效益现实值，并与省级边界下测算结果进行比较(表 6-7)。

通过比较可以看出，市级边界下温县单位面积平均外部性现实值最大，为15062.0 元/公顷，高于省级边界下的 10517.7 元/公顷；太康县其次，为 10545.5元/公顷，低于省级边界下的 10517.7 元/公顷；唐河县最低，为 8584.1 元/公顷，也低于省级边界下的 10517.7 元/公顷。其主要原因在于：焦作市单位面积耕地保护外部性理论值较高，其社会经济发展阶段系数也最大，因此其单位面积耕地保护外部性现实值最大；虽然周口市单位面积耕地保护外部性理论值高于河南省平均值，但其社会经济发展阶段系数小于河南省平均值，其单位面积耕地保护外部性现实值计算结果低于河南省平均值；南阳市单位面积耕地保护外部性理论值和社会经济发展阶段系数均最小，因此其单位面积耕地保护外部性现实值最低。

表 6-6 2012 年周口市、南阳市和焦作市社会经济发展阶段系数

地区	城镇恩格尔系数/%	农村恩格尔系数/%	城镇化率/%	综合恩格尔系数(E_n)/%	$T=1/E_n$	$t=T-3$	$-t$	e^{-t}	$l=1/(1+e^{-t})$
周口市	36.00	33.90	33.40	35.299	2.8330	−0.1670	0.1670	1.1817	0.4584
南阳市	38.20	33.10	36.80	36.323	2.7531	−0.2469	0.2469	1.2800	0.4386
焦作市	27.10	31.20	50.70	29.179	3.4272	0.4272	−0.4272	0.6525	0.6051
河南省	33.80	33.60	42.40	33.715	2.9660	−0.0340	0.0340	1.0345	0.4915

表 6-7 2012 年太康县、唐河县和温县不同质量等别耕地保护外部性现实值(补偿标准)

(单位：元/公顷)

边界	典型区域	外部性	4 等	5 等	6 等	7 等	8 等	9 等	10 等	11 等	12 等	总体
市级边界	太康县	理论值	32908.9	30047.3	27185.6	24324.0	21462.3	19600.7	15739.0	12877.4	10015.8	23005.0
		现实值	15085.4	13773.7	12461.9	11150.1	9838.3	8526.6	7214.8	5903.0	4591.2	10545.5
	唐河县	理论值	27997.5	25563.0	23128.4	20693.8	18259.3	15824.7	13390.1	10955.6	8521.0	19571.7
		现实值	12279.7	11211.9	10144.1	9076.3	8008.5	6940.7	5872.9	4805.1	3737.3	8584.1
	温县	理论值	35608.0	32511.7	29415.3	26319.0	23222.6	20126.3	17029.9	13933.6	10837.2	24891.8
		现实值	21546.4	19672.8	17799.2	15925.6	14052.0	12178.4	10304.8	8431.2	6557.6	15062.0
省级边界	太康县、唐河县、温县	理论值	30611.7	27949.8	25287.9	22626.0	19964.1	17302.2	14640.4	11978.5	9316.6	21399.1
		现实值	15045.6	13737.3	12429.0	11120.7	9812.4	8504.1	7195.7	5887.4	4579.1	10517.7

6.2.2　省、市级边界下耕地保护区际外部性现实值比较

　　将太康县、唐河县、温县纳入到市级边界区域内(周口市、南阳市、焦作市)，运用式(2-25)、式(2-24)分别测算出太康县、唐河县、温县在市级边界下的耕地保护区际外部性现实值，并与省级边界下耕地保护区际外部性现实值比较(表6-8、表6-9、图6-1)。可以看出太康县、唐河县、温县纳入到不同层次外部性边界下

表6-8　2012年市级边界下太康县、唐河县、温县耕地保护区际外部性盈余/赤字(区际补偿标准)

地区	耕地保护经济补偿供给/亿元	人口数量/万人	市级边界耕地保护经济补偿需求/亿元	市级边界经济补偿盈余/赤字/亿元
太康县	14.35	148.01	12.42	1.93
周口市(不含太康县)	80.16	977.99	82.09	−1.93
唐河县	13.62	142.73	10.65	2.97
南阳市(不含唐河县)	73.41	1023.27	76.38	−2.97
温县	5.77	44.68	4.40	1.37
焦作市(不含温县)	30.24	321.32	31.61	−1.37

表6-9　2012省、市级边界下太康县、唐河县、温县耕地保护区际外部性现实值盈余/赤字

典型区域	边界	耕地保护经济补偿供给/亿元	人口数量/万人	省级边界耕地保护经济补偿需求/亿元	省级边界经济补偿盈余/赤字/亿元
太康县	省级边界	14.31	148.01	12.05	2.26
	市级边界	14.35	148.01	12.42	1.93
唐河县	省级边界	16.69	142.73	11.62	5.07
	市级边界	13.62	142.73	10.65	2.97
温县	省级边界	4.03	44.68	3.63	0.40
	市级边界	5.77	44.68	4.40	1.37

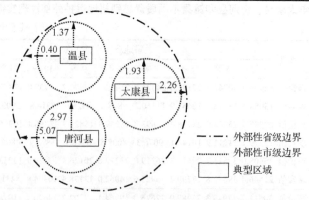

图6-1　2012年省、市级边界下太康县、唐河县、温县区际外部性现实值盈余/赤字示意图

注：图中数据表示特定区域在省、市级边界下的区际外部性现实值的盈余/赤字，其中正值表示盈余，负值表示赤字。

的耕地保护区际外部性现实值具有差异性，其中太康县、唐河县省级边界下耕地保护区际外部性现实值分别为 2.26 亿元和 5.07 亿元，大于市级边界下耕地保护区际外部性现实值 1.93 亿元和 2.97 亿元；温县则相反，省级边界下耕地保护区际外部性现实值为 0.40 亿元，小于市级边界下耕地保护区际外部性现实值 1.37 亿元。

6.3　全国边界下典型区域耕地保护外部性盈余/赤字

6.3.1　全国人均粮食消费量确定

曹甲伟(2003)认为安全人均粮食占有量是指能够满足人均粮食需求的人均粮食供给量，即有效粮食供给量。人均粮食占有量 400 公斤的粮食安全线在 2010 年左右依然有效，2015 年我国人均粮食占有量为 420 公斤，2020 年应为 440 公斤。联合国粮食及农业组织认为，一个国家人均粮食年占有量达 400 公斤为安全，低于 400 公斤可能会危及粮食安全。胡守溢(2003)提出，我国粮食需求主要表现在城乡居民的日常生活消费、工业用粮和种子用粮三个方面。根据我国人口比例、劳动人口的体力消耗程度、膳食营养标准、食物结构、营养热能关系及实际消费习惯等因素，加权平均计算得到一个经验数据，即人均年占有粮食的最低安全保障为 370 公斤。当人均年占有粮食低于 370 公斤时，工业用粮紧张，引起副食品供给减少，导致居民生活用粮价格上升，引起粮食供应紧张；当人均年占有量达到并超过 370 公斤时，粮食供求基本平衡，价格稳定，市场稳定。因此，人均占有粮食 400 公斤为安全，人均占有粮食 370 公斤为基本安全。康晓光(1996)根据中国科学院国情分析小组对 1990～2050 年中国的人口与经济增长的预测推导出 2000～2030 年中国人均粮食占有量为 376 公斤。孙复兴和黎志成(2005)认为人均粮食占有量是直接反映一个国家或地区粮食安全水平的重要指标，人均粮食占有量越高，粮食安全水平也越高，并基于评价指标体系预测 2010 年人均粮食需求总量为 420 公斤，2030 年人均粮食需求总量达到 450 公斤。卢艳霞(2013)认为人均粮食消费量最低水平、中等水平和较高水平可分别确定为 380 公斤、400 公斤和 420 公斤。

2012 年我国粮食总产量为 58957 万吨，人均粮食占有量为 435 公斤；2012 年河南省粮食总产量为 5638.6 万吨，人均粮食占有量达到 535 公斤，远高于全国平均值。从 1993～2012 年我国人均粮食占有量看，从 1993 年的 385 公斤提高到 435 公斤，总体处于递增趋势，但期间处于不稳定状态，其中 2003 年下降到期间最低值 333 公斤(图 6-2)。从 1993～2012 年分段平均值看(图 6-3)，20 年(1993～2012 年)、15 年(1998～2012 年)、10 年(2003～2012 年)、5 年(2008～2012 年)全国人均粮食占有量分别为 386 公斤、385 公斤、389 公斤和 413 公斤，总体上稳定在 380～410 公斤。依据人均粮食占有量区间平均值的稳定性，结合 2012 年河南省、全国人均粮食占有量以及相关研究成果，本书将人均粮食占有量确定四类标准：低标准为 380 公斤，中标准为 400 公斤，较高标准为 420 公斤，高标准为 435 公斤（下面分别用 S_{380}、S_{400}、S_{420}、S_{435} 表示人均粮食占有量四类标准）。

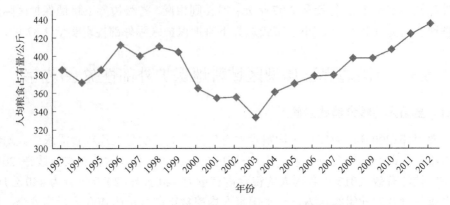

图 6-2　1993～2012 年中国人均粮食占有量趋势图

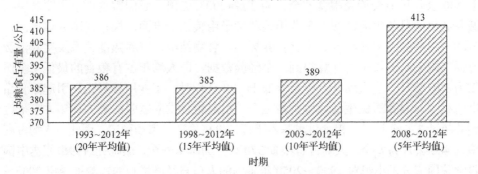

图 6-3　1993～2012 年中国不同时期人均粮食平均占有量

6.3.2　耕地质量等别调整系数计算

耕地自然质量等指数是指按照标准耕作制度所确定的各指定作物，在耕地自然质量条件下，所能获得的按产量比系数折算的基准作物产量指数。该指数考虑了耕地的水文条件、土壤条件、地形条件、农田基本建设条件、作物光温(气候)生产潜力、基准作物与指定作物之间的产量比系数，具有全省可比性。依据自然质量等指数所划分的耕地自然质量等别是实际存在的、稳定的、有比较明确的且可以辨别的自然分界线的单元。耕地利用等指数是指按照标准耕作制度所确定的各指定作物，在耕地自然质量条件和农用地所在的土地利用分区的平均利用条件下，所能获得的按产量比系数折算的基准作物产量指数。依据耕地利用等指数所划分的耕地利用等不仅考虑了耕地自然质量条件，也考虑了耕地利用条件，反映了不同土地单元实际产出的差异。耕地经济等指数是在耕地利用等指数的基础上经过土地经济系数修订而得，考虑了耕地自然质量条件、耕地利用条件及土地投入产出情况。因此，依据耕地经济等指数划分的耕地经济等别不但受自然质量、利用水平的影响，更重要的是受土地利用效益的影响较大。因为利用水平的高低没有考虑投入成本，而利用效益则是单位投入下的产出(粮食产量)。

基于对耕地自然质量等、耕地利用等、耕地经济等内涵分析，耕地利用等别不仅考虑了耕地自然质量条件，也考虑了耕地利用条件，反映了不同土地单元实际产出的差异。因此，依据式(2-30)，采用耕地利用等别计算耕地等别质量调整系数(表6-10)。

表 6-10 河南省耕地质量等别(利用等)调整系数

指标	耕地质量等别								
	4 等	5 等	6 等	7 等	8 等	9 等	10 等	11 等	12 等
不同耕地等别面积比例/%	0.11	2.10	10.86	46.86	25.43	8.99	4.55	1.10	0.003
利用等指数区间	2200~2400	2000~2200	1800~2000	1600~1800	1400~1600	1200~1400	1000~1200	800~1000	600~800
利用等指数平均值	2300	2100	1900	1700	1500	1300	1100	900	700
耕地质量等别调整系数	1.43	1.31	1.18	1.06	0.93	0.81	0.68	0.56	0.44

注：用不同耕地等别面积比例与利用等指数平均值，可计算出河南省平均等指数为 1607.82。

6.3.3 全国边界下太康县、唐河县、温县耕地保护外部性盈余/赤字测度结果

依据式(2-26)～式(2-29)，结合太康县、唐河县、温县的统计耕地面积及其等别、人口数量、省级区域内单位面积标准耕地粮食产量(考虑经济作物需求下的耕地粮食作物平均产量，本书取 6913 公斤/公顷)、耕地质量等别(利用等)调整系数和人均粮食消费量标准，测算出 2012 年太康县、唐河县、温县标准耕地面积(表6-11)及其在全国边界下耕地保护外部性现实值(表6-12)。

表 6-11 2012 年太康县、唐河县、温县标准耕地面积转换 （单位：公顷）

典型区域	类型	耕地质量等别						合计
		4 等	5 等	6 等	7 等	8 等	9 等	10 等	
太康县	统计耕地面积			53	128590	6			128649
	标准耕地面积			63	135963	5			136031
唐河县	统计耕地面积				127897	21537	4040	100	153574
	标准耕地面积				135229	20093	3266	69	158657
温县	统计耕地面积	1149	21967	6501	293				29910
	标准耕地面积	1644	28691	7682	310				38327

表 6-12　2012 年太康县、唐河县、温县全国边界下耕地保护区际外部性现实值

典型区域	标准耕地面积/公顷	人口/万人	标准耕地保护义务量/公顷			
			S_{380}	S_{400}	S_{420}	S_{435}
太康县	136031	148.01	81359	85642	89924	93135
唐河县	158657	142.73	78457	82586	86716	89813
温　县	38327	44.68	24560	25853	27145	28115

典型区域	标准耕地盈余/赤字/公顷				全国边界下耕地保护区际外部性现实值/亿元			
	S_{380}	S_{400}	S_{420}	S_{435}	S_{380}	S_{400}	S_{420}	S_{435}
太康县	54672	50390	46108	42896	5.75	5.30	4.85	4.51
唐河县	80200	76071	71942	68845	8.44	8.00	7.57	7.24
温　县	13767	12474	11181	10212	1.45	1.31	1.18	1.07

表 6-11 显示，太康县、唐河县和温县转换后标准耕地面积分别为 136031 公顷、158657 公顷和 38327 公顷，转换后的标准耕地面积均大于对应的统计面积 128649 公顷、153574 公顷和 29910 公顷。该特征表明，太康县、唐河县和温县总体耕地质量高于全省平均值。

表 6-12 显示，在人均粮食占有量 380 公斤、400 公斤、420 公斤和 435 公斤的标准下，太康县标准耕地保护义务量分别为 81359 公顷、85642 公顷、89924 公顷和 93135 公顷，标准耕地盈余量分别为 54672 公顷、50390 公顷、46108 公顷和 42896 公顷，全国边界下耕地保护区际外部性现实值(区际经济补偿额)分别为 5.75 亿元、5.30 亿元、4.85 亿元和 4.51 亿元。唐河县标准耕地保护义务量分别为 78457 公顷、82586 公顷、86716 公顷和 89813 公顷，标准耕地盈余量分别为 80200 公顷、76071 公顷、71942 公顷和 68845 公顷，全国边界下耕地保护区际外部性现实值(区际经济补偿额)分别为 8.44 亿元、8.00 亿元、7.57 亿元和 7.24 亿元。温县标准耕地保护义务量分别为 24560 公顷、25853 公顷、27145 公顷和 28115 公顷，标准耕地盈余量分别为 13767 公顷、12474 公顷、11181 公顷和 10212 公顷，全国边界下耕地保护区际外部性现实值(区际经济补偿额)分别为 1.45 亿元、1.31 亿元、1.18 亿元和 1.07 亿元，均处于盈余状态。

6.4　省级和全国边界下河南省各地市耕地保护外部性盈余/赤字

6.4.1　省级边界下河南省各地市耕地保护外部性盈余/赤字

同理，在省级边界下，将河南省各地市统一纳入到河南省，可测算出不同地市不同等别耕地补偿额度及耕地保护现实外部性盈余/赤字(经济补偿盈余/赤字)，

具体如表 6-13 和表 6-14 所示。测算结果表明，南阳市耕地保护现实外部性最大，为 106.63 亿元；其次为驻马店市和周口阳市，分别为 95.00 亿元和 94.25 亿元；最小的为济源市，仅为 4.49 亿元。

表 6-13　2012 年基于综合方法的河南省各地市耕地保护经济补偿　　　（单位：亿元）

地区	耕地质量等别									合计
	4 等	5 等	6 等	7 等	8 等	9 等	10 等	11 等	12 等	
郑州市		0.01	4.19	15.97	13.34	1.08	0.41			35.00
开封市			0.56	32.29	11.45	0.39				44.69
洛阳市		0.41	5.18	10.09	3.97	9.25	8.52	1.74		39.16
平顶山市			2.32	10.90	14.27	2.38	2.28			32.15
安阳市		1.03	23.92	9.94	4.75	1.60	2.73	0.90	0.01	44.88
鹤壁市			7.85	3.91	1.87	0.14	0.18	0.02		13.97
新乡市		8.35	28.07	15.22	4.16	0.35	0.28	0.10		56.53
焦作市	1.37	13.26	6.70	3.00	0.54	0.18	0.06	0.04		25.15
濮阳市		0.44	10.49	18.63	2.80					32.36
许昌市			2.11	29.94	2.61	1.07	1.01			36.74
漯河市			0.84	15.79	4.10					20.73
三门峡市				1.24	2.94	4.00	3.61	2.28		14.07
南阳市			0.49	58.45	30.93	9.80	6.91	0.05		106.63
商丘市			10.60	67.61	1.48	0.00				79.69
信阳市			0.02	22.63	42.80	16.75	0.21			82.41
周口市			5.94	75.10	13.21					94.25
驻马店市				32.80	47.81	14.28	0.11			95.00
济源市			0.78	1.55	0.54	1.07	0.39	0.16		4.49
合计	1.37	23.50	110.06	425.06	203.57	62.34	26.70	5.29	0.01	857.90

从外部性盈余/赤字看，开封市、鹤壁市、新乡市、濮阳市、南阳市、商丘市、信阳市、周口市、驻马店市等 9 市属于耕地保护现实外部性盈余地市，属于区际补偿接受区；郑州市、洛阳市、平顶山市、安阳市、焦作市、许昌市、漯河市、三门峡市、济源市等 9 市属于耕地保护外部性赤字地市，属于区际补偿输出区。

根据外部性盈余/赤字程度，将盈余大于 20 亿元、盈余介于 10 亿~20 亿元、盈余介于 0 亿~10 亿元分别界定为高度盈余型、中度盈余型、轻度盈余型，将赤字 0 亿~10 亿元、赤字 10 亿~20 亿元、赤字大于 20 亿元分别界定为轻度赤字型、中度赤字型和高度赤字型。高度盈余型地区包括驻马店市，中度盈余型区域包括南阳市、信阳市，轻度盈余型地区包括开封市、鹤壁市、新乡市、濮阳市、商丘市、周口市 6 市，轻度赤字型地区包括安阳市、焦作市、许昌市、漯河市、三门峡市、济源市 6 市，中度赤字型地区包括洛阳市、平顶山市，高度赤字型地区包括郑州市(表 6-15)。

表 6-14　2012 年基于综合方法的河南省各地市耕地保护区际经济补偿盈余/赤字

地区	耕地保护经济补偿供给/亿元	人口数量/万人	耕地保护经济补偿需求/亿元	经济补偿盈余/赤字/亿元	外部性盈余/赤字率/%
郑州市	35.00	741	60.30	−25.30	−41.96
开封市	44.69	509	41.42	3.27	7.89
洛阳市	39.16	689	56.07	−16.91	−30.16
平顶山市	32.15	535	43.54	−11.38	−26.14
安阳市	44.88	574	46.71	−1.84	−3.94
鹤壁市	13.97	160	13.02	0.95	7.30
新乡市	56.53	597	48.58	7.94	16.34
焦作市	25.15	366	29.78	−4.64	−15.58
濮阳市	32.36	386	31.41	0.94	2.99
许昌市	36.74	483	39.31	−2.56	−6.51
漯河市	20.73	274	22.30	−1.57	−7.04
三门峡市	14.07	226	18.39	−4.33	−23.55
南阳市	106.63	1166	94.89	11.75	12.38
商丘市	79.69	895	72.83	6.86	9.42
信阳市	82.41	855	69.58	12.83	18.44
周口市	94.25	1126	91.63	2.62	2.86
驻马店市	95.00	892	72.59	22.41	30.87
济源市	4.49	68	5.53	−1.04	−18.81
合计	857.90	10542	857.90	0.00	0.00

表 6-15　2012 年基于综合方法的河南省各地市耕地保护区际经济补偿盈余/赤字类型

类型	地区	盈余/赤字总额度
高度盈余型	驻马店市	盈余大于 20 亿元
中度盈余型	南阳市、信阳市	盈余 10 亿~20 亿元
轻度盈余型	开封市、鹤壁市、新乡市、濮阳市、商丘市、周口市	盈余 0 亿~10 亿元
轻度赤字型	安阳市、焦作市、许昌市、漯河市、三门峡市、济源市	赤字 0 亿~10 亿元

续表

类型	地区	盈余/赤字总额度
中度赤字型	洛阳市、平顶山市	赤字 10 亿～20 亿元
高度赤字型	郑州市	赤字大于 20 亿元

6.4.2　全国边界下河南省各地市耕地保护外部性盈余/赤字

依据式(2-26)～式(2-29)，结合各地市统计耕地面积及其等别、人口数量、省级区域内单位面积标准耕地粮食产量(考虑经济作物需求下的耕地粮食作物平均产量，本书取 6913 公斤/公顷)，以及耕地质量等别(利用等)调整系数和人均粮食消费量标准，测算出各地市标准耕地面积(表 6-16、图 6-4)及其在全国边界下耕地保护区际经济补偿盈余/赤字(表 6-17)。表 6-16 和图 6-4 显示，洛阳市、平顶山市、三门峡市、南阳市、信阳市、驻马店市、济源市 7 市转换后标准耕地面积小于统计耕地面积，表明该 7 市耕地平均质量低于全省耕地平均质量；郑州市、开封市、安阳市、鹤壁市、新乡市、焦作市、濮阳市、许昌市、漯河市、商丘市、周口市等 11 市转换后标准耕地面积大于统计耕地面积，表明该 11 市耕地平均质量高于全省耕地平均质量。

表 6-16　2012 年河南省各地市标准耕地面积转换表　　　(单位：公顷)

地区	折算前耕地面积	折算后标准耕地面积	折算后与折算前的差值
郑州市	331790	332799	1009
开封市	416170	424934	8764
洛阳市	432600	372322	−60278
平顶山市	321800	305707	−16093
安阳市	410020	426665	16645
鹤壁市	121790	132785	10995
新乡市	475510	537442	61932
焦作市	195640	239099	43459
濮阳市	283630	307636	24006
许昌市	339490	349376	9886
漯河市	190530	197096	6566
三门峡市	176980	133729	−43251
南阳市	1056910	1013864	−43046
商丘市	708350	757694	49344

续表

地区	折算前耕地面积	折算后标准耕地面积	折算后与折算前的差值
信阳市	839750	783533	−56217
周口市	857770	896155	38385
驻马店市	951590	903212	−48378
济源市	46450	42722	−3728
合计	8156770	8156770	0

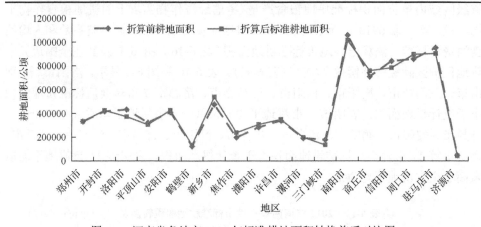

图 6-4　河南省各地市 2012 年标准耕地面积转换前后对比图

表 6-17 显示，在人均粮食消费量 380 公斤、400 公斤、420 公斤和 435 公斤的标准下，河南省标准耕地保护义务量分别为 5794823 公顷、6099811 公顷、6404801 公顷和 6633545 公顷，标准耕地盈余量分别为 2361949 公顷、2056959公顷、1751967 公顷和 1523222 公顷，全国边界下耕地保护区际外部性现实值（区际经济补偿额）分别为 248.44 亿元、216.35 亿元、184.26 亿元和 160.22 亿元，均处于盈余状态。从各地市看（表 6-17），南阳市、信阳市、驻马店市、开封市、安阳市、鹤壁市、新乡市、焦作市、濮阳市、许昌市、漯河市、商丘市、周口市等13 市在人均粮食消费量 380 公斤、400 公斤、420 公斤和 435 公斤的标准下，全国边界下耕地保护区际外部性现实值也均处于盈余状态，郑州市、洛阳市均处于赤字状态；平顶山市在人均粮食消费量 380 公斤标准下处于盈余状态，在 400 公斤、420 公斤和 435 公斤的标准下则处于赤字状态；三门峡市在人均粮食消费量380 公斤和 400 公斤标准下处于盈余状态，在 420 公斤和 435 公斤的标准下则处于赤字状态；济源市在人均粮食消费量 380 公斤、400 公斤和 420 公斤标准下处于盈余状态，仅在 435 公斤的标准下则处于赤字状态。2012 年各地市全国边界下耕地保护区际经济补偿盈余/赤字类型如表 6-18 所示。

表 6-17　2012 年河南省各地市全国边界下耕地保护区际经济补偿盈余/赤字

地区	标准耕地保有量/hm²	人口数量/万人	标准耕地保护义务量/hm²				标准耕地赤字/盈余/hm²				全国边界下耕地保护区际外部性现实值/亿元			
			S_{380}	S_{400}	S_{420}	S_{435}	S_{380}	S_{400}	S_{420}	S_{435}	S_{380}	S_{400}	S_{420}	S_{435}
郑州市	332799	741	407320	428757	450195	466274	-74521	-95958	-117396	-133475	-7.84	-10.09	-12.35	-14.04
开封市	424934	509	279792	294518	309243	320288	145142	130416	115690	104646	15.27	13.72	12.17	11.01
洛阳市	372322	689	378736	398669	418603	433553	-6414	-26347	-46281	-61231	-0.67	-2.77	-4.87	-6.44
平顶山市	305707	535	294084	309562	325040	336648	11624	-3854	-19333	-30941	1.22	-0.41	-2.03	-3.25
安阳市	426665	574	315521	332128	348734	361189	111144	94537	77931	65476	11.69	9.94	8.20	6.89
鹤壁市	132785	160	87950	92579	97208	100680	44835	40206	35577	32105	4.72	4.23	3.74	3.38
新乡市	537442	597	328164	345436	362708	375662	209278	192006	174734	161780	22.01	20.19	18.38	17.02
焦作市	239099	366	201186	211775	222364	230305	37913	27324	16735	8793	3.99	2.87	1.76	0.92
濮阳市	307636	386	212180	223347	234515	242890	95456	84289	73122	64746	10.04	8.87	7.69	6.81
许昌市	349376	483	265500	279473	293447	303927	83876	69902	55929	45448	8.82	7.35	5.88	4.78
漯河市	197096	274	150615	158542	166469	172414	46482	38554	30627	24682	4.89	4.06	3.22	2.60
三门峡市	133729	226	124230	130768	137307	142210	9499	2961	-3578	-8481	1.00	0.31	-0.38	-0.89
南阳市	1013864	1166	640937	674671	708404	733705	372926	339193	305459	280159	39.22	35.68	32.13	29.47
商丘市	757694	895	491972	517865	543758	563178	265722	239829	213936	194516	27.95	25.22	22.50	20.46
信阳市	783533	855	469984	494720	519456	538008	313549	288813	264077	245525	32.98	30.38	27.77	25.82
周口市	896155	1126	618950	651526	684102	708535	277205	244629	212053	187620	29.16	25.73	22.30	19.73
驻马店市	903212	892	490323	516129	541935	561290	412889	387083	361276	341921	43.43	40.71	38.00	35.96
济源市	42722	68	37379	39346	41313	42789	5344	3376	1409	-67	0.56	0.36	0.15	-0.01
河南省	8156770	10542	5794823	6099811	6404801	6633545	2361949	2056959	1751967	1523222	248.44	216.35	184.26	160.22

表 6-18　2012 年河南省各地市全国边界下耕地保护区际经济补偿盈余/赤字类型

人均粮食消费标准/(公斤/人)	高度盈余型	中度盈余型	轻度盈余型	轻度赤字型	中度赤字型	高度赤字型
380	驻马店市、南阳市、信阳市、周口市、商丘市、新乡市、	开封市、安阳市、濮阳市	许昌市、漯河市、鹤壁市、焦作市、平顶山、三门峡市、济源市	洛阳市、郑州市	—	—
400	驻马店市、南阳市、信阳市、周口市、商丘市、新乡市、	开封市	安阳市、濮阳市、许昌市、鹤壁市、漯河市、焦作市、济源市、三门峡市	平顶山、洛阳市、	郑州市	—
420	驻马店市、南阳市、信阳市、商丘市、周口市、	新乡市、开封市	安阳市、濮阳市、许昌市、鹤壁市、漯河市、焦作市、济源市	三门峡市平顶山、洛阳市、	郑州市	—
435	驻马店市、南阳市、信阳市、商丘市、	周口市、新乡市、开封市	安阳市、濮阳市、许昌市、鹤壁市、漯河市、焦作市	济源市、三门峡市、平顶山、洛阳市	郑州市	—

6.5　本章小结

在单位面积耕地保护外部性理论值量化基础上，基于耕地质量等别调整系数和社会经济发展阶段系数，量化了周口市太康县、南阳市唐河县和焦作市温县三个典型粮食主产县在省、市外部性作用边界下不同等别单位面积耕地保护外部性现实值和区际外部性现实值盈余/赤字，并进行了对比分析；同时基于耕地质量等别调整系数，量化了在人均粮食消费量 380 公斤、400 公斤、420 公斤和 435 公斤的标准下，太康县、唐河县和温县三个典型粮食主产县在全国边界下耕地保护区际外部性现实值盈余/赤字(区际经济补偿额)。研究结果证实了不同作用边界下外部性现实值存在时空差异性：

(1)在省级外部性作用边界下，2012 年太康县、唐河县和温县单位面积耕地保护外部性现实值从 12 等的 4579.1 元/公顷上升到 4 等的 15045.6 元/公顷，在市级外部性作用边界下太康县、唐河县和温县单位面积耕地保护外部性现实值分别从 12 等的 4591.2 元/公顷、3737.3 元/公顷、6557.6 元/公顷上升到 4 等的 15085.4 元/公顷、12279.7 元/公顷、21546.4 元/公顷。这表明典型区域内单位面积耕地保护外部性现实值随着质量等别上升而增加，且不同外部性作用边界下同一质量等别的单位面积耕地保护外部性现实值存在差异性。

(2)太康县、唐河县、温县耕地保护区际外部性现实值(外部性盈余/赤字)在省级和市级边界下分别为 2.26 亿元、5.07 亿元、0.40 亿元和 1.93 亿元、2.97 亿元、1.37 亿元；全国边界下在人均粮食消费量 380 公斤、400 公斤、420 公斤和 435 公斤的标准下，太康县、唐河县、温县耕地保护区际外部性现实值(区际经济补偿额)分别为 5.75 亿元、5.30 亿元、4.85 亿元、4.51 亿元，8.44 亿元、8.00 亿元、7.57 亿元、7.24 亿元和 1.45 亿元、1.31 亿元、1.18 亿元、1.07 亿元。表明将典型区域纳入到国家、省、市级等不同边界下耕地保护区际外部性现实值(外部性盈余/赤字)存在差异性。同时也验证了不同作用边界下，耕地保护区际经济补偿给付主体范围不同，区域间财政转移支付力度也不同。

第7章 粮食主产区耕地保护经济补偿效应评价

耕地保护经济补偿的实质是通过经济激励的手段激发耕地保护主体保护耕地的内在动力,是一种实现耕地保护外部性内部化的有效手段(靳亚亚,2016;张一鸣,2014)。建立健全耕地保护经济补偿机制是当前深化农村改革的重要内容之一(牛善栋和吕晓,2018)。新形势下,国家出台多项政策积极鼓励地方政府开展具有针对性的耕地保护经济补偿,如成都市耕地保护基金(2008 年)、上海市生态补偿机制(2009 年)、苏州市生态补偿机制(2010 年)、广东省基本农田保护经济补偿制度(2012 年)、浙江省耕地保护补偿机制(2016 年)、福建省生态补偿机制(2016 年)等。粮食主产区对国家的粮食安全、生态安全及社会稳定具有重要的贡献。随着典型区域耕地保护经济补偿试点模式的持续推进,如何运用技术手段,精准评估不同的经济补偿在粮食主产区耕地保护工作中所起的作用,从而最大限度地发挥经济补偿的效能,对开展粮食主产区乃至全国范围内的耕地保护经济补偿,实现国家"精准扶贫"大环境下的"精准补偿",具有重要的现实意义。

本章依据构建的耕地保护经济补偿效应研究内容体系,从耕地保护经济补偿区内效应的层面出发,以粮食主产区为例,实证分析了试点地区(以成都市耕地保护基金为例)现行耕地保护经济补偿政策下的农户满意度及实施成效,以及农业支持保护补贴和耕地保护基金两种模拟情景下非试点地区(以焦作市、周口市、南阳市为例)农户对不同经济补偿模式的预期效应感知和影响因素。

7.1 研究区域与问卷调查

7.1.1 研究区域

由于耕地保护经济补偿尚未在全国范围内开展,与已在全国实施且时间较长的农业补贴政策相比,试点地区的农户尚不能有效区分农业补贴效应和耕地保护经济补偿效应。特别是国家提出"精准扶贫"的目标后,如何精确评估不同经济补偿的实施效应以做到"精准补偿",是目前应该重点研究的问题之一。本书将研究区域分为两类,即粮食主产区耕地保护经济补偿试点地区和非试点地区,以此检验农户对不同实验条件下的效应感知。

2008 年 1 月 1 日成都市委、市政府联合下发了《中共成都市委 成都市人民政府关于加强耕地保护进一步改革完善农村土地和房屋产权制度的意见(试行)》(成发〔2008〕1 号),明确提出设立耕地保护基金,建立耕地保护补偿机制,这标志着成都市在全国率先建立了耕地保护基金制度。相对于其他耕地保护经济补偿实践来说,成都市耕地保护基金实施年限较长,农民对该经济补偿模式更为了解,对耕地保护经济补偿的实施效应感知较强烈,具备很好的参考价值。因此,选择成都市耕地保护基金作为试点地区耕地保护经济补偿效应研究的实证依据。

河南省虽为我国重要的粮食主产省之一,但其明显的特征是人多地少、耕地肥力低、农业基础设施薄弱、抗御自然灾害能力差。随着经济的日益增长和中原经济区发展战略的进一步推进,一方面需要更多的耕地来保障人们对食物的基本需求,另一方面又需要一定数量的耕地进行非农化建设(周静,2014)。然而,河南省目前除了国家统一实施的农业补贴之外,尚未实施具有针对性的耕地保护经济补偿政策。因此,结合河南省典型区域,模拟研究非试点地区农户对耕地保护经济补偿的预期效应,探寻河南省耕地保护与经济补偿之间的关系,具有重要的理论和现实意义。

1. 试点地区的研究区域概况

1)总体概况

成都市是四川的省会城市,位于四川省中部,介于东经 102°54′~104°53′和北纬 30°05′~31°26′;东北与德阳市、东南与资阳市毗邻,南面与眉山市相连,西南与雅安市、西北与阿坝藏族羌族自治州接壤;地势由西北向东南倾斜,西部以深丘和山地为主,东部是成都平原的腹心地带,主要由平原和部分低山丘陵组成;平原、丘陵和山地分别占全市土地总面积的 40.1%、27.6%和 32.3%;依据《成都统计年鉴 2018》,2017 年底,成都市土地总面积为 14335 平方公里,耕地面积为 525652 公顷;年末户籍总人口为 1435.33 万人,乡村人口为 584.16 万人;主要种植稻谷、小麦、玉米等粮食作物,农作物总播种面积 844701 公顷,农林牧渔业总产值 878.88 亿元。

成都市现辖锦江、青羊、金牛、武侯、成华、龙泉驿、青白江、新都、温江、双流、郫都 11 个区,简阳、都江堰、彭州、邛崃、崇州 5 个县级市,金堂、大邑、蒲江、新津 4 个县。

2)耕地保护基金运行机制

成都市耕地保护基金是以统筹城乡收益分配为经济补偿手段,以有效提高农户和农村集体经济组织保护耕地(特别是基本农田)的积极性和主动性,加快建立农民养老保险体系的耕地保护经济补偿模式。补贴资金主要用于耕地流转担保金、农业保险补贴和承担耕地保护责任农户的养老保险补贴。根据成都市耕地保护基金的运行机制,将耕地保护基金构成要素概括为补偿主体和客体、补贴资金来源、补贴标准、补贴方式、补贴依据、补贴资金分配比例、补贴资金使用要求、政府对耕地保护补贴资金的监督管理、账务公开度。其中，成都市耕地保护基金运行机制的关键要素和关键环节如下：

(1)关键要素。成都市耕地保护基金运行机制的关键要素主要涵盖补偿主体和客体、补贴资金来源、补贴资金使用要求、补贴依据、补贴方式及补贴标准(图7-1)。其中，"补偿主体"包含耕地保护基金的给付主体和接受主体。成都市耕地保护基金由市、区(县)两级人民政府承担，补贴给拥有土地承包经营权并承担耕地保护责任的农户和村集体。"补偿客体"指成都市范围内的基本农田和一般耕地。"补贴资金来源"主要有四个渠道：一是新增建设用地土地有偿使用费(留存地方政府的全部资金)；二是土地出让金的5%；三是耕地占用税的50%；四是集体建设用地使用权初次流转成交额的2%。"补贴资金使用要求"一方面限制补贴资金用于耕地流转担保资金和农业保险补贴(占当年耕地保护基金总量的10%)，另一方面用于承担耕地保护责任农户的养老保险补贴(占当年耕地保护基金总量的90%)且在一定条件下可领取现金。"补贴依据"是指根据成都市耕地质量和综合生产能力进行分类保护和补贴。"补贴方式"指以耕地流转担保金、农业保险补贴、养老保险补贴等方式予以补贴。"补贴标准"按照一般耕地每年4500元/公顷、基本农田每年6000元/公顷的标准进行补贴。

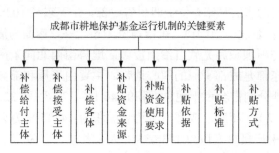

图7-1　成都市耕地保护基金运行机制的关键要素

(2)关键环节。成都市耕地保护基金运行机制的关键环节如下(图7-2)：①耕地保护基金的发放环节。首先，成都市各县(区、市)国土资源部门对前期采集的数据进行调查核实后，按照组(社)、村、乡(镇)、县(区、市)、市逐级汇总，建立耕地保护台账，并经村民会议2/3以上村民代表或2/3以上成员同意且签字确认；其次，国土资源部门代表政府与承担耕地保护责任的农户和村集体经济组织签订《耕地保护合同》，明确双方的权利和义务。同时，为其设立耕地保护基金专项账户，发放耕地保护卡；最后，各县(区、市)政府将10%的耕地保护补贴资金用于耕地流转担保和农业保险补贴，将剩余90%的耕地保护补贴资金直接划入农户在成都农村商业银行的银行卡或存折内用于农户购买养老保险，并由农村商业银行与社保部门衔接办理(当达到取现条件时，农户可直接在农村商业银行提取补贴资金)。②耕地保护基金的监管环节。一方面，国土资源部门通过遥感监测、动态巡查对耕地保护责任人履行《耕地保护合同》的情况进行监督检查，并根据实际情况按照相关规定做出相应的处理或处罚；另一方面，根据农户家庭人员信息变更情况，对耕地保护台账数据和《耕地保护合同》的具体内容进行适时变更，并核定相应的耕地保护补偿金额，保证耕地保护基金的公平发放。

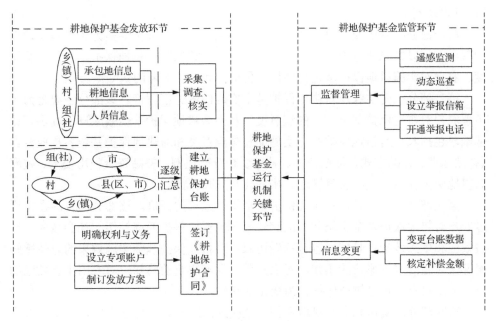

图7-2 成都市耕地保护基金运行机制关键环节

2. 非试点地区选取

依据河南省不同区域自然资源条件、粮食生产基础和经济社会发展水平，在河南省粮食主产区黄淮海平原、豫北豫西山前平原和南阳盆地三大区域内选取河南省周口市、焦作市和南阳市作为本研究的非试点区域。

7.1.2 问卷调查

1. 问卷设计

依据研究目的，调查问卷分为两类：一是试点地区耕地保护经济补偿效应调查问卷；二是非试点地区耕地保护经济补偿效应调查问卷。

1)试点地区耕地保护经济补偿效应问卷设计

试点地区耕地保护经济补偿效应问卷基于成都市耕地保护基金展开设计,但耕地保护经济补偿效应研究的相关文献较少,能够直接参考的文献不多,为了保证问卷质量,所用调查问卷参考了耕地保护经济补偿效应研究的现有成果及大量关于农业补贴效应、生态补偿效应相关的国内外文献。通过梳理、总结和比较,结合耕地保护经济补偿的相关内容,并经过多次修改,最终形成了本书所用的试点地区耕地保护经济补偿效应问卷(详见附录5)。调查问卷主要包含以下内容(详见附录5)。

第一部分:受访农户对耕地保护基金的认知。该部分主要是为了了解耕地保护基金实施以来农户意识上的变化情况,包括受访农户对耕地保护基金的了解程度、农户对实施耕地保护基金目的性、价值性和补贴对象的认知。

第二部分:受访农户对耕地保护基金实施的满意度评价。该部分主要是为了了解农户对耕地保护基金实施的满意度,从而为耕地保护基金效应评价提供理论基础,包括农户对耕地保护基金实施的总体满意度和对耕地保护基金各构成要素(补贴标准、补贴方式、补贴依据、补贴资金分配比例、补贴资金使用要求、政府对耕地保护补贴基金的监督管理、账务公开)的满意度。

第三部分:受访农户对耕地保护基金实施效果的评价。该部分的目的在于通过农户对耕地保护基金实施效果的感知来评价耕地保护经济补偿的社会效应、经济效应和生态效应。具体内容包括受访农户对耕地保护基金实施效果的总体感知概况、对生活水平影响的感知、对农户养老保障影响的感知、对农田生态效应的感知以及对农户自身耕地保护行为变化的感知。

第四部分:受访农户对耕地保护基金模式的选择。该部分主要包括受访农户对耕地保护基金补贴标准依据的选择、对耕地保护基金补贴方式的选择。

第五部分:受访农户个人及家庭情况调查。该部分主要是为了了解调查样本的特征,为研究相关影响因素提供现实依据。具体内容包括受访农户的个体特征(性别、年龄、文化程度、是否村干部、是否党员等)、家庭经济特征(家庭主要收入来源、近三年家庭年平均收入和近三年家庭农业年平均收入)、家庭人口特征(家庭总人数、劳动力人数、被抚养人数、兼业人数)、区域特征(典型农村、城乡接合部)、资源禀赋特征(承包耕地面积、流转出(入)耕地面积和实际经营耕地面积)。

2)非试点地区耕地保护经济补偿效应问卷设计

2015年国家将粮食直补、农资综合补贴、农作物良种补贴统一合并为"农业支持保护补贴",并首批选择安徽、山东、湖南、四川和浙江五个省作为改革试点(2016年在全国施行)。农业支持保护补贴政策目标调整为支持耕地地力保护和粮食适度规模经营，其补偿主体面向耕地保护和利用主体，具有耕地保护基金效用。因此，非试点地区耕地保护经济补偿效应问卷以耕地保护基金(成都市)和农业支持保护补贴作为模拟情景，探讨不同的经济补偿对非试点地区农户的耕地保护积极性和耕地保护行为可能产生的影响。调查问卷(详见附录6)主要包含以下内容。

第一部分：农业支持保护补贴模拟效应调查。该部分主要是为了了解农户对即将在全国范围内实施的农业支持保护补贴预期效应的感知。内容包括政策实施后农户对其家庭生活水平和耕地保护行为等方面的影响感知。

第二部分：耕地保护基金模拟效应调查。该部分主要是通过对尚未开展耕地保护基金地区的农户进行情景模拟，从而分析农户对耕地保护经济补偿预期效应的感知情况。

第三部分：受访农户个人及家庭情况调查。该部分主要是为了了解调查样本的特征，为研究相关影响因素提供现实依据。具体内容包括受访农户的个体特征(性别、年龄、文化程度、是否村干部、是否党员等)、家庭经济特征(家庭主要收入来源、近三年家庭年平均收入和农业年平均收入)、家庭人口特征(家庭总人数、劳动力人数、被抚养人数、兼业人数)、区域特征(典型农村、城乡接合部)、资源禀赋特征(承包耕地面积、流转出(入)耕地面积和实际经营耕地面积)。

2. 问卷调查

为了保证问卷调查的一致性和有效性，实地调查均采取问卷调查与半结构访谈相结合的形式，由调研人员与农户面对面访谈，以保证所有发放问卷均有效回收。同时，为了提高所得样本的代表性和有效性及调动农户配合的积极性，一方面，参与调研人员均为课题组土地资源管理专业的研究生，并均在调查前进行培训以使其能够对调查问卷的背景和问题熟练掌握；另一方面，调研人员在开始调查前向每位受访农户赠送小礼品(手帕)一份，并在调查完毕后检查每份问卷，若有遗漏可由农户现场补充完整，以确保问卷的有效性。

1)试点地区问卷调查

课题组于2016年5月17~22日在成都市开展实地调研，根据Scheaffer抽样公式(抽样误差设定为0.06)计算可得，调查区域的适宜样本量约为278份。本次调查共发放问卷296份，回收问卷296份，回收率为100%，其中有效问卷296份，有效率为100%。实地调查样本点共覆盖成都市6个县(市、区)、30个乡(镇)、35个自然村(表7-1)，依据区域位置，将调研区域分为城乡接合部和典型农村。

表 7-1 试点地区(成都市)耕地保护经济补偿效应问卷调查样本统计

研究区域		问卷统计指标		样本村落
		数量/份	比例/%	
城乡接合部	温江区	33	24.4	和盛镇土桥村、万春镇高山村、涌泉街道洪江村
	新都区	62	45.9	新民镇金牛村、新都镇桂溪村、泰兴镇九宫村、木兰镇梁胜社区、龙桥镇山水村和鱼龙村、新繁镇李园村
	双流区	40	29.6	金桥镇昆山村、兴隆镇瓦窑村、永安镇白果村和石路村、黄水镇文武村、花源镇官林村
	合计	135	100.0	
典型农村	邛崃市	52	32.3	冉义镇英汉村、固驿镇黑石村、羊安镇高河村和泉水村、前进镇双江村、新场镇同心村
	崇州市	60	37.3	廖家镇新桃村、观胜镇池塘村、江源镇崇福村、隆兴镇黎坝村、崇阳镇高墩村、友爱镇白鹤村
	彭州市	49	30.4	丽春镇牛蹄村和黄竹村、蒙阳镇凤霞村、致和镇京果村、升平镇广圣村、敖平镇凤泉村
	合计	161	100.0	

注：根据村落的邻近度，将新津县花源镇官林村样本合并到双流区样本中，郫县友爱镇白鹤村样本合并到崇州市样本中，大邑县新场镇同心村样本合并到邛崃市样本中。

2)非试点地区问卷调查

课题组于2016年1月11~16日、3月6~12日分别在河南省焦作市、周口市、南阳市开展入户调研。本次调查共发放问卷816份，回收问卷816份，回收率为100%。其中，有效问卷801份，有效率为98.16%。实地调查样本点共覆盖河南省3个市、55个乡(镇)、60个自然村(表7-2)。

结合焦作市、周口市、南阳市的自然地貌特征和社会经济发展特征，样本村落的选择既包含典型农村，也包含城乡接合部；既有山地丘陵区，也有平原区。其中，焦作市调查样本基本覆盖了该市三种地貌类型(北山、中园、南滩)，样本村落自西向东呈三条带状分布。典型农村的样本村落中，北部山地丘陵区的样点主要分布在山地和丘陵交界地带，覆盖的县市有沁阳市、博爱县、修武县。该区域内人均耕地面积较少，耕地质量较差，且经济水平较低；中部平原区样点主要分布在孟州市、沁阳市、温县、博爱县、武陟县、修武县，该区域内人均面积适中，耕地质量较好，经济发展水平较高；南部河滩区样点主要沿黄河走向分布，覆盖的县市有孟州市、温县、武陟县。该区域内人均面积较多，耕地质量较好，经济发展水平适中。城乡接合部的样点主要分布在马村区、中站区和山阳区三个城乡接合部。

周口市整体地貌平坦、人均GDP相对较低，典型农村样本点主要分布在北部的扶沟县和太康县、南部的沈丘县及东部的鹿邑县，城乡接合部样本点分布在川汇区周边。

南阳市境内地形多样，盆地、丘陵、平原交错复杂，且所辖各县经济发展水平差距明显，典型农村样本点分布在内乡县、方城县、唐河县及邓州市，城乡接合部样本点分布在卧龙区和宛城区。

表 7-2　非试点地区耕地保护经济补偿模拟效应问卷调查样本统计

研究区域			样卷统计指标			
			数量/份	比例/%		
				a	b	c
城乡接合部	焦作市	马村区、中站区、山阳区	75	19.4	47.5	9.4
	周口市	川汇区	42	20.7	26.6	5.2
	南阳市	卧龙区、宛城区	41	19.4	25.9	5.1
	合计		158	—	100.0	19.7
典型农村	焦作市	沁阳市	62	16.0	9.6	7.4
		孟州市	35	9.0	5.4	4.4
		博爱县	25	6.5	3.9	3.1
		修武县	57	14.7	8.9	7.1
		武陟县	81	20.9	12.6	10.1
		温县	52	13.4	8.1	6.5
		合计	312	—	48.5	39.0
	周口市	扶沟县	41	20.2	6.4	5.1
		太康县	38	18.7	5.9	4.7
		鹿邑县	39	19.2	6.1	4.9
		沈丘县	43	21.2	6.7	5.4
		合计	161	—	25.0	20.1
	南阳市	方城县	41	19.4	6.4	5.1
		唐河县	47	22.3	7.3	5.9
		邓州市	41	19.4	6.4	5.1
		内乡县	41	19.4	6.4	5.1
		合计	170	—	26.5	21.2
	合计		643	—	100.0	80.3

注：表中"a"列代表各县(市、区)样本量分别占所在市总样本量的比例；"b"列代表各县(市、区)样本量分别占所对应的城乡接合部或典型农村样本总量的比例；"c"列代表各县(市、区)样本量占整体样本总量的比例。

7.1.3　样本基本情况分析

1. 试点地区问卷调查样本基本情况分析

(1) 受访农户个体特征。由表 7-3 可知,城乡接合部和典型农村受访农户的性别分配比例均匀;两个地区受访农户以 36～60 岁的中年劳动力为主(分别占样本总量的 52.59%和 58.38%),由于农村 61 岁及以上的老人多居住在家且参与农业生产的现象较为普遍,因此该部分人群在调查样本中占的比例也较大;城乡接合部和典型农村中绝大多数受访农户的文化程度为初中和小学水平,且小学文化程度的比例最大(分别为 49.63% 46.58%);受访农户中既有村干部和党员,又有普通农民,调查样本具有代表性和广泛性。

(2) 受访农户家庭人口特征。在城乡接合部和典型农村的受访农户中(表 7-3),家庭总人数在 4～6 人的居多,所占比例分别为 68.15%和 70.19%;劳动力人数在 3～4 人的比例分别为 52.59%和 57.76%(在农村中通常 61 岁及以上尚能从事农业劳动的老年人按劳动力计算在内);被抚养人数为 1～2 人的受访农户比例最大,分别为 71.85%和 60.87%;从事兼业人数为 1～2 人的受访农户所占比例分别为69.63%和 71.43%。

(3) 受访农户家庭经济特征。在收入来源方面,城乡接合部和典型农村受访农户均以外出打工收入为主要经济来源,所占比例分别为 81.48%和 84.47%;而以种地为主的受访农户分别占 8.89%和 6.21%,说明农业收入在两类农户的经济收入中的比例日趋减小;城乡接合部和典型农村受访农户的近三年家庭年平均收入在(3,5]万元的比例最高,分别为 39.26%和 42.86%;在近三年家庭农业年平均收入方面,城乡接合部和典型农村受访农户的近三年家庭农业年平均收入≤1 万元的比例分别为 80.00%和 80.75%。

(4) 受访农户资源禀赋特征。表 7-3 显示,在城乡接合部和典型农村的受访农户中,承包耕地面积的分布情况差异性比较大。其中,城乡接合部受访农户中承包耕地面积<1 亩的受访农户所占比例为 22.22%,而典型农村仅为 1.24%;承包耕地面积在[1,3]亩的受访农户中,两个区域样本分布比例大致相同;承包耕地面积>3 亩的受访农户中,城乡接合部受访农户所占比例为 31.85%,而典型农村受访农户为 55.90%。在将承包地流转出去的受访农户中,城乡接合部和典型农村受访农户的转出耕地面积均≤1 亩,所占比例分别为 65.93%和 53.42%。在实际经营耕地面积≤1 亩的受访农户中,城乡接合部和典型农村受访农户所占比例分别为57.48%和 42.86%,比例最大。

表 7-3 试点地区(成都市)调查样本基本情况

	城乡接合部					典型农村				
	特征	数量/份	比例/%	均值	标准差		特征	数量/份	比例/%	均值	标准差
性别	男	64	47.41	0.47	0.501	性别	男	83	51.55	0.52	0.501
	女	71	52.59				女	78	48.45		
年龄	≤35 岁	8	5.93	3.11	0.912	年龄	≤35 岁	15	9.32	3.02	0.905
	36~45 岁	25	18.52				36~45 岁	19	11.80		
	46~60 岁	46	34.07				46~60 岁	75	46.58		
	≥61 岁	56	41.48				≥61 岁	52	32.30		
文化程度	未上过学	19	14.07	2.32	0.852	文化程度	未上过学	15	9.32	2.48	0.874
	小学	67	49.63				小学	75	46.58		
	初中	38	28.15				初中	53	32.92		
	高中或中专	9	6.67				高中或中专	14	8.70		
	大专及以上	2	1.48				大专及以上	4	2.48		
是否村干部	是或曾经是	11	8.15	0.08	0.275	是否村干部	是或曾经是	16	9.94	0.10	0.300
	否	124	91.85				否	145	90.06		
是否党员	是	10	7.41	0.07	0.263	是否党员	是	17	10.56	0.11	0.308
	否	125	92.59				否	144	89.44		
家庭总人数	≤3 人	32	23.70	4.59	1.453	家庭总人数	≤3 人	39	24.22	4.48	1.370
	4~6 人	92	68.15				4~6 人	113	70.19		
	>6 人	11	8.15				>6 人	9	5.59		
劳动力人数	≤2 人	58	42.96	2.87	1.136	劳动力人数	≤2 人	62	38.51	2.88	1.069
	3~4 人	71	52.59				3~4 人	93	57.76		
	>4 人	6	4.44				>4 人	6	3.73		
被抚养人数	0 人	13	9.63	1.73	1.123	被抚养人数	0 人	31	19.25	1.60	1.131
	1~2 人	97	71.85				1~2 人	98	60.87		
	≥3 人	25	18.52				≥3 人	32	19.88		
兼业人数	0 人	11	8.15	2.01	1.159	兼业人数	0 人	10	6.21	1.96	0.987
	1~2 人	94	69.63				1~2 人	115	71.43		
	≥3 人	30	22.22				≥3 人	36	22.36		
承包耕地面积	<1 亩	30	22.22	2.52	1.619	承包耕地面积	<1 亩	2	1.24	3.95	2.648
	[1,2]亩	28	20.74				[1,2]亩	28	17.39		
	(2,3]亩	34	25.19				(2,3]亩	41	25.47		
	(3,5]亩	37	27.41				(3,5]亩	58	36.02		
	>5 亩	6	4.44				>5 亩	32	19.88		

续表

	城乡接合部					典型农村				
特征		数量/份	比例/%	均值	标准差	特征		数量/份	比例/%	均值	标准差
转出耕地面积	≤1亩	89	65.93	1.11	1.600	转出耕地面积	≤1亩	86	53.42	1.66	2.129
	(1,3]亩	29	21.48				(1,3]亩	41	25.47		
	>3亩	17	12.59				>3亩	34	21.12		
实际经营耕地面积	≤1亩	78	57.48	1.45	1.620	实际经营耕地面积	≤1亩	69	42.86	2.19	2.303
	(1,2]亩	18	13.33				(1,2]亩	15	9.32		
	(2,4)亩	28	20.74				(2,4)亩	42	26.09		
	≥4亩	11	8.15				≥4亩	35	21.74		
家庭主要收入来源	种地	12	8.89	2.04	0.524	家庭主要收入来源	种地	10	6.21	2.04	0.438
	务工	110	81.48				务工	136	84.47		
	经商	9	6.67				经商	13	8.07		
	其他	4	2.96				其他	2	1.24		
近三年家庭年平均收入	≤1万元	6	4.44	3.30	1.236	近三年家庭年平均收入	≤1万元	6	3.73	3.12	1.063
	(1,3]万元	26	19.26				(1,3]万元	37	22.98		
	(3,5]万元	53	39.26				(3,5]万元	69	42.86		
	(5,8]万元	33	24.44				(5,8]万元	37	22.98		
	>8万元	17	12.59				>8万元	12	7.45		
近三年家庭农业年平均收入	≤1万元	108	80.00	1.22	0.468	近三年家庭农业年平均收入	≤1万元	130	80.75	1.22	0.509
	(1,3]万元	24	17.78				(1,3]万元	29	18.01		
	>3万元	3	2.22				>3万元	2	1.24		

注：为满足统计学要求，表中部分变量类别在问卷原始分类基础上进行了合并。

2. 非试点地区问卷调查样本基本情况分析

表 7-4 表明，非试点地区的调查样本中，受访农户的个体特征、家庭特征、资源禀赋特征和地域特征等分布广泛，其各类样本比例能够较好地反映调查区域的客观实际，适于研究。

表 7-4　非试点地区(焦作市、周口市、南阳市)调查样本基本情况

特征	类别	CXJHB[1]		DXNC[1]		CXJHB[2]		DXNC[2]		CXJHB[3]		DXNC[3]	
		数量/份	比例/%	数量/份	比例/%	数量/份	比例/%	数量/份	比例/%	数量/份	比例/%	数量/份	比例/%
性别	男	43	57.33	191	61.22	19	45.24	91	56.52	26	63.41	100	58.82
	女	32	42.67	121	38.78	23	54.76	70	43.48	15	36.59	70	41.18
年龄	≤35岁	2	2.67	11	3.53	4	9.52	14	8.7	—	—	9	5.29
	36～45岁	11	14.67	59	18.91	10	23.81	32	19.88	8	19.51	24	14.12

续表

特征	类别	CXJHB[1] 数量/份	CXJHB[1] 比例/%	DXNC[1] 数量/份	DXNC[1] 比例/%	CXJHB[2] 数量/份	CXJHB[2] 比例/%	DXNC[2] 数量/份	DXNC[2] 比例/%	CXJHB[3] 数量/份	CXJHB[3] 比例/%	DXNC[3] 数量/份	DXNC[3] 比例/%
年龄	46~60 岁	32	42.67	148	47.44	13	30.95	67	41.61	27	65.85	98	57.65
	≥61 岁	30	40.00	94	30.13	15	35.71	48	29.81	6	14.63	39	22.94
文化程度	小学及以下	33	44.00	96	30.77	26	61.9	86	53.42	18	43.9	98	57.35
	初中	31	41.33	177	56.73	14	33.33	59	36.65	22	53.66	59	34.71
	高中或中专	8	10.67	38	12.18	2	4.76	16	9.94	1	2.44	12	7.06
	大专及以上	3	4.00	1	0.32	—	—	—	—	—	—	1	0.59
是否村干部	是或曾经是	4	5.33	35	11.22	—	—	10	6.21	1	2.44	10	5.88
	否	71	94.67	277	88.78	42	100	151	93.79	40	97.56	160	94.12
是否党员	是	2	2.67	23	7.37	—	—	5	3.11	—	—	5	2.94
	否	73	97.33	289	92.63	42	100	156	96.89	41	100	165	97.06
家庭总人数	≤3 人	9	12.00	44	14.1	2	4.76	20	12.42	3	7.32	25	14.71
	4~6 人	53	70.67	204	65.38	27	64.29	98	60.87	32	78.05	113	66.47
	>6 人	13	17.33	64	20.51	13	30.95	43	26.71	6	14.63	32	18.82
劳动力人数	≤2 人	32	42.67	148	47.44	9	21.43	64	39.75	11	26.83	61	35.88
	3~4 人	36	48.00	135	43.27	27	64.29	77	47.83	26	63.41	79	46.47
	>4 人	7	9.33	29	9.29	6	14.29	20	12.42	4	9.76	30	17.65
被抚养人数	0 人	4	5.33	32	10.26	4	9.52	19	11.8	4	9.76	21	12.35
	1~2 人	43	57.33	130	41.67	20	47.62	75	46.58	26	63.41	94	55.29
	≥3 人	28	37.33	150	48.08	18	42.86	67	41.61	11	26.83	55	32.35
兼业人数	0 人	7	9.33	53	16.99	4	9.52	28	17.39	3	7.32	20	11.76
	1~2 人	48	64.00	217	69.55	28	66.67	101	62.73	32	78.05	108	63.53
	≥3 人	20	26.67	42	13.46	10	23.81	32	19.88	6	14.63	42	24.71
承包耕地面积	<1 亩	34	45.33	32	10.26	4	9.52	5	3.11	1	2.44	9	5.29
	[1,2] 亩	8	10.67	17	5.45	2	4.76	11	6.83	3	7.32	10	5.88
	(2,3] 亩	9	12.00	34	10.9	15	35.71	15	9.32	12	29.27	27	15.88
	(3,5] 亩	16	21.33	69	22.12	12	28.57	47	29.19	12	29.27	49	28.82
	>5 亩	8	10.67	160	51.28	9	21.43	83	51.55	13	31.71	75	44.12
转入耕地面积	≤2 亩	74	98.67	272	87.18	40	95.24	142	88.2	39	95.12	155	91.18
	(2,4] 亩	1	1.33	8	2.56	1	2.38	4	2.48	1	2.44	10	5.88
	(4,10] 亩	—	—	10	3.21	—	—	6	3.73	1	2.44	2	1.18
	>10 亩	—	—	22	7.05	1	2.38	9	5.59	—	—	3	1.76
转出耕地面积	≤1 亩	75	100.00	286	91.67	40	95.24	152	94.41	33	80.49	155	91.18
	(1,3] 亩	—	—	14	4.49	2	4.76	6	3.73	5	12.2	9	5.29
	>3 亩	—	—	12	3.85	—	—	3	1.86	3	7.32	6	3.53

续表

特征	类别	CXJHB[1]		DXNC[1]		CXJHB[2]		DXNC[2]		CXJHB[3]		DXNC[3]	
		数量/份	比例/%	数量/份	比例/%	数量/份	比例/%	数量/份	比例/%	数量/份	比例/%	数量/份	比例/%
家庭主要收入来源	种地	6	8.00	87	27.88	4	9.52	35	21.74	2	4.88	22	12.94
	务工	57	76.00	209	66.99	35	83.33	113	70.19	37	90.24	141	82.94
	经商	9	12.00	13	4.17	3	7.14	8	4.97	2	4.88	7	4.12
	其他	3	4.00	3	0.96	—	—	5	3.11	—	—	—	—
近三年家庭年平均收入	≤1万元	7	9.33	23	7.37	2	4.76	13	8.07	—	—	14	8.24
	(1,3]万元	24	32.00	104	33.33	5	11.9	32	19.88	7	17.07	19	11.18
	(3,5]万元	24	32.00	114	36.54	26	61.9	65	40.37	21	51.22	58	34.12
	(5,8]万元	16	21.33	45	14.42	7	16.67	33	20.5	6	14.63	40	23.53
	>8万元	4	5.33	26	8.33	2	4.76	18	11.18	7	17.07	39	22.94
近三年家庭农业年平均收入	≤1万元	72	96.00	201	64.42	33	78.57	93	57.76	35	85.37	108	63.53
	(1,3]万元	3	4.00	78	25	6	14.29	62	38.51	5	12.2	56	32.94
	>3万元	—	—	33	10.58	3	7.14	6	3.73	1	2.44	6	3.53

注：① "—" 代表该处值为 "0"；② "CXJHB[1]" 表示 "焦作市城乡接合部"，"DXNC[1]" 表示 "焦作市典型农村"，"CXJHB[2]" 表示 "周口市城乡接合部"，"DXNC[2]" 表示 "周口市典型农村"，"CXJHB[3]" 表示 "南阳市城乡接合部"，"DXNC[3]" 表示 "南阳市典型农村"。

7.2 试点地区耕地保护经济补偿农户满意度及其效应——以成都市为例

7.2.1 成都市耕地保护基金农户满意度评价

农户是耕地保护经济补偿的直接受益者，对耕地保护经济补偿的满意度直接影响其耕地保护行为，进而对耕地保护经济补偿的实施及效果产生重要的影响(余亮亮和蔡银莺，2015a)。因为只有农户认可的、满意度高的公共政策，其绩效水平才是高的(罗文斌等，2013)，即农户对耕地保护经济补偿的满意度评价越高，农户的耕地保护行为越积极，越有利于实现耕地保护经济补偿的预期效应；反之，如果耕地保护主体(农户)对现有的经济补偿政策满意度不高或者不满意，则导致其不能有效保护耕地，这样既造成了耕地保护经济补偿给付主体的资金浪费，又没能有效保护耕地。因此，科学测度耕地保护经济补偿的农户满意度并深入探讨其影响机理，对优化试点地区耕地保护经济补偿模式，健全耕地保护经济补偿机制具有重要的实践意义。

本章以 2008 年在全国率先实施的成都市耕地保护基金作为耕地保护经济补

偿的典型模式，通过 296 份问卷数据，从农户的自身特征和耕地保护经济补偿机制的运行特性出发，科学评价农户对成都市耕地保护基金的满意度，并系统分析不同因素对农户满意度的影响机理，以期为进一步优化试点地区耕地保护经济补偿模式提供理论基础与现实依据。

1. 样本描述性统计分析

1）数据来源

数据来源于试点地区耕地保护经济补偿效应调查问卷，研究内容包含受访农户对耕地保护基金的总体满意度感知、对耕地保护基金构成要素的满意度感知和受访农户的基本特征。其中，农户对各指标的满意度感知结果分为"非常满意、比较满意、一般、略有不满、极不满意"五个等级，且依据利克特量表（Likert scale）的五级测量尺度将满意度感知结果依次赋值为"5、4、3、2、1"（表 7-5）。

表 7-5　耕地保护基金满意度评价指标

评价指标	定义
总体满意度	非常满意=5；比较满意=4；一般=3；略有不满=2；极不满意=1
补贴标准满意度	非常满意=5；比较满意=4；一般=3；略有不满=2；极不满意=1
补贴方式满意度	非常满意=5；比较满意=4；一般=3；略有不满=2；极不满意=1
补贴依据满意度	非常满意=5；比较满意=4；一般=3；略有不满=2；极不满意=1
补贴资金分配比例满意度	非常满意=5；比较满意=4；一般=3；略有不满=2；极不满意=1
补贴资金使用要求满意度	非常满意=5；比较满意=4；一般=3；略有不满=2；极不满意=1
补贴资金监督管理满意度	非常满意=5；比较满意=4；一般=3；略有不满=2；极不满意=1
账务公开满意度	非常满意=5；比较满意=4；一般=3；略有不满=2；极不满意=1

由于调查问卷的可靠性与合理性是数据能否真实反映客观实际的前提，因此，在实证分析之前首先针对调研问卷中满意度评价部分进行信度和效度检验。采用 SPSS 22.0 统计软件，以 Cronbach 系数来反映调查问卷的信度，以 KMO（Kaiser-Meyer-Olkin）值、Bartlett 球形检验的卡方值及其显著性水平来反映调查问卷的结构效度。检验结果如表 7-6 所示。

表 7-6　试点地区（成都市）耕地保护经济补偿满意度调查问卷的信度和效度检验

Cronbach 系数 α	KMO 值	Bartlett 球形检验的卡方值	自由度	显著性水平
0.949	0.859	2625.520	28	0.000

通常，若 α 大于 0.7，则表明问卷具有较高的信度。本书中 Cronbach 系数 α 为 0.949（表 7-6），说明农户满意度调查问卷的可信度较高。同时，KMO 值为 0.859，Bartlett 球形检验显著性水平为 0.000（小于显著性水平 0.01），表明问卷具有良好

的结构效度。

2) 农户对耕地保护基金总体满意度的描述性统计分析

调查问卷以"耕地保护基金政策实施以来，您对该政策总体上是否满意？"来考察农户对耕地保护基金的总体满意度。从整体上看（图 7-3），对耕地保护基金"比较满意"的受访农户居多，所占比例为 60.5%；认为"非常满意"的比例为 18.2%；认为"一般"的比例为 15.2%；认为"略有不满"和"极不满意"的最少（分别为 5.4%和 0.7%）。

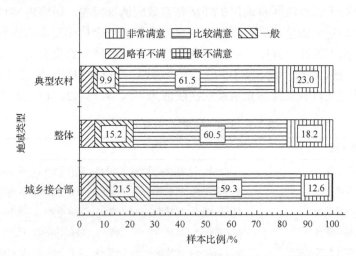

图 7-3　不同样本方案下受访农户对耕地保护基金的总体满意度

从不同地区的调查样本来看（图 7-3），城乡接合部受访农户对耕地保护基金"比较满意"和"非常满意"的比例（分别为 59.3%、12.6%）均低于典型农村（61.5%、23.0%）；城乡接合部受访农户认为耕地保护基金实施效果"一般"的比例（21.5%）明显高于典型农村（9.9%）；城乡接合部受访农户对耕地保护基金"略有不满"和"极不满意"的比例之和为 6.6%，与典型农村的样本比例之和（5.6%）基本一致。

由此表明，耕地保护基金受到了大多数农户的认可，但农户的满意程度不高。同时，城乡接合部受访农户对耕地保护基金的期望值高于典型农村。通过对受访农户的半结构访谈可知，其主要原因：一是由于城乡接合部大部分耕地非农化利用，农户的平均承包耕地面积大幅减少，获得的耕地保护基金较少（有的农户甚至没有享受到耕地保护基金），进而导致其满意度水平相对较低；二是典型农村的农户由于长期以来对耕地的依赖性较强，对耕地的"感情"和保护耕地的意识较高，对耕地保护基金的满意度水平也相对较高。

3) 基于农户特征的耕地保护基金总体满意度差异性分析

为了进一步检验不同特征农户的满意度评价结果的差异性，本书分别从受访农户的个体特征、家庭经济特征、家庭人口特征、资源禀赋特征等四个方面对评价结果进行统计分析。

首先通过调查问卷获取农户对各评价指标的主观评价值，然后求出其满意度评价均值，并将该均值作为农户对各指标的满意度评价水平。计算公式如下：

$$P=\frac{1}{n}\sum_{i=1}^{n}V_i \qquad (7-1)$$

式中，P 为农户对各指标的满意度评价均值；V_i 为第 i 个受访农户对评价指标的满意度评价值；n 为有效样本总数。

依据农户满意度"非常满意、比较满意、一般、略有不满、极不满意"的五级评价结果，将农户对耕地保护基金的满意度评价均值划分为"优秀、良好、一般、较差、很差"五个等级，对应分值依次为"5、4、3、2、1"，如表 7-7 所示。耕地保护基金农户满意度评价均值按四舍五入法取相应评价等级。

表 7-7　耕地保护基金农户满意度评价等级划分

评价等级	优秀	良好	一般	较差	很差
满意度均值 P	5	4	3	2	1

从受访农户的性别来看(表 7-8)，整体上男性受访农户的满意度评价值(3.88)略小于女性受访农户(3.93)，但满意程度均为"良好"。此外，男性农户评价值的标准差(0.843)大于女性农户(0.708)，说明女性农户对耕地保护基金的满意度评价值更为集中。耕地保护基金总体满意度随城乡接合部和典型农村受访农户的性别特征分布表明(图 7-4)，城乡接合部男性和女性受访农户对耕地保护基金的满意程度均低于典型农村(男性差别尤为显著)。

表 7-8　耕地保护基金农户满意度总体评价的特征差异

特征		整体		城乡接合部		典型农村	
		评价值 P	标准差	评价值 P	标准差	评价值 P	标准差
性别	男	3.88	0.843	3.66	0.840	4.05	0.810
	女	3.93	0.708	3.87	0.695	3.97	0.720
年龄	≤35 岁	4.35	0.573	4.50	0.535	4.27	0.594
	36~45 岁	3.84	0.745	3.80	0.816	3.89	0.658
	46~60 岁	3.69	0.866	3.46	0.836	3.83	0.860
	≥61 岁	4.07	0.637	3.91	0.611	4.25	0.622
文化程度	未上过学	3.79	0.845	3.47	0.612	4.20	0.941
	小学	3.86	0.777	3.73	0.845	3.97	0.697
	初中	3.86	0.739	3.79	0.664	3.91	0.791
	高中或中专	4.26	0.689	4.44	0.527	4.14	0.770
	大专及以上	4.83	0.408	4.50	0.707	5.00	0.000

特征		整体		城乡接合部		典型农村	
		评价值 P	标准差	评价值 P	标准差	评价值 P	标准差
是否村干部	是或曾经是	4.37	0.629	4.18	0.603	4.50	0.632
	否	3.86	0.776	3.73	0.777	3.96	0.763
是否党员	是	4.59	0.501	4.50	0.527	4.65	0.493
	否	3.83	0.767	3.71	0.760	3.94	0.759
家庭总人数	≤3 人	4.04	0.726	4.09	0.641	4.00	0.795
	4～6 人	3.83	0.783	3.65	0.777	3.97	0.761
	>6 人	4.15	0.813	3.82	0.874	4.56	0.527
劳动力人数	≤2 人	3.82	0.820	3.88	0.751	3.76	0.881
	3～4 人	3.96	0.750	3.70	0.800	4.16	0.648
	>4 人	3.92	0.669	3.50	0.548	4.33	0.516
被抚养人数	0 人	4.05	0.714	3.69	1.032	4.19	0.477
	1～2 人	3.89	0.721	3.82	0.677	3.96	0.759
	≥3 人	3.82	0.984	3.60	0.957	4.00	0.984
兼业人数	0 人	4.14	0.655	4.27	0.647	4.00	0.667
	1～2 人	3.81	0.810	3.67	0.822	3.92	0.785
	≥3 人	4.12	0.645	3.90	0.548	4.31	0.668
承包耕地面积	<1 亩	3.25	0.880	3.23	0.898	3.50	0.707
	[1,2]亩	3.84	0.733	3.75	0.701	3.93	0.766
	(2,3]亩	3.95	0.733	3.97	0.674	3.93	0.787
	(3,5]亩	4.04	0.683	3.97	0.645	4.09	0.708
	>5 亩	4.11	0.798	4.17	0.408	4.09	0.856
转出耕地面积	≤1 亩	3.87	0.780	3.70	0.803	4.05	0.718
	(1,3]亩	3.84	0.754	3.86	0.743	3.83	0.771
	>3 亩	4.10	0.781	4.00	0.612	4.15	0.857
实际经营耕地面积	≤1 亩	3.78	0.850	3.60	0.843	3.97	0.822
	(1,2]亩	4.00	0.707	3.89	0.676	4.13	0.743
	(2,4)亩	4.00	0.702	4.04	0.576	3.98	0.780
	≥4 亩	4.09	0.626	4.09	0.539	4.09	0.658
家庭主要收入来源	种地	3.91	0.684	4.00	0.603	3.80	0.789
	务工	3.87	0.808	3.71	0.805	4.00	0.789
	经商	4.14	0.468	4.00	0.500	4.23	0.439
	其他	4.33	0.516	4.25	0.500	4.50	0.707

续表

特征		整体		城乡接合部		典型农村	
		评价值 P	标准差	评价值 P	标准差	评价值 P	标准差
近三年家庭年平均收入	≤1 万元	4.25	0.622	4.33	0.516	4.17	0.753
	(1,3]万元	3.70	0.816	3.38	0.898	3.92	0.682
	>3 万元	3.94	0.763	3.83	0.715	4.03	0.795
近三年家庭农业年平均收入	≤1 万元	3.85	0.811	3.71	0.809	3.97	0.797
	(1,3]万元	4.15	0.533	4.00	0.590	4.28	0.455
	>3 万元	3.60	0.894	4.00	0.000	3.00	1.414
对耕地保护基金的了解程度	不了解	3.50	0.707	3.50	0.707	—	—
	部分了解	3.69	0.827	3.57	0.857	3.84	0.772
	完全了解	4.09	0.683	4.03	0.561	4.12	0.746
对耕地保护基金价值性认知	没意义	3.33	0.707	3.00	0.707	3.75	0.500
	不清楚	3.33	0.577	3.33	0.577	—	—
	有意义	3.93	0.774	3.81	0.764	4.02	0.772
对补贴对象的认知	原承包方	3.88	0.782	3.75	0.781	3.99	0.769
	实际经营者	4.25	0.463	4.00	0.000	4.33	0.516
	双方协商	4.19	0.750	4.25	0.500	4.17	0.835

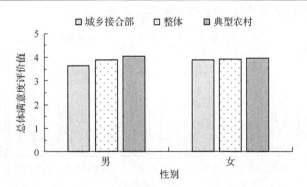

图 7-4　性别差异下不同地区受访农户的满意度评价结果

从受访农户的年龄来看(表 7-8),整体上不同年龄组的受访农户对耕地保护基金的满意度评价等级均为"良好",其中 35 岁以下和 61 岁以上的群体对耕地保护基金的满意度评价高于其他年龄组的农户(标准差也相对较小)。从年龄差异下不同地区农户的满意度结果来看(图 7-5),城乡接合部 35 岁以下年龄组的农户满意度评价值高于典型农村,而其他各年龄组的农户满意度评价值均低于典型农村。但是,从满意度的标准差来看(表 7-8),城乡接合部各年龄组的满意度评价值更为稳定(36~45 岁年龄组除外)。

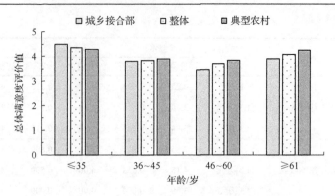

图 7-5　年龄差异下不同地区受访农户的满意度评价结果

从受访农户的文化程度来看(表 7-8),整体上文化程度为未上过学、小学、初中、高中或中专和大专及以上的农户满意度评价值依次递增,分别为 3.79、3.86、3.86、4.26 和 4.83,且评价结果的标准差也依次减小。同时,大专及以上的农户满意度评价等级为"优秀",其他文化程度下的农户满意度评价等级为"良好"。说明农户文化程度越高,其耕地保护基金满意度评价越高。此外,在典型农村的受访农户中,大专及以上的农户满意度评价值为 5.00,但该区域内 161 位受访农户中大专及以上的农户仅有 4 个。文化程度差异下城乡接合部和典型农村受访农户的满意度分布显示(图 7-6),除了高中或中专组之外,其他各组的满意度评价值均表现为典型农村的农户满意度高于城乡接合部。

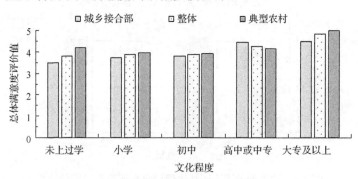

图 7-6　文化程度差异下不同地区受访农户的满意度评价结果

从受访农户的社会活动参与特征来看(图 7-7),无论是整体上还是不同地区的受访农户,有村干部经历和党员身份的受访农户对耕地保护基金的满意度评价值均高于一般群众,且有党员身份的受访农户对耕地保护基金的满意度评价等级为"优秀"。由此说明,积极参与社会活动能够提高农户对耕地保护基金的满意度。可能的原因是经常参加社会活动有利于农户接触最新信息,有利于其对耕地保护基金的了解,能够提高其满意度。

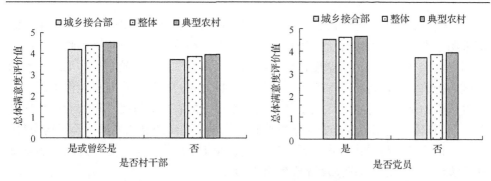

图 7-7　社会活动能力差异下不同地区受访农户的满意度评价结果

从受访农户的家庭人口特征来看(图 7-8),在家庭总人数方面,整体上家庭总人数为 3 人及以下和 6 人以上的受访农户对耕地保护基金的满意度评价值较高,均属于"良好"等级;但从标准差来看(表 7-8),家庭总人数越多,则满意度评价的标准差越大,说明其满意度评价越不稳定。在劳动力人数方面,整体上不同劳动力人数结构下农户的满意度评价等级均为"良好";城乡接合部受访农户劳动力人数越多其满意度评价值越低,而典型农村受访农户劳动力人数越多其满意度评价值越高。在被抚养人数方面,整体表现为被抚养人数越多,农户的满意度评价值越低,可能的原因是随着被抚养人数的增多,耕地保护基金对于农民"经济需求"的影响力越小。在兼业人数方面,整体上不同兼业人数下受访农户的满意度评价等级均为"良好"。

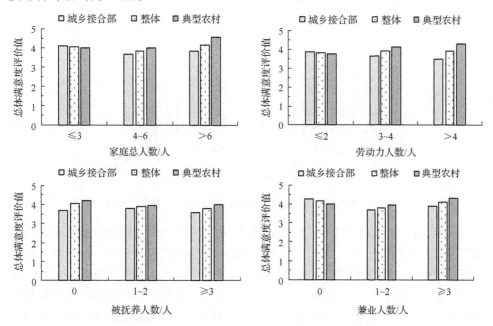

图 7-8　家庭人口特征差异下不同地区受访农户的满意度评价结果

从受访农户的家庭经济特征来看(图7-9),在家庭主要经济来源方面,不同经济来源下农户的满意度评价等级均为"良好"。在近三年家庭年平均收入方面,不同收入水平下农户的满意度评价等级均为"良好",但无论是整体上还是不同地区的受访农户,近三年家庭年平均收入≤1万元的受访农户对耕地保护近三年家庭基金的满意度评价值均高于其他收入水平下的农户满意度。在农业年平均收入方面,整体上近三年家庭农业年平均收入水平下农户的满意度评价等级均为"良好",但典型农村受访农户中近三年家庭农业年平均收入>3万元的农户满意度评价等级为"一般"(满意度评价值为3.00)。

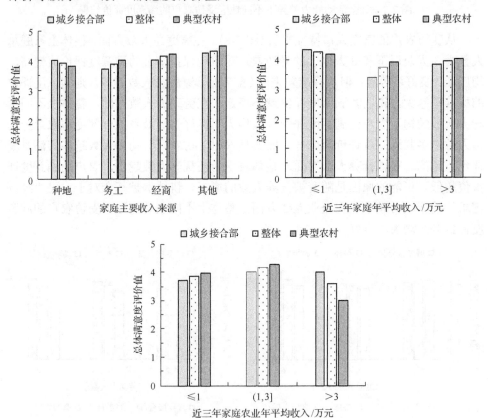

图7-9 家庭经济特征差异下不同地区受访农户的满意度评价结果

从受访农户的资源禀赋特征来看(图7-10),在承包耕地面积方面,无论是整体上还是在不同地区下,受访农户的耕地保护基金满意度评价值均表现为:承包耕地面积越多,满意度评价值越高,且满意度评价等级大多为"良好"(由表7-8可知,承包耕地面积<1亩时,整体上和城乡接合部受访农户的满意度评价均值分别为3.25和3.23,评价等级为"一般")。这是因为承包耕地面积越多,获得的

补贴资金越多，农户的满意度越高。在实际经营耕地面积和转出耕地面积方面，不同资源禀赋特征下的受访农户满意度评价等级均为"良好"。

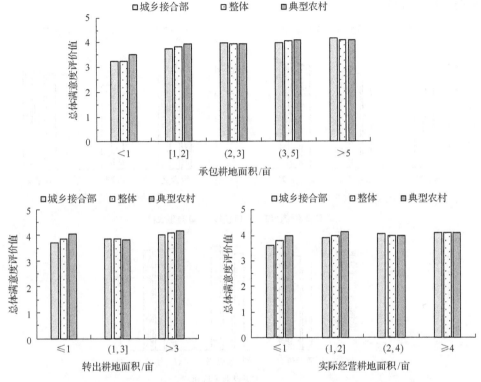

图 7-10　资源禀赋特征差异下不同地区受访农户的满意度评价结果

　　从受访农户的政策认知特征来看(图 7-11)，在对政策的了解程度方面，无论是整体还是在不同地区下，受访农户对耕地保护基金了解程度越高其满意度评价值越高，且典型农村受访农户的满意度评价值高于城乡接合部。在对耕地保护基金价值性认知方面，整体上和城乡接合部的受访农户认为耕地保护基金"没意义"或对其价值性"不清楚"的满意度评价等级为"一般"，认为耕地保护基金"有意义"的受访农户满意度评价等级为"良好"；而典型农村受访农户的满意度评价等级均为"良好"。在对补贴对象认知的方面，无论是整体上还是不同地区下，受访农户的满意度评价等级均为"良好"。

　　4)农户对耕地保护基金构成要素满意度的描述性统计分析

　　耕地保护基金构成要素就像是一台机器的各个部件，任何一个部件的缺陷都会严重影响机器的运行。在实地调查中发现，虽然农户对耕地保护基金总体上比较满意，但是对耕地保护基金各个构成要素的评价却褒贬不一。因此，为能够深入了解农户对耕地保护基金各个方面的满意度，获得较为全面和完善的评价结果，本书选取成都市耕地保护基金构成要素中的补贴标准、补贴方式、补贴依据、补贴资金分配比例、补贴资金使用要求、政府对耕地保护补贴资金的监督管理、账务公开展开评价。

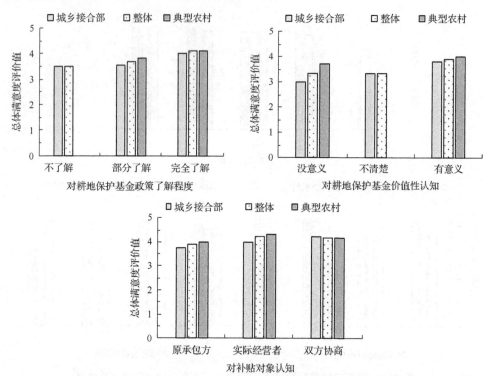

图7-11　认知特征差异下不同地区受访农户的满意度评价等级

（1）对耕地保护基金补贴标准的满意度。

从整体上看（表7-9），受访农户对耕地保护基金补贴标准"比较满意"的比例最高，占总样本农户的61.8%；其次为选择"一般"的受访农户，占16.6%；认为"非常满意"的受访农户仅占13.9%；选择"略有不满"和"极不满意"的受访农户较少，分别占7.1%和0.7%。可见，农户对耕地保护基金的补贴标准基本上满意，但是其满意程度并不高。访谈中，农户在回答"您认为成都实施耕地保护基金的目的是什么？"的问题时（该问题为多选题，农户可选择的答案为：A.增加农民收入；B.帮助农民购买养老保险；C.提高农民保护耕地的积极性；D.国家对农民无偿的帮助；E.不清楚），296位受访农户中认为耕地保护基金的目的是"增加农民收入"的占73.0%，选择"帮助农民购买养老保险"的占54.4%，选择"提高农民保护耕地的积极性"的占44.9%，选择"国家对农民无偿的帮助"的占48.3%，选择"不清楚"的比较少，为7.5%。由此说明，"有限理性"下

的农户并不十分清楚耕地保护基金实施的真正目的是什么，不同的农户对耕地
保护基金实施目的的认知不同。

从不同地区的满意度评价结果来看(表 7-9)，城乡接合部和典型农村的受访农
户选择"比较满意"的比例相当，分别为 61.5%和 62.1%；典型农村的受访农户
选择"非常满意"的比例为 19.3%，明显高于城乡接合部的比例(7.4%)；在选择
"一般"的受访农户中，城乡接合部受访农户的比例(23.7%)显著高于典型农村的
比例(10.6%)；典型农村的受访农户选择"略有不满"和"极不满意"的样本比例
之和为 8.1%，略微高于城乡接合部受访农户的比例之和(7.4%)。

表 7-9 受访农户对耕地保护基金补贴标准的满意度

满意度	整体		城乡接合部		典型农村	
	样本数/份	比例/%	样本数/份	比例/%	样本数/份	比例/%
极不满意	2	0.7	1	0.7	1	0.6
略有不满	21	7.1	9	6.7	12	7.5
一般	49	16.6	32	23.7	17	10.6
比较满意	183	61.8	83	61.5	100	62.1
非常满意	41	13.9	10	7.4	31	19.3
总计	296	100.0	135	100.0	161	100.0

(2)农户对耕地保护基金补贴方式的满意度。

从整体来看(表 7-10)，受访农户对耕地保护基金补贴方式的满意度集中在"比
较满意"水平上，所占比例为 61.5%；其次为选择"一般"的受访农户，所占比
例为 17.9%；认为"非常满意"的受访农户占 13.5%；选择"略有不满"和"极
不满意"的受访农户分别占 6.1%和 1.0%。以上表明，受访农户对耕地保护基金
补贴方式的满意度主要表现为"比较满意"。由访谈得知，所有农户均不清楚耕
地保护基金中"耕地流转担保金"的作用，甚至很多农户尚未听说过"耕地流转
担保金"。课题组针对这一情况专门走访了部分村镇的村委会，在与村干部的交
谈中，部分村干部表示从未听说过"耕地流转担保金"，有的村干部表示知道"耕
地流转担保金"这个说法，但是不清楚其具体作用。

从不同地区的满意度评价结果来看，城乡接合部受访农户选择"极不满意"、
"略有不满"和"一般"的比例分别为 2.2%、7.4%和 22.2%，均明显高于典型农
村受访农户的比例(0、5.0%和 14.3%)；然而，在"比较满意"和"非常满意"的
程度上，城乡接合部受访农户所占比例(59.3%、8.9%)明显低于典型农村(63.4%、
17.4%)。因此，典型农村受访农户对耕地保护基金补贴方式的满意度高于城乡接
合部。

表 7-10　受访农户对耕地保护基金补贴方式的满意度

满意度	整体		城乡接合部		典型农村	
	样本数/份	比例/%	样本数/份	比例/%	样本数/份	比例/%
极不满意	3	1.0	3	2.2	0	0
略有不满	18	6.1	10	7.4	8	5.0
一般	53	17.9	30	22.2	23	14.3
比较满意	182	61.5	80	59.3	102	63.4
非常满意	40	13.5	12	8.9	28	17.4
总计	296	100.0	135	100.0	161	100.0

(3) 农户对耕地保护基金补贴依据的满意度。

表 7-11 显示,从整体上看,受访农户选择"比较满意"的比例最高,占比 56.1%;选择"一般"的农户占比 24.0%;选择"非常满意"的农户相对较少,只有 13.9%;而只有极少数农户选择"略有不满"和"极不满意",占样本农户的 6.0%。从不同地区的评价结果来看,典型农村受访农户选择"非常满意"的比例明显高于城乡接合部。

表 7-11　受访农户对耕地保护基金补贴依据的满意度

满意度	整体		城乡接合部		典型农村	
	样本数/份	比例/%	样本数/份	比例/%	样本数/份	比例/%
极不满意	1	0.3	1	0.7	0	0
略有不满	17	5.7	9	6.7	8	5.0
一般	71	24.0	38	28.1	33	20.5
比较满意	166	56.1	76	56.3	90	55.9
非常满意	41	13.9	11	8.1	30	18.6
总计	296	100.0	135	100.0	161	100.0

为进一步了解农户对耕地保护基金补贴依据的选择意愿,调查问卷设置了"您认为是否应根据不同质量水平的耕地确定不同的耕地保护基金补贴标准",受访农户可选择"应该"、"不应该"或"不清楚"。由表 7-12 可知,无论是从整体上还是从不同地区来看,选择耕地保护基金"不应该"按照不同质量水平的耕地确定不同的耕地保护基金补贴标准的受访农户比例最高,均在 70% 以上。主要原因如下:①部分农户反映,农村的基本农田划定方法有失公平,相邻的两块地耕地质量基本一样,但有的被划定为基本农田,有的则是一般耕地,因此导致耕地保护基金补贴发放有失公平。②实施过程中,成都市耕地保护基金是依据水田和旱地进行发放的,即将水田等同于基本农田,将旱地等同于一般耕地。因此,部

分农户在建立耕地保护台帐时，将旱地登记为水田，但是拿到水田的耕地保护基金补贴后却将水田变为旱地，从事蔬菜、园林种植。而之前登记为旱地的农户，由于耕地保护台帐更新得不及时，即便之后种上水稻也无法拿到相应的补贴。③部分农户认为，由于化肥、农药的使用，一般耕地(二类耕地)的粮食产量和基本农田的粮食产量基本等同，耕地保护补贴也应该相同。

相对来说，选择"应该"按照不同质量水平的耕地确定不同的耕地保护基金补贴标准的受访农户比例较少，约占 24%。主要原因如下：①这部分农户的耕地多为基本农田(一类耕地)，出于自身利益考虑，他们赞同按照耕地质量实行差别化的耕地保护补贴；②部分农户认为一般耕地(二类耕地)的粮食产量和基本农田的粮食产量基本等同，但是一般耕地(二类耕地)却需要投入更多的化肥、农药及浇水等费用，因此应该对一般耕地(二类耕地)补贴多，而基本农田由于本身的基础设施条件和自然条件较好，应该降低其补贴标准。

表 7-12　受访农户对耕地保护基金补贴依据的选择

满意度	整体		城乡接合部		典型农村	
	样本数/份	比例/%	样本数/份	比例/%	样本数/份	比例/%
不应该	211	71.3	95	70.4	116	72.0
不清楚	13	4.4	7	5.2	6	3.7
应该	72	24.3	33	24.4	39	24.2
总计	296	100.0	135	100.0	161	100.0

综上所述，虽然大多数农户对耕地保护基金的补贴依据比较满意，但是现行的补贴依据仍旧存在不足之处，而且补贴依据单一。今后还应该考虑粮食产量、生产投入等因素，完善补贴依据。

(4)农户对耕地保护基金补贴资金分配比例的满意度。

如表 7-13 所示，从整体上看，对耕地保护基金补贴资金分配比例"比较满意"的受访农户最多，占比 56.1%；认为"一般"的受访农户占比 23.0%；认为"非常满意"的受访农户比例为 12.2%；对耕地保护基金补贴资金分配比例"略有不满"和"极不满意"的受访农户仅占 8.8%。总体上受访农户对耕地保护基金补贴资金分配比例比较满意。

从不同地区的满意度评价结果来看，城乡接合部受访农户选择"极不满意"和"略有不满"的比例(1.5%、11.9%)均明显高于典型农村(0 和 5.0%)；城乡接合部受访农户选择"一般"的比例为 28.9%，显著高于典型农村的 18.0%；在"比较满意"和"非常满意"两种满意程度上，城乡接合部受访农户的满意度(49.6%、8.1%)明显低于典型农村(61.5%、15.5%)。

表 7-13　受访农户对耕地保护基金补贴资金分配比例的满意度

满意度	整体		城乡接合部		典型农村	
	样本数/份	比例/%	样本数/份	比例/%	样本数/份	比例/%
极不满意	2	0.7	2	1.5	0	0
略有不满	24	8.1	16	11.9	8	5.0
一般	68	23.0	39	28.9	29	18.0
比较满意	166	56.1	67	49.6	99	61.5
非常满意	36	12.2	11	8.1	25	15.5
总计	296	100.0	135	100.0	161	100.0

(5) 农户对耕地保护基金补贴资金使用要求的满意度。

如表 7-14 所示，从整体来看，受访农户对资金使用要求"比较满意"和"一般"的比例较高，分别为 56.1%和 22.0%；认为"非常满意"的受访农户比例为12.2%；认为"略有不满"和"极不满意"的受访农户比例分别为 9.5%和 0.3%。因此，受访农户对耕地保护基金补贴资金使用要求基本上满意。

表 7-14　受访农户对耕地保护基金补贴资金使用要求的满意度

满意度	整体		城乡接合部		典型农村	
	样本数/份	比例/%	样本数/份	比例/%	样本数/份	比例/%
极不满意	1	0.3	1	0.7	0	0
略有不满	28	9.5	18	13.3	10	6.2
一般	65	22.0	37	27.4	28	17.4
比较满意	166	56.1	69	51.1	97	60.2
非常满意	36	12.2	10	7.4	26	16.1
总计	296	100.0	135	100.0	161	100.0

从不同地区的满意度评价结果来看，城乡接合部受访农户对耕地保护基金补贴资金使用要求的满意度在"一般"及以下程度上的比例(41.4%)显著高于典型农村的农户比例(23.6%)；在"比较满意"和"非常满意"的程度上，城乡接合部受访农户的比例分别为 51.1%和 7.4%，均低于典型农村受访农户的比例(60.2%和16.1%)。由此说明，典型农村受访农户对耕地保护基金补贴资金使用要求的满意度略高于城乡接合部。

在与农户的半结构访谈中获知，一方面，农户尚不清楚耕地流转担保金的作用，认为不应该从补贴资金中扣除；另一方面，受访农户表示现有的农业保险保额太低，如果出现自然灾害，一亩地才赔偿十几块钱，起不到太大的作用。因此，农户认为耕地流转担保金和农业保险补贴的资金分配不合理。同时，由于城乡接合部农户的人均耕地面积较少，他们对于农地的依赖程度不高，不愿意对耕地有过多的投入。

(6)农户对耕地保护基金(政府对耕地保护补贴资金的)监督管理的满意度。

由表 7-15 可知，从整体来看，受访农户选择"非常满意"的比例为 11.5%，选择"比较满意"的比例为 34.8%，选择"一般"的比例为 35.8%，选择"略有不满"和"极不满意"的分别占 15.9%和 2.0%。从不同地区的满意度评价结果来看，对耕地保护基金监督管理的满意度在"一般"及以下的程度上，城乡接合部的农户比例(36.3%、19.3%和 3.7%)均高于典型农村(35.4%、13.0%和 0.6%)；在"比较满意"和"非常满意"的选择上，城乡接合部受访农户的比例(31.9%和 8.9%)均低于典型农村(37.3%和 13.7%)。

表 7-15　受访农户对耕地保护基金监督管理的满意度

满意度	整体		城乡接合部		典型农村	
	样本数/份	比例/%	样本数/份	比例/%	样本数/份	比例/%
极不满意	6	2.0	5	3.7	1	0.6
略有不满	47	15.9	26	19.3	21	13.0
一般	106	35.8	49	36.3	57	35.4
比较满意	103	34.8	43	31.9	60	37.3
非常满意	34	11.5	12	8.9	22	13.7
总计	296	100.0	135	100.0	161	100.0

因此，整体上受访农户对耕地保护基金监督管理的满意度较低。在实地调查的过程中发现，政府部门已经采取相应措施对农户的耕地保护行为进行监管。例如，在对农田生态环境的改善方面，政府通过罚款和取消耕地保护基金的方式禁止农民露天焚烧秸秆。但是，政府对耕地保护基金实施的监管力度尚存在很大不足。主要表现在：一是耕地保护基金的相关文件规定，补贴给村集体经济组织的资金，在扣除耕地流转担保金和农业保险补贴后，每年定期按保护耕地的面积给予现金补贴。部分农户反映，由于政府部门的监管不力，补贴给村集体的耕地保护基金存在挪用情况。二是由于补贴给农户的耕地保护基金应优先用于购买养老保险，符合一定条件时方可提取现金。但是，有的乡镇在农户不符合取现的条件下，仍旧允许农户提取现金。例如，在某些地区部分村的实地调查中，受访农户反映农户在不符合取现条件的情况下，由村委会开具贫困证明可以去银行取现，这样一些与村干部存在亲朋关系或者利益关系的农户便可违规提取现金。三是对违反耕地保护基金规定的行为监管不力，如农户将水田改为旱地却未更改耕地保护台账(每亩水田的耕地保护基金高于旱地，部分农户在耕地保护台账建立后私自将水田改为旱地，但仍享受水田的耕地保护基金补贴标准)，以及耕地抛荒、

违建等。

(7) 农户对耕地保护基金账务公开的满意度。

由表 7-16 可知，从整体上看，受访农户对账务公开的满意度多集中在"一般"的程度上，占比 36.8%；选择"非常满意"和"比较满意"的受访农户占比 11.8%和 30.1%；选择"略有不满"和"极不满意"的受访农户所占比例分别为 17.9%和 3.4%。从不同地区的满意度评价结果来看，对耕地保护基金账务公开的满意度在"一般"及以下的程度上，城乡接合部和典型农村受访农户的比例分别为 63.6%和 53.3%。由此可见，无论是从整体上还是从不同地区的满意度评价结果来看，受访农户对于耕地保护基金账务公开的满意度均较低。通过实地调查，仅有少数乡镇的账务公开度比较透明，村委会通过公示栏、村民会议等方式将耕地保护基金收支情况予以公告。大部分农户仅知道自己耕保卡上有多少补贴资金，对于补偿给村集体的资金及其用途不甚明了，且尚不明确耕地流转担保金的作用及使用情况。

表 7-16　受访农户对耕地保护基金账务公开的满意度

满意度	整体		城乡接合部		典型农村	
	样本数/份	比例/%	样本数/份	比例/%	样本数/份	比例/%
极不满意	10	3.4	8	5.9	2	1.2
略有不满	53	17.9	28	20.7	25	15.5
一般	109	36.8	50	37.0	59	36.6
比较满意	89	30.1	36	26.7	53	32.9
非常满意	35	11.8	13	9.6	22	13.7
总计	296	100.0	135	100.0	161	100.0

2. 基于 TOPSIS 法的耕地保护经济补偿满意度评价及障碍因子诊断

如前所述，农户对耕地保护基金构成要素的满意度差异性较大。为了进一步量化耕地保护基金各个构成要素影响受访农户做出满意度评价决策的重要程度，本书运用基于 TOPSIS 法的满意度评价模型，首先对耕地保护基金总体满意度进行评价，然后通过计算构成要素的障碍度，厘清影响耕地保护基金满意度的障碍因子。

1) 成都市耕地保护基金满意度评价

(1) 评价指标的描述性分析。

从受访农户对耕地保护基金构成要素的满意度评价均值来看(表 7-17)，整体上农户对耕地保护基金补贴标准、补贴方式、补贴依据、补贴资金分配比例和补贴资金使用要求的满意度均值分别为 3.811、3.804、3.774、3.709、3.703，均属于

"良好"等级(评价等级表见表 7-7,下同)。补贴资金监督管理、补贴资金账务公开的满意度均值分别为 3.378、3.291,均属于"一般"等级,且标准差相对较大,说明农户对这两种要素的满意度波动性大。从不同地区的满意度评价结果来看,城乡接合部受访农户对补贴标准、补贴方式、补贴依据、补贴资金分配比例和补贴资金使用要求的满意度均值较高,分别为 3.681、3.652、3.644、3.511、3.511,处于"良好"等级,而补贴资金监督管理和补贴资金账务公开的满意度均值得分较低,分别为 3.230、3.133,处于"一般"等级。典型农村受访农户对补贴标准、补贴依据、补贴方式、补贴资金分配比例、补贴资金使用要求、补贴资金监督管理的满意度均值较高,分别为 3.919、3.932、3.882、3.876、3.863、3.503,均处于"良好"等级,而受访农户对耕地保护基金账务公开满意度的均值为 3.422,处于"一般"等级。

表 7-17　受访农户对耕地保护基金构成要素的满意度评价

评价指标	整体				城乡接合部				典型农村			
	最小值	最大值	均值	标准差	最小值	最大值	均值	标准差	最小值	最大值	均值	标准差
补贴标准满意度	1	5	3.811	0.784	1	5	3.681	0.740	1	5	3.919	0.806
补贴方式满意度	1	5	3.804	0.783	1	5	3.652	0.831	2	5	3.932	0.717
补贴依据满意度	1	5	3.774	0.768	1	5	3.644	0.758	2	5	3.882	0.761
补贴资金分配比例满意度	1	5	3.709	0.809	1	5	3.511	0.863	2	5	3.876	0.722
补贴资金使用要求满意度	1	5	3.703	0.815	1	5	3.511	0.845	2	5	3.863	0.754
补贴资金监督管理满意度	1	5	3.378	0.952	1	5	3.230	0.985	1	5	3.503	0.909
补贴资金账务公开满意度	1	5	3.291	1.003	1	5	3.133	1.042	1	5	3.422	0.953
均值	1	5	3.639	0.845	1	5	3.480	0.866	1.5	5	3.771	0.803

(2)构建规范化决策矩阵和正、负理想解。

根据式(2-31)~式(2-37),构建评价指标加权的决策矩阵,并确定指标的正、负理想解。表 7-18 显示,评价指标的正理想解是不同地区农户满意度评价结果中相应指标评价值的最大值,负理想解是其最小值。其中,在 7 个指标的正理想解中,整体上来看,C_2、C_3、C_4、C_5 的评价值为正理想解;从不同地区来看,成都市典型农村中 C_1、C_6、C_7 的评价值为正理想解,而城乡接合部受访农户对耕地保护基金构成要素满意度的评价值均没有达到理想值。以上表明,整体上受访农户对耕地保护基金的补贴方式、补贴依据、补贴资金分配比例和补贴资金使用要求满意度评价最高。成都市典型农村地区在耕地保护补贴标准、耕地保护补贴资金监督管理、耕地保护补贴资金账务公开方面做得较好，农户满意度较高。但是，相比之下，城乡接合部在耕地保护基金的各个方面都有很大的提升空间。

表 7-18　规范化决策矩阵及指标正、负理想解

评价指标	典型农村	城乡接合部	整体	正理想解 M^+	负理想解 M^-
对耕地保护补贴标准是否满意 C_1	0.074	0.068	0.071	0.074	0.068
对耕地保护补贴方式是否满意 C_2	0.068	0.070	0.074	0.074	0.068
对耕地保护补贴依据是否满意 C_3	0.088	0.093	0.098	0.098	0.088
对耕地保护补贴资金分配比例是否满意 C_4	0.073	0.073	0.079	0.079	0.073
对耕地保护补贴资金使用要求是否满意 C_5	0.075	0.075	0.081	0.081	0.075
对耕地保护补贴资金监督管理是否满意 C_6	0.118	0.105	0.112	0.118	0.105
对耕地保护补贴资金账务公开是否满意 C_7	0.137	0.121	0.130	0.137	0.121

(3) 耕地保护基金农户满意度的贴近度分析。

利用式(2-38)～式(2-40)，计算耕地保护基金的综合满意度指数以及正理想解的贴近度。由表 7-19 可知，整体上耕地保护基金农户满意度正理想解的贴近度为 0.65，对应的满意度评价水平为"良好"(满意度评判标准见表 2-4，下同)；典型农村耕地保护基金农户满意度正理想解的贴近度为 0.60，对应的满意度评价水平为"一般"；城乡接合部耕地保护基金农户满意度正理想解的贴近度为 0.18，对应的满意度评价水平为"较差"。由此可见，典型农村和城乡接合部受访农户对耕地保护基金的满意度评价存在显著的区域差异。

表 7-19　耕地保护基金农户满意度的贴近度

区域	贴近度	评价水平
典型农村	0.60	一般
城乡接合部	0.18	较差
整体	0.65	良好

2) 成都市耕地保护基金满意度评价的障碍因子诊断

运用式(2-41)，对影响其满意度评价的障碍因子进行诊断，结果见表 7-20。按照障碍度大小，对 7 个障碍因子进行排序。结果显示，无论是从整体还是不同地区来看，影响耕地保护基金农户满意度评价的障碍因子呈现出一致性。依据障碍度从大到小排序，依次为对耕地保护补贴资金账务公开是否满意 C_7、对耕地保护补贴资金监督管理是否满意 C_6、对耕地保护补贴依据是否满意 C_3、对耕地保护补贴资金使用要求是否满意 C_5、对耕地保护补贴资金分配比例是否满意 C_4、对耕地保护补贴方式是否满意 C_2 和对耕地保护补贴标准是否满意 C_1，且补贴资金账

务公开度和对耕地保护补贴资金监督管理的障碍度明显大于其他因子。

表 7-20　耕地保护基金满意度评价的障碍因子及障碍度　　　　（单位：%）

区域	类别	指标排序						
		1	2	3	4	5	6	7
典型农村	障碍因素	C_7	C_6	C_3	C_5	C_4	C_2	C_1
	障碍度	24.40	19.21	14.32	12.42	11.89	10.28	7.49
城乡接合部	障碍因素	C_7	C_6	C_3	C_5	C_4	C_2	C_1
	障碍度	26.86	21.13	12.12	11.35	10.99	9.05	8.50
整体	障碍因素	C_7	C_6	C_3	C_5	C_4	C_2	C_1
	障碍度	27.32	21.50	12.18	10.98	10.58	8.92	8.51

综上所述，成都市耕地保护基金自实施以来在一定程度上获得了农户的认可，但是其运行机制尚有较大的改善空间。具体表现为，农户对其补贴标准、补贴方式和补贴资金分配比例的满意度较高，对补贴资金账务公开度、补贴资金监督管理、补贴依据和补贴资金使用要求的满意度比较低。因此，成都市耕地保护基金在以后的实施过程中，应首先从因子障碍度较高的构成要素进行改善，同时还应合理重视其他要素，以便全方位地提高农户对耕地保护基金的满意度，切忌"顾此失彼"。

3. 基于多元 Logistic 回归的耕地保护基金农户满意度影响因素分析

农户的耕地保护行为既是对社会、经济、自然资源环境相适应的结果，也是根据环境调整自己行为方式的表现。在目前耕地保护政策的宏观背景下，农民的耕地保护行为不可能完全遵从经济利益最大化的目标，农民多是考虑耕地保护对自己生产、生活的影响，即在"有限理性"的支配下，按自己所具有的计算和认知能力做出的主观抉择(杨唯一，2015；陈小伍，2008)。因此，农户满意度的高低，不仅受到耕地保护基金构成要素的影响，还受到农户自身因素的影响。基于耕地保护经济补偿构成要素和农户自身特性，将前者归纳为影响农户满意度的内部因素，后者归纳为影响农户满意度的外部因素，耕地保护经济补偿农户满意度受到外部因素和内部因素的共同影响。一方面，农户的自身条件、自然环境条件和社会环境条件的差异性，会导致农户的有限理性决策能力不同，进而影响农户对耕地保护经济补偿的总体满意度感知；另一方面，耕地保护经济补偿构成要素决定了其运行机制的可行性，农户对不同要素的认知将直接影响农户的总体满意度感知。理论框架如图 7-12 所示。

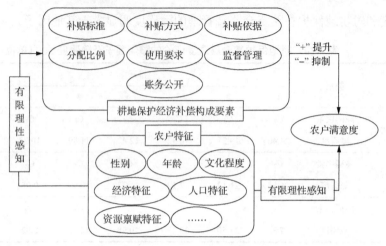

图 7-12　耕地保护经济补偿农户满意度影响机理的理论框架

从农户特征出发，探讨耕地保护基金满意度评价的影响因素是必要的。通过描述性分析可知，受访农户对耕地保护基金实施的满意度评价在地域特征和农户特征等方面存在差异，并呈现一定的规律性，但还不足以说明这些特征差异对农户感知耕地保护基金满意度评价的影响程度。因此，本书运用前文构建的基于多元 Logistic 回归的满意度影响因素评价模型(式(2-42)、式(2-43)、式(2-44))，深入分析农户对耕地保护基金满意度感知的影响因素。

1)农户感知耕地保护基金满意度影响因素的理论基础

刘小庆和蔡银莺(2014)通过对成都市永安镇、金桥镇和崇州市江源镇的实证调查发现,农户的个体特征(文化程度)、家庭特征(耕地破碎度、生计多样性指数)、政策认知及政策影响感知(耕地投入感知和养老保险感知)等因素对耕地保护基金满意度感知起决定性作用。孙沁谷(2012)在对成都市耕地保护基金农户满意度的研究中，通过 SPSS 进行单因素相关分析，得出农户个体特征中的年龄和家庭经济水平及收入来源对农户的满意度影响显著。余亮亮和蔡银莺(2016)利用 Ordered Probit 模型，对成都市耕地保护基金农户满意度进行实证检验，结果表明土地流向(土地转入或转出)显著影响农户的满意度，而农户的个体特征和家庭特征对农户满意度的影响均不显著。

结合现有成果，选择农户的个人特征(性别、年龄、文化程度、是否党员、是否村干部)、家庭特征(家庭人口特征：家庭总人数、劳动力人数、被抚养人数、兼业人数；家庭经济特征：近三年家庭年平均收入、近三年家庭农业年平均收入和家庭主要收入来源)、资源禀赋特征(承包耕地面积、实际经营耕地面积、流转入耕地面积和流转出耕地面积)、地域特征(城乡接合部、典型农村)和政策认知特征(农户对耕地保护基金的了解程度、农户对实施耕地保护基金价值性的认知和农户对耕地保护基金补偿对象的认知)共五个方面分析耕地保护基金农户满意度的影响因素。

2) 农户感知耕地保护基金满意度的影响因素分析

(1) 数据处理。

因变量为农户对耕地保护基金满意度评价值，分为"非常满意"、"比较满意"、"一般"、"略有不满"和"极不满意"五个等级。由于 296 位受访农户中选择"极不满意"的仅有 2 位，为了满足模型中 Pearson 卡方检验和 Deviance 检验对观测样本频数的要求(列联表单元格中的观测频数不应小于 10)(薛薇，2014)，将"极不满意"和"略有不满"统一合并为"不满意"。因此，因变量取值限定为[1,4]，即"不满意"定义为 $Y=1$；"一般"定义为 $Y=2$；"比较满意"定义为 $Y=3$；"非常满意"定义为 $Y=4$。

由于部分自变量间存在较高的相关性，若全部代入模型估计，既容易导致模型无统计学意义，又容易造成多数自变量显著性水平不高或达不到显著性水平，所以在做 Logistic 回归分析时，一般不会把所有自变量同时代入模型。在剔除相关性较高的自变量后，最终选取性别、年龄、文化程度、是否党员、被抚养人数、劳动力人数、家庭主要收入来源、近三年家庭年平均收入、承包耕地面积、实际经营耕地面积、流转出耕地面积、地域特征、对耕地保护基金的了解程度、对耕地保护基金价值性的认知、对耕地保护基金补贴对象的认知等 15 个变量进入模型估计。自变量定义如下表 7-21 所示。

表 7-21　变量定义

变量类别	变量名称	变量定义
农户个人特征	性别 X_1	"男" =1，"女" =0
	年龄 X_2	"35 岁以下" =1，"36~45 岁" =2，"46~60 岁" =3，"61 岁以上" =4
	文化程度 X_3	"未上过学" =1，"小学" =2，"初中" =3，"高中或中专及以上" =4
	是否党员 X_4	"是" =1，"否" =0
人口特征	被抚养人数 X_5	"0 人" =1，"1~2 人" =2，"≥3 人" =3
	劳动力人数 X_6	"≤2 人" =1，"3~4 人" =2，">4 人" =3
经济特征	家庭主要收入来源 X_7	"种地" =1，"务工" =2，"经商" =3 "其他" =4
	近三年家庭年平均收入 X_8	"≤1 万元" =1，"(1,3]万元" =2，">3 万元" =3
资源禀赋特征	承包耕地面积 X_9	按实际面积
	实际经营耕地面积 X_{10}	按实际面积
	流转出面积 X_{11}	按实际面积
地域特征	地域特征 X_{12}	城乡接合部=1，典型农村=0
政策认知特征	对耕地保护基金的了解程度 X_{13}	"不了解" =1，"部分了解" =2，"完全了解" =3
	对耕地保护基金价值性的认知 X_{14}	"没意义" =1，"不清楚" =2，"有意义" =3
	对耕地保护基金补贴对象的认知 X_{15}	"转出方" =1，"转入方" =2，"转入转出两方协商" =3

注：由于受访农户中"大专及以上"的农户仅有 6 人，为符合统计学要求，将其合并到"高中或中专"的文化程度类别。

(2)模型检验。

在 SPSS 22.0 中，运用多元 Logistic 回归模型对问卷数据进行分析(显著性水平设定为 0.1%)。

表 7-22　模型拟合信息

模型	-2 对数似然值	卡方	自由度	显著性水平
仅限截距	632.759			
最终结果	542.129	90.630	15	0.000

由表 7-22 可知，当前模型的-2 对数似然值为 542.129，卡方值为 90.630，自由度为 15。显著性水平为 0.000，在 0.01 的显著性水平上显著，说明本书所选择的解释变量全体与所选模型广义 Logit P 之间的线性关系显著，模型选择正确。

从输出模型拟合度检验的统计量来看(表 7-23)，相关系数检验(Pearson 卡方检验)和离差检验(Deviance 检验)的显著性水平分别为 0.203 和 1.000，均大于显著性水平 0.1，说明所选模型的拟合度是比较理想的。

表 7-23　输出模型拟合度检验

变量	卡方	自由度	显著性水平
相关系数	892.138	858	0.203
离差	540.743	858	1.000

从回归线(面)平行检验结果来看(表 7-24)，显著性水平为 0.180，大于显著性水平 0.1，因此说明所选择模型之间的斜率不存在显著差异，所选择的连接函数(Logit 函数)是恰当的。

表 7-24　平行线检验

模型	-2 对数似然值	卡方	自由度	显著性水平
虚无假设	542.129			
一般化	505.241	36.889	30	0.180

拟合度反映了回归方程对变量拟合程度的优劣，书中使用 Cox 和 Snell(C-S)、Nagelkerke 以及 McFadden 三个参数进行解释。从这三种模型的伪决定系数(假 R 平方)来看(表 7-25)，C-S、Nagelkerke 和 McFadden 的值分别为 0.264、0.299、0.143，表明模型拟合度较差，即因变量和解释变量之间的相关关系一般。但对于分类数据而言，伪决定系数一般较低，且模型的拟合检验在统计上均显著。因此，整体而言，所选模型拟合度较好，即所选预测变量适合该模型。

综合以上分析，所选用的多元 Logistic 回归分析模型能够较好地解释预测变量之间的关系。

表 7-25 假 R 平方

拟合度指标	拟合优度得分
Cox 和 Snell	0.264
Nagelkerke	0.299
McFadden	0.143

(3)模型结果与分析。

如表 7-26 所示,在受访农户的个体特征方面,性别和文化程度没有通过显著性水平检验。但是,从影响方向来看,性别与耕地保护基金总体满意度呈负相关关系,说明女性对耕地保护基金的满意度评价高于男性;文化程度与耕地保护基金总体满意度呈正相关关系,说明文化程度越高,受访农户对耕地保护基金的总体满意度评价越高;年龄和是否党员分别在 0.1 和 0.01 的显著性水平上显著且影响方向均为正向,说明受访农户的年龄越大,对耕地保护基金的满意度越高;同时,有党员身份的农户对耕地保护基金的满意度更高。

表 7-26 模型估计结果

变量	系数估计	标准差	Wald 统计量	自由度	显著性水平	90%置信区间 下限	上限
截距项 1	3.799	1.650	5.305	1	0.021	1.086	6.512
截距项 2	5.483	1.658	10.938	1	0.001	2.756	8.210
截距项 3	9.026	1.725	27.387	1	0.000	6.189	11.863
性别	−0.143	0.252	0.323	1	0.570	−0.557	0.271
年龄	0.302*	0.165	3.354	1	0.067	0.031	0.573
文化程度	0.128	0.191	0.445	1	0.505	−0.187	0.442
是否党员	2.041***	0.491	17.240	1	0.000	1.232	2.849
近三年家庭年平均收入	0.162	0.259	0.390	1	0.532	−0.265	0.588
家庭主要收入来源	0.309	0.269	1.322	1	0.250	−0.133	0.751
被抚养人数	−0.416*	0.233	3.198	1	0.074	−0.798	−0.033
劳动力人数	−0.117	0.251	0.215	1	0.643	−0.530	0.297
承包耕地面积	−0.415***	0.140	8.819	1	0.003	−0.644	−0.185
实际经营耕地面积	0.738***	0.180	16.763	1	0.000	0.441	1.034
流转出耕地面积	0.727***	0.173	17.451	1	0.000	0.443	1.011
地域特征	−0.150	0.268	0.313	1	0.576	−0.590	0.291
对耕地保护基金的了解程度	0.955***	0.265	13.015	1	0.000	0.520	1.391
耕地保护基金价值性认知	0.749**	0.320	5.462	1	0.019	0.222	1.276
对耕地保护基金补贴对象的认知	0.161	0.284	0.321	1	0.571	−0.307	0.629

*表示在 0.1 的显著性水平上显著;

**表示在 0.05 的显著性水平上显著;

***表示在 0.01 的显著性水平上显著。

在受访农户的家庭经济结构特征方面，近三年家庭年平均收入和家庭主要收入来源均未通过显著性检验，但是其作用方向均为正向影响，说明近三年家庭年平均收入越高，农户对耕地保护基金的满意度评价越高。同时，以非农收入为主要经济来源的受访农户比以种地为主的受访农户对耕地保护基金的满意度更高。

在家庭人口结构特征方面，被抚养人数在 0.1 的显著性水平上显著。由于其作用方向为负，说明被抚养人数越多，农户对耕地保护基金的满意度越低。劳动力人数未通过显著性检验，但其作用方向为负，说明劳动力人数越多，农户对耕地保护基金的满意度越低。

在资源禀赋特征方面，承包耕地面积、实际经营耕地面积和流转出耕地面积均在 0.01 的显著性水平上显著。从作用方向来看，承包耕地面积与农户的耕地保护基金满意度评价呈负相关关系。调查发现，部分受访农户对于家庭承包耕地的概念不太明了，误将家庭流转入的耕地面积算作家庭承包耕地面积，但由于流转入的耕地不享受耕地保护基金补贴，这部分农户对耕地保护基金的满意度不高。家庭实际经营耕地面积和流转出耕地面积系数为正，说明这两个因素与农户对耕地保护基金满意度评价呈正相关关系。

在地域特征方面，城乡接合部和典型农村受访农户的满意度不具有统计学意义上的显著性差异，但从其作用方向上可以看出，地域特征与农户对耕地保护基金的满意度评价呈负相关关系，说明典型农村的受访农户比城乡接合部的受访农户对耕地保护基金的满意度评价更高。

在农户的认知特征方面，农户对耕地保护基金的了解程度和对耕地保护基金价值性的认知分别在 0.01 和 0.05 的显著性水平上显著，且其作用方向均为正向。说明农户对耕地保护基金的了解程度越高，农户的满意度越高；农户对耕地保护基金价值性越认同，其满意度也越高。农户对耕地保护基金补贴对象的认知未通过显著性检验，但从作用方向来看，与农户对耕地保护基金的满意度评价呈正相关关系，说明对于耕地保护基金的发放，农户更倾向于由土地转入方和转出方协商决定。

7.2.2　试点地区耕地保护经济补偿效应评价

现阶段，我国的耕地保护经济补偿实践模式多样，不同的补偿模式代表着不同主体的利益诉求。农户作为耕地保护最主要的利用(经营)主体，其耕地保护行为既是对社会、经济和自然资源环境相适应的结果，也是根据环境调整自己行为方式的表现(陈小伍，2008)。同时，农户对耕地保护经济补偿的感知和意愿可直接关系经济补偿模式能否顺利进行(孙海兵，2010)。因此，研究农户对现行耕地保护经济补偿效应的感知，能够有效检验现有补偿模式的实施成效及补偿机制运行的可持续性。

　　由成都市耕地保护基金的农户满意度评价可知，受访农户对成都市耕地保护基金的满意度评价属于"良好"等级，满意度提升空间仍然较大。在这种情况之下，农户的耕地保护意识和行为是否转变，耕地保护基金实施以来所产生的经济、社会、生态效应如何，这些问题有待商榷。基于此，本书选择在全国率先实施耕地保护基金的四川省成都市进行实证分析，通过农户调查获得的微观数据，采用本书构建的基于模糊综合评价法的耕地保护经济补偿效应评价模型，探讨试点地区耕地保护经济补偿的综合效应和单项效应(社会效应、经济效应、生态效应)，以期为建立切实有效的耕地保护经济补偿效应评估机制，保障耕地保护经济补偿机制运行的可持续性，提供理论和现实依据。

　　1. 基于农户视角的耕地保护经济补偿效应识别

　　1)基于农户视角的耕地保护基金综合效应识别

　　本书用农户对耕地保护基金目的实现程度的感知来表征耕地保护基金实施后的综合效应。在实证调查的过程中，课题组人员首先将耕地保护基金的目的向受访农户予以说明，然后提出问题"您认为耕地保护基金政策实施以来是否实现上述目的？"，受访农户可回答"全部实现"、"部分实现"、"没有实现"或"不清楚"。

　　由表 7-27 可知，受访农户对耕地保护基金综合效应感知的差异性较大。从整体上看，在 296 位受访农户中，2.4%的受访农户认为耕地保护基金没有实现其目的；4.7%的受访农户对耕地保护基金是否实现其目的含糊不清；58.4%的受访农户认为耕地保护基金实现了部分目的；仅有 34.5%的受访农户认为耕地保护基金政策实施以来其目的全部实现。从不同地区的调查结果来看，城乡接合部受访农户认为耕地保护基金的目的部分实现和全部实现的比例分别为 57.8%和 31.9%，略低于典型农村受访农户的认可度(59.0%和 36.6%)。由此说明，耕地保护基金实施近十年来，取得的综合效应较为明显，但与预期效应的差距尚远。

表 7-27　受访农户对耕地保护基金实施成效的总体感知

感知结果	整体		城乡接合部		典型农村	
	样本数/户	比例/%	样本数/户	比例/%	样本数/户	比例/%
其目的没有实现	7	2.4	4	3.0	3	1.9
不清楚是否实现应有目的	14	4.7	10	7.4	4	2.5
部分目的已实现	173	58.4	78	57.8	95	59.0
应有目的全部实现	102	34.5	43	31.9	59	36.6
总计	296	100.0	135	100.0	161	100.0

　　2)基于农户视角的耕地保护基金单项效应识别

　　耕地保护经济补偿单项效应从宏观层面来讲，分为经济效应、社会效应、生态效应。

(1)基于农户视角的耕地保护基金经济效应识别。

耕地保护基金的经济效应主要分为两个部分(图 7-13):一是直接经济效应。成都市耕地保护基金的使用要求规定,符合一定条件的农户可提取现金。因此,耕地保护基金产生的直接经济效应提高了符合提取现金条件的农户的家庭经济收入。二是间接经济效应。耕地保护基金一方面减轻了农户的养老保险负担从而减少家庭开支,另一方面促使农户积极保护耕地,改善耕地质量,从而增加耕地的经济产出,以此提高农户的经济收入。本书把耕地保护基金对农户家庭经济收入水平的影响程度,作为农户对耕地保护基金经济效应的感知。问题设置如下:"您认为耕地保护基金对您家庭收入有什么影响?",农户可选择"显著增加"、"少量增加"或"无变化";"耕地保护基金实施以来,您的家庭生活水平发生了怎样的变化?",农户可选择"很大提高"、"略有提高"或"无变化"。

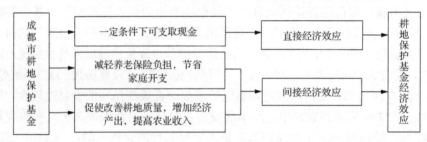

图 7-13　耕地保护基金经济效应

由表 7-28 可知,从整体上看,12.2%的受访农户认为耕地保护基金实施以来家庭收入无变化,76.7%的受访农户认为家庭收入少量增加,11.1%的农户认为家庭收入显著增加。从不同地区来看,城乡接合部受访农户认为耕地保护基金使家庭收入"少量增加"和"显著增加"的比例(73.3%、8.1%)均低于典型农村(79.5%、13.7%)。由此说明,耕地保护基金增加了农户的家庭收入,但影响程度较低。同时,城乡接合部和典型农村受访农户的认知存在一定的差异性。

表 7-28　耕地保护基金对农户家庭收入影响的感知分布情况

感知结果	整体		城乡接合部		典型农村	
	样本数/户	比例/%	样本数/户	比例/%	样本数/户	比例/%
家庭收入无变化	36	12.2	25	18.5	11	6.8
家庭收入少量增加	227	76.7	99	73.3	128	79.5
家庭收入显著增加	33	11.1	11	8.1	22	13.7
总计	296	100.0	135	100.0	161	100.0

由表 7-29 可知,从整体上看,15.5%的受访农户认为家庭生活水平无变化,

71.0%的受访农户认为生活水平略有提高,13.5%的受访农户认为生活水平有很大提高。从不同地区来看,城乡接合部受访农户认为生活水平无变化的比例(20.7%)高于典型农村的农户比例(11.2%);认为生活水平有很大提高的农户比例(8.9%)低于典型农村的农户比例(17.4%)。因此,从受访农户的感知结果来看,耕地保护基金对农户的家庭生活水平产生了影响,但影响程度不高;同时,耕地保护基金对典型农村农户的家庭生活水平影响相对较大。

表 7-29　耕地保护基金对农户家庭生活水平影响感知的分布情况

感知结果	整体		城乡接合部		典型农村	
	样本数/户	比例/%	样本数/户	比例/%	样本数/户	比例/%
生活水平无变化	46	15.5	28	20.7	18	11.2
生活水平略有提高	210	71.0	95	70.4	115	71.4
生活水平有很大提高	40	13.5	12	8.9	28	17.4
总计	296	100.0	135	100.0	161	100.0

综上所述,耕地保护基金实施后产生了一定的经济效应,但其影响程度较低。显然,政府实施耕地保护基金以增加农民收入的目的很好,但是取得的实际效果与预期目标还有很大差距。同时,城乡接合部和典型农村的地域差异使得耕地保护基金的经济效应呈现一定的地域差异性。

(2)基于农户视角的耕地保护基金社会效应识别。

耕地保护基金的社会效应主要体现在三个方面:一是保障国家的粮食安全;二是加快建立农民的养老保险体系;三是改变农民的耕地保护观念。本书从耕地保护基金对农民养老保险的影响程度和农民在耕地保护观念方面的改变来探讨其社会效应。问题设置如下:"您认为耕地保护基金政策对您的养老保障影响程度如何?",农户可回答"极大减轻了购买养老保险的负担"、"稍微减轻了购买养老保险的负担"或"没有影响";"耕地保护基金实施以来,您是否将其优先用于购买养老保险?",答案设置为"是"和"否";"耕地保护基金实施以来,您家承包的耕地存在哪些情形?",答案设置为"自行或允许他人在耕地上建窑、建坟"、"擅自在耕地上建房、挖沙、采石、采矿、取土、挖鱼塘、堆放废弃物"、"闲置荒芜耕地"和"无任何违约行为";"若发现有侵占、破坏耕地和其他违反耕地保护制度的行为,您是否能够主动予以制止、检举",农户可回答"是"或"否"。

由表 7-30 可知,整体上看,63.2%的受访农户认为耕地保护基金稍微减轻了购买养老保险的负担,26.0%的受访农户认为耕地保护基金极大减轻了购买养老保险的负担,仅有 10.8%的受访农户表示耕地保护基金对购买养老保险没有影响。从不同地区来看,城乡接合部受访农户认为耕地保护基金对购买养老保险没有影响的比例(14.1%)高于典型农村的比例(8.1%),而认为极大减轻了购买养老保险负担的农户比例(20.7%)低于典型农村的农户比例(30.4%)。这表明了耕地保护基金的实施,加快了农民养老保险体系的建立,但其影响力度尚显不足。相比之下,耕地保护基金对典型农村农户的购买养老保险负担的减轻效果更为明显。调查可知,目前养老保险在农村已经普遍被农民接受,但是由于农户家庭的经济能力较低,大多数人不愿意自己出钱购买养老保险。农民认为耕地保护基金在养老保险方面的作用属于"外来之财",能够帮助其解除年老后的"后顾之忧"。但是随着人口老龄化的加剧和耕地非农化速度的加快,农户获得的耕地保护基金大多仅能满足一名家庭成员的养老保险费用,尚不能从根本上解决农民的养老保障问题。

表 7-30　耕地保护基金对农民养老保险影响的感知情况

感知结果	整体		城乡接合部		典型农村	
	样本数/户	比例/%	样本数/户	比例/%	样本数/户	比例/%
对购买养老保险没有影响	32	10.8	19	14.1	13	8.1
稍微减轻了购买养老保险的负担	187	63.2	88	65.2	99	61.5
极大减轻了购买养老保险的负担	77	26.0	28	20.7	49	30.4
总计	296	100.0	135	100.0	161	100.0

由表 7-31 可知,无论从整体上还是不同地区来看,受访农户大多表示能够将耕地保护基金优先用于购买养老保险,一方面是由于不符合提取现金条件的农户只能将耕地保护基金优先用于购买养老保险或者存放在耕保卡中,另一方面也说明了农民对养老保险的认可度越来越高。但是,仍然存在部分农户宁愿将耕地保护基金存放在耕保卡里面(不符合条件者不能取现),也不愿意购买养老保险。

表 7-31　受访农户养老保险购买选择的感知情况

感知结果	整体		城乡接合部		典型农村	
	样本数/户	比例/%	样本数/户	比例/%	样本数/户	比例/%
没有优先购买养老保险	34	11.5	20	14.8	14	8.7
优先购买养老保险	262	88.5	115	85.2	147	91.3
总计	296	100.0	135	100.0	161	100.0

由表 7-32 可知,耕地保护基金实施以来,农户较少存在违约行为。部分农户的违约行为主要体现在擅自在耕地上建房、挖沙、采石、采矿、取土、挖鱼塘和堆放废弃物等方面,说明耕地非农化利用是农民违约的主要原因。

表 7-33 显示,大部分受访农户对于他人的破坏耕地行为能够及时予以制止、检举,说明农民的耕地保护意识已经有所增强。但是,仍有部分农户认为只要约束好自己的行为就行,别人的耕地保护行为与自己无关。

表 7-32　受访农户耕地保护违约行为的感知情况

感知结果	整体		城乡接合部		典型农村	
	样本数/户	比例/%	样本数/户	比例/%	样本数/户	比例/%
自行或允许他人在耕地上建窑、建坟	0	0	0	0	0	0
擅自在耕地上建房、挖沙、采石、采矿、取土、挖鱼塘、堆放废弃物	4	1.4	1	0.7	3	1.9
闲置荒芜耕地	1	0.3	1	0.7	0	0
无任何违约行为	291	98.3	133	98.5	158	98.1
总计	296	100.0	135	100.0	161	100.0

表 7-33　受访农户保护耕地主动性的感知情况

感知结果	整体		城乡接合部		典型农村	
	样本数/户	比例/%	样本数/户	比例/%	样本数/户	比例/%
不会主动制止、检举破坏耕地的行为	49	16.6	26	19.3	23	14.3
会主动制止、检举破坏耕地的行为	247	83.4	109	80.7	138	85.7
总计	296	100.0	135	100.0	161	100.0

(3)基于农户视角的耕地保护基金生态效应识别。

耕地保护经济补偿的生态效应主要体现在补偿主体对净化土壤、涵养水源、改善大气质量等农田生态环境方面的改善。但是由于生态效应是长期作用的结果,短期内很难有明显的成效,本书仅从农户对化肥施用情况和土壤改良的感知两方面进行研究。问题设置如下:"耕地保护基金实施以来,您在农业耕作时是否使用有机肥和高效、低毒、低残留物农药及生物农药等来改善耕地生态环境?",农户可选择"全部使用传统化肥和农药"、"与传统化肥和农药掺杂使用"或"全部使用有机、高效、低毒、低残留农药及生物农药";"耕地保护基金实施以来,您是否加大了对农业设施(如机井)建设和土壤改良等方面的投入?",农户可回答"是"或"否"。

表 7-34　受访农户化肥使用情况的感知分布

感知结果	整体		城乡接合部		典型农村	
	样本数/户	比例/%	样本数/户	比例/%	样本数/户	比例/%
全部使用传统化肥和农药	70	23.6	32	23.7	38	23.6
与传统化肥农药掺杂使用	188	63.5	83	61.5	105	65.2
全部使用有机、高效、低毒、低残留农药及生物农药	38	12.8	20	14.8	18	11.2
总计	296	100.0	135	100.0	161	100.0

由表 7-34 可知，无论是从整体上还是不同地区上来看，受访农户将新型化肥农药与传统化肥农药掺杂使用的比例最高(均在 60%以上)。访谈可知，农户在农业耕作时，通常将传统化肥和有机肥(如鸡粪、猪粪等)掺杂使用。其中，全部使用有机、高效、低毒、低残留物农药及生物农药的农户大多种植特殊作物，如蔬菜和果木等。

表 7-35　受访农户土壤改良的感知情况

感知结果	整体		城乡接合部		典型农村	
	样本数/户	比例/%	样本数/户	比例/%	样本数/户	比例/%
没有加大对农业设施建设和土壤改良的投入	111	37.5	53	39.3	58	36.0
加大了对农业设施建设和土壤改良的投入	185	62.5	82	60.7	103	64.0
总计	296	100.0	135	100.0	161	100.0

表 7-35 显示，耕地保护基金实施以来，大部分受访农户能够加大对农业设施建设和土壤改良的投入。但是由于部分丘陵或低山地区的农业自然条件较差，水利基础设施落后，容易出现严重缺水情况。虽然政府通过惠农政策，对改善农业设施的行为进行经济补贴，但是由于电费、机械费用等均需要农户自己承担，农户宁可"靠天吃饭"，也不愿意增加对耕地的投入。

2. 基于模糊综合评价法的耕地保护经济补偿效应评价

首先通过构建单层模糊综合评价模型(即社会效应、经济效应和生态效应作为目标层，具体指标作为指标层)，分别计算各个单项效应的模糊得分，作为三种单项效应的评价值。然后，通过构建多层模糊综合评价模型(即综合效应作为目标层，社会效应、经济效应和生态效应作为准则层，具体指标作为指标层)，得出的综合得分即综合效应的评价值。

1)评价指标体系的建立

依据牛海鹏等对耕地保护经济补偿效应内涵的界定和研究体系的构建(牛海鹏，2010；牛海鹏和肖东洋，2016)，同时结合政策实施的目的及评价指标的全面性、代表性和客观性等原则，建立了农户感知视角下耕地保护经济补偿效应评价的指标体系。本书主要从农户对耕地保护经济补偿的社会效应、经济效应和生态效应的感知出发，建立指标体系，进而评价农户对耕地保护经济补偿的综合效应和单项效应的感知情况。

由于耕地保护经济补偿效应内涵同时涵盖受偿区域农户在意识和行为上的变化，因此本书将这种变化纳入到耕地保护基金的社会效应之中，具体分为三个方面：一是农户观念的改变，包含受访农户对耕地保护基金的了解程度及其价值性认知；二是农户意愿的改变，包括受访农户对耕地保护基金的总体满意度和总体效果感知；三是农户行为的改变，指受访农户保护耕地的主动性。耕地保护经济补偿(耕地保护基金)综合效应和单项效应的评价指标体系和指标量化数值如表 7-36 所示。

表 7-36 评价指标体系和指标量化结果

目标层	准则层	指标层	赋值
耕地保护经济补偿综合效应	社会效应	对农户养老保障的影响程度 x_1	3="极大减轻了购买养老保险的负担"；2="稍微减轻了购买养老保险的负担"；1="对购买养老保险没有影响"
		对耕地保护基金的了解程度 x_2	3="完全了解"；2="部分了解"；1="不了解"
		对耕地保护基金价值性认知 x_3	3="有意义"；1="没意义"；2="不清楚"
		对耕地保护基金总体满意度 x_4	3="非常满意+比较满意"；2="一般"；1="略有不满+极不满意"
		农户保护耕地的主动性 x_5	3="是"；2="不清楚"；1="否"
	经济效应	家庭收入的改变 x_6	3="显著增加"；2="少量增加"；1="无变化"
		家庭生活水平的改变 x_7	3="很大提高"；2="略有提高"；1="无变化"
		近三年家庭农业年平均收入水平 x_8	1="≤1万元"；2="(1,3]万元"；3=">3万元"
		近三年家庭年平均收入水平 x_9	1="≤3万元"；2="(3,5]万元"；3=">5万元"
	生态效应	有机肥和高效、低毒、低残留农药及生物农药的使用 x_{10}	3="全部使用传统化肥和农药"；2="与传统化肥和农药掺杂使用"；1="全部使用有机、高效、低毒、低残留农药及生物农药"
		农业机械化和土壤改良情况 x_{11}	3="是"；2="不清楚"；1="否"

注：①该指标体系中"农户保护耕地的主动性"和"农业机械化和土壤改良情况"两个指标在调查问卷中，均只有"是"和"否"两个选项，为了满足本书三级指标评价的需要，在此均对其添加"不清楚"的选项，并赋值为"2"，其样本统计量为"0"。

由于模糊综合评价法的评价等级一般分为 3～5 个等级(裴青宝等，2015)，而在耕地保护基金实施总体效果感知评价结果中，大多数受访农户认为耕地保护基金实施以来部分目的已实现，但实现程度不高。因此，为了研究需要，本书将综合效应和单项效应的评价结果分为三个等级(表 7-37)，即"良好"、"一般"和"较差"。同时，对问卷的评价指标量化时，将问卷调查中农户的感知程度进行了合并，统一划分为上述三个等级，具体赋值结果见表 7-36。

表 7-37 评价等级表

评价等级	良好	一般	较差
量化值	3	2	1

根据调查问卷统计结果，各评价指标的评分状况如表 7-38 所示。

表 7-38　农户对耕地保护基金实施成效评价的数据汇总

指标因子	样本数/份			评分均值
	良好	一般	较差	
总体效果感知 x	102	173	21	2.27
对农户养老保障的影响程度 x_1	77	187	32	2.15
对耕地保护基金的了解程度 x_2	157	137	2	2.52
对耕地保护基金价值性认知 x_3	284	3	9	2.93
对耕地保护基金总体满意度 x_4	233	45	18	2.73
农户保护耕地的主动性 x_5	247	0	49	2.67
家庭收入的改变 x_6	33	227	36	1.99
家庭生活水平的改变 x_7	40	210	46	1.98
近三年家庭农业年平均收入水平 x_8	5	53	238	1.21
近三年家庭年平均收入水平 x_9	99	122	75	2.08
有机肥和高效、低毒、低残留农药及生物农药的使用 x_{10}	38	188	70	1.89
农业机械化和土壤改良情况 x_{11}	185	0	111	2.25

2）社会效应评价

（1）指标描述及确定权重。

在用模糊综合评价法对社会效应的评价中，评价指标共分为两层。其中，社会效应作为目标层，x_1、x_2、x_3、x_4、x_5 作为指标层（表 7-39）。

表 7-39　评价指标体系、指标量化数值及权重（$x_1 \sim x_5$）

目标层	指标层	权重 W_1	赋值
社会效应	对农户养老保障的影响程度 x_1	0.3221	3="极大减轻了购买养老保险的负担"；2="稍微减轻了购买养老保险的负担"；1="对购买养老保险没有影响"
	对耕地保护基金的了解程度 x_2	0.1155	3="完全了解"；2="部分了解"；1="不了解"
	对耕地保护基金价值性认知 x_3	0.0610	3="有意义"；1="没意义"；2="不清楚"
	对耕地保护基金总体满意度 x_4	0.1617	3="非常满意+比较满意"；2="一般"；1="略有不满+极不满意"
	农户保护耕地的主动性 x_5	0.3398	3="是"；2="不清楚"；1="否"

（2）构建评价矩阵，获得模糊集。

设因素集为 $X_1 = \{x_1, x_2, x_3, x_4, x_5\}$，其中，$x_1$、$x_2$、$x_3$、$x_4$、$x_5$ 分别对应指

标层的 $x_1 \sim x_5$；评价集为 $V_1 = \{v_1, v_2, v_3\}$，其中，v_1＝良好，v_2＝一般，v_3＝较差。根据农户对耕地保护基金实施成效评价的数据汇总(表 7-38)，运用式(2-49)计算出每个评价指标的隶属度(每个指标对应所隶属评价集的人数与样本总人数的比值)，运用式(2-48)可得到如下判断矩阵：

$$R_1 = \begin{bmatrix} 0.260 & 0.632 & 0.108 \\ 0.530 & 0.463 & 0.007 \\ 0.959 & 0.010 & 0.030 \\ 0.787 & 0.152 & 0.061 \\ 0.834 & 0.001 & 0.166 \end{bmatrix}$$

(3)获得模糊综合评价集。

运用熵值法式(2-31)～式(2-34)得出的权重向量 W_1 为

$$W_1 = (0.3221, 0.1155, 0.0610, 0.1617, 0.3398)$$

依据式(2-50)，模糊综合评价集 B_1 为

$$B_1 = W_1 R_1$$

$$= (0.3221, 0.1155, 0.0610, 0.1617, 0.3398) \begin{bmatrix} 0.260 & 0.632 & 0.108 \\ 0.530 & 0.463 & 0.007 \\ 0.959 & 0.010 & 0.030 \\ 0.787 & 0.152 & 0.061 \\ 0.834 & 0.001 & 0.166 \end{bmatrix}$$

$$= (0.614, 0.283, 0.104)$$

(4)运用式(2-51)，去模糊化，求得社会效应的综合评价分数：

$$E_1 = B_1 H$$
$$= (0.614, 0.283, 0.104) \times (3, 2, 1)$$
$$= 0.614 \times 3 + 0.283 \times 2 + 0.104$$
$$= 2.51$$

式中，H 为测量标度，H＝(良好，一般，较差)＝(3,2,1)。

计算可得，社会效应的综合得分为 2.51。由评价等级表(表 7-37)可知，依据最大隶属度原则，社会效应属于"良好"等级。

3)经济效应评价

(1)指标描述及确定权重。

在用模糊综合评价法对经济效应的评价中，评价指标共分为两层。其中，经济效应作为目标层，x_6、x_7、x_8、x_9作为指标层（表 7-40）。

表 7-40　评价指标体系、指标量化数值及权重（$x_6 \sim x_9$）

目标层	指标层	权重 W_2	赋值
经济效应	家庭收入的改变 x_6	0.0697	3="显著增加"；2="少量增加"；1="无变化"
	家庭生活水平的改变 x_7	0.0887	3="很大提高"；2="略有提高"；1="无变化"
	近三年家庭农业年平均收入水平 x_8	0.6945	1="≤1万元"；2="(1,3]万元"；3=">3万元"
	近三年家庭年平均收入水平 x_9	0.1471	1="≤3万元"；2="(3,5]万元"；3=">5万元"

（2）构建评价矩阵，获得模糊集。

设因素集为 $X_2=\{x_6,x_7,x_8,x_9\}$，其中，x_6、x_7、x_8、x_9分别对应指标层的 $x_6 \sim x_9$；评价集为 $V_2=\{v_1,v_2,v_3\}$，其中，$v_1=$良好，$v_2=$一般，$v_3=$较差。根据农户对耕地保护基金实施成效评价的数据汇总（表 7-38），运用式（2-49）计算出每个评价指标的隶属度（每个指标对应所隶属评价集的人数与样本总人数的比值），运用式（2-48）可得到如下判断矩阵：

$$R_2=\begin{bmatrix} 0.111 & 0.767 & 0.122 \\ 0.135 & 0.709 & 0.155 \\ 0.017 & 0.179 & 0.804 \\ 0.334 & 0.412 & 0.253 \end{bmatrix}$$

（3）获得模糊综合评价集。

运用熵值法式（2-31）～式（2-34）得出的权重向量 W_2 为

$$W_2=(0.0697,0.0887,0.6945,0.1471)$$

依据式（2-50），则模糊综合评价集 B_2 为

$$B_2=W_2R_2$$
$$=(0.0697,0.0887,0.6945,0.1471)\begin{bmatrix} 0.111 & 0.767 & 0.122 \\ 0.135 & 0.709 & 0.155 \\ 0.017 & 0.179 & 0.804 \\ 0.334 & 0.412 & 0.253 \end{bmatrix}$$
$$=(0.081,0.301,0.618)$$

（4）运用式（2-51），去模糊化，求得经济效应的综合评价分数：

$$E_2 = B_2 H$$
$$= (0.081, 0.301, 0.618)(3, 2, 1)$$
$$= 1.46$$

式中，H 为测量标度，$H =$(良好，一般，较差)$=(3, 2, 1)$。

计算可得，经济效应的综合得分为 1.46。由评价等级表(表 7-37)可知，依据最大隶属度原则，经济效应属于"较差"等级。

4) 生态效应评价

(1) 指标描述及确定权重。

在用模糊综合评价法对经济效应的评价中，评价指标共分为两层。其中，生态效应作为目标层，x_{10}、x_{11} 作为指标层(表 7-41)。

表 7-41 评价指标体系、指标量化数值及权重(x_{10}、x_{11})

目标层	指标层	权重 W_3	赋值
生态效应	有机肥和高效、低毒、低残留农药及生物农药的使用 x_{10}	0.4005	3="全部使用传统化肥和农药"；2="与传统化肥和农药掺杂使用"；1="全部使用有机、高效、低毒、低残留农药及生物农药"
	农业机械化和土壤改良情况 x_{11}	0.5995	3="是"；2="不清楚"；1="否"

(2) 构建评价矩阵，获得模糊集。

设因素集为 $X_3 = \{x_{10}, x_{11}\}$，其中，x_{10}、x_{11} 分别对应指标层的 x_{10}、x_{11}；评价集为 $V_3 = \{v_1, v_2, v_3\}$，其中，v_1=良好，v_2=一般，v_3=较差。根据农户对耕地保护基金实施成效评价的数据汇总(表 7-38)，运用式(2-49)计算出每个评价指标的隶属度(每个指标对应所隶属评价集的人数与样本总人数的比值)，运用式(2-48)可得到如下判断矩阵：

$$R_3 = \begin{bmatrix} 0.128 & 0.635 & 0.236 \\ 0.625 & 0.001 & 0.375 \end{bmatrix}$$

(3) 获得模糊综合评价集。

运用熵值法式(2-31)~式(2-34)得出的权重向量 W_3 为

$$W_3 = (0.4005, 0.5995)$$

依据式(2-50)，则模糊综合评价集 B_3 为

$$B_3 = W_3 R_3$$
$$= (0.4005, 0.5995) \begin{bmatrix} 0.128 & 0.635 & 0.236 \\ 0.625 & 0.001 & 0.375 \end{bmatrix}$$
$$= (0.426, 0.255, 0.319)$$

(4)运用式(2-51)，去模糊化，求得生态效应的综合评价分数：

$$E_3 = B_3 H$$
$$= (0.426, 0.255, 0.319)(3, 2, 1)$$
$$= 2.11$$

式中，H 为测量标度，H = (良好，一般，较差) = (3, 2, 1)。

计算可得，生态效应的综合得分为 2.11。由评价等级表(表 7-37)可知，依据最大隶属度原则，生态效应属于"一般"等级。

5)综合效应评价

(1)指标描述及确定权重。

在用模糊综合评价法对综合效应的评价中，评价指标共分为三层。其中，综合效应作为目标层，社会效应、经济效应和生态效应作为准则层，$x_1 \sim x_{11}$ 作为指标层(表 7-42)。

在多层次模糊综合评价法中，需要对每一层的指标单独进行权重取值。本书指标层的权重仍然采用熵值法(式(2-31)～式(2-34))对 $x_1 \sim x_{11}$ 综合赋权，权重分别为 0.0463、0.0166、0.0088、0.0233、0.0489、0.0449、0.0572、0.4476、0.0948、0.0848、0.1269。准则层的权重取指标层所对应指标的权重之和，分别为 0.1439、0.6445、0.2117。

表 7-42　评价指标体系及指标权重

目标层	准则层	准则层权重 W	指标层	指标层权重 w
耕地保护经济补偿综合效应	社会效应	0.1439	对农户养老保障的影响程度 x_1	0.0463
			对耕地保护基金的了解程度 x_2	0.0166
			对耕地保护基金价值性认知 x_3	0.0088
			对耕地保护基金总体满意度 x_4	0.0233
			农户保护耕地的主动性 x_5	0.0489
	经济效应	0.6445	家庭收入的改变 x_6	0.0449
			家庭生活水平的改变 x_7	0.0572
			近三年家庭农业年平均收入水平 x_8	0.4476
			近三年家庭年平均收入水平 x_9	0.0948
	生态效应	0.2117	有机肥和高效、低毒、低残留农药及生物农药的使用 x_{10}	0.0848
			农业机械化和土壤改良情况 x_{11}	0.1269

(2)构建评价矩阵，获得模糊集。

在三层综合评价模型中，指标层(第一层次)的综合评判结果是由社会效应、经济效应和生态效应的评价结果构成的，在此不再重复计算。依据式(2-48)，第二层次模糊综合评价矩阵 R 为

$$R = \begin{bmatrix} B_1 \\ B_2 \\ B_3 \end{bmatrix} = \begin{bmatrix} 0.614 & 0.283 & 0.104 \\ 0.081 & 0.301 & 0.618 \\ 0.426 & 0.255 & 0.319 \end{bmatrix}$$

式中，B_1、B_2、B_3 分别为上述社会效应、经济效应和生态效应中求得的模糊集。

(3)依据式(2-50)，获得模糊综合评价集：

$$W = (0.1439, 0.6445, 0.2117)$$

$$B = WR = (0.1439, 0.6445, 0.2117) \begin{bmatrix} 0.614 & 0.283 & 0.104 \\ 0.081 & 0.301 & 0.618 \\ 0.426 & 0.255 & 0.319 \end{bmatrix}$$

$$= (0.231, 0.289, 0.481)$$

(4)运用式(2-51)，去模糊化，求得生态效应的综合评价分数：

$$E = BH$$
$$= (0.231, 0.289, 0.481)(3, 2, 1)$$
$$= 1.75$$

式中，H 为测量标度，$H = $(良好，一般，较差)$ = (3, 2, 1)$。

计算可得，综合效应的综合得分为 1.75。由评价等级表(表 7-37)可知，依据最大隶属度原则，综合效应属于"一般"等级。

3. 评价结果与分析

1)综合效应评价结果分析

从模糊综合评价法对综合效应的评价结果来看，其综合评价分数为 1.75，属于"一般"等级。

2)单项效应评价结果分析

(1)社会效应评价结果分析。

从模糊综合评价法对社会效应的评价结果来看，其效应评价得分为 2.51，处于"良好"等级，且得分高于综合效应的分值。说明耕地保护基金实施以来，产

生的社会效应作用较大。其中，社会效应所包含的各个指标(图 7-14)按其均值大小排列为 $x_3 > x_4 > x_5 > x_2 > x_1$，均值均大于 2。因此，耕地保护基金的实施在农民的意识和行为方面产生的影响较大，同时减轻了农民的养老保险负担，对保障社会稳定起到了积极作用。

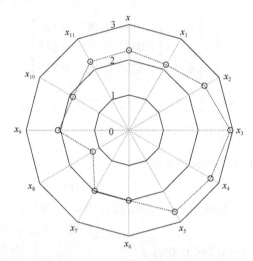

图 7-14　耕地保护基金效应评价指标的农户评价均值图

(2)经济效应评价结果分析。

从模糊综合评价法对经济效应的评价结果来看，其效应评价得分为 1.46，依据最大隶属度原则，属于"较差"等级。说明耕地保护基金虽然减轻了农民的部分经济负担，但其影响效果并不理想。从其包含的各个指标来看(图 7-14)，仅有近三年家庭年平均收入水平(x_9)的得分均值较高(均值为 2.08)，且明显高于经济效应所包含的其他指标的得分均值。近三年家庭农业年平均收入水平的得分均值为 1.21，得分最低。说明耕地保护基金的实施对增加农业收入的成效甚微。

(3)生态效应评价结果分析。

从模糊综合评价法对生态效应的评价结果来看，其效应评价得分为 2.11，依据最大隶属度原则，处于"一般"等级。从各指标来看，耕地保护基金对农民通过加大农业设施建设和土壤改良的方法来改善农田生态环境的影响较为显著，其得分均值 2.25(图 7-14)，说明农户愿意将耕地保护基金补贴用于耕地投入。另外，大部分农民在农作物耕种时，能够将传统化肥与有机肥和高效、低毒、低残留物农药结合使用。由于生态效应需要长期的作用才能被明显感知，因此，后期的研究还应结合农田生态环境的客观变化进行综合评判。

(4) 单项效应评价结果的对比分析。

从模糊综合评价法的结果来看，耕地保护基金实施以来，所产生的社会效应 (2.51)>生态效应(2.11)>经济效应(1.46)。从评价分值所处的评价等级来看，社会效应属于"良好"等级，生态效应属于"一般"等级，而经济效应处于"较差"等级。

总体看来，耕地保护基金的实施起到了一定的作用，试点区域的农民在耕地保护的意识和行为上已经发生了改变，这是值得肯定的地方。但是，现行的耕地保护经济补偿(耕地保护基金)实施成效与预期目标之间存在较大的差距，具有明显的实验性和不完备性。特别地，对补偿机制的完善应该依据地方实际，提高并制定不同的经济补偿标准，以便扩大其经济效应，使农民能够更加积极地保护耕地。

7.3　非试点地区情景模拟下耕地保护经济补偿效应 ——以焦作市、周口市、南阳市为例

如何精准评估不同的经济补偿在耕地保护工作中所起的作用，从而最大限度地发挥经济补偿的效能，对开展粮食主产区乃至全国范围内的耕地保护经济补偿，实现国家"精准扶贫"大环境下的"精准补偿"，具有重要的现实意义。

2008 年 1 月 1 日，成都市委、市政府联合下发了《中共成都市委　成都市人民政府关于加强耕地保护进一步改革完善农村土地和房屋产权制度的意见(试行)》(成发〔2008〕1 号)，明确提出设立耕地保护基金，建立耕地保护补偿机制，标志着成都市在全国率先建立了耕地保护基金制度。2015 年国家将粮食直补、农资综合补贴、农作物良种补贴统一合并为"农业支持保护补贴"，并首批选择安徽、山东、湖南、四川和浙江五个省作为改革试点。农业支持保护补贴政策目标调整为支持耕地地力保护和粮食适度规模经营，其补偿主体面向耕地保护和利用主体，具有耕地保护基金效用。因此，本书选择耕地保护基金(成都市)和农业支持保护补贴作为模拟情景，以粮食主产区——河南省为实证，探讨不同的经济补偿对农户的耕地保护积极性和耕地保护行为可能产生的影响，旨在精准评估耕地保护经济补偿的实施效应，为有序开展粮食主产区乃至全国范围内的耕地保护经济补偿提供政策建议。

7.3.1　情景设置

情景分析法是通过设置一定的先决条件，对未来可能发生的情景及其后效做出科学的判断，而这些先决的条件和可能的情景都是完全能够实现的(高汉琦，2012)。据此，结合目前国家开展的农业支持保护补贴和成都市实施的耕地保护基

金(表7-43),设置粮食主产区非试点地区耕地保护经济补偿的模拟情景。基于研究需要,模拟情景共涉及两个层面的问题,一是不同经济补偿模式对农户家庭生活水平的影响,主要是为了研究耕地保护经济补偿产生的直接经济效应;二是不同经济补偿模式对农户耕地保护行为的影响,主要是为了研究假设情景下农户的耕地质量保护行为和生态管护行为。

表7-43 不同情景下的耕地保护经济补偿模式

经济补偿情景	实施时间	补偿目的	补偿对象	补偿标准	补偿依据	补偿方式	使用范围
农业支持保护补贴	2016年	支持耕地地力保护	拥有耕地承包经营权的种粮农民(含农场职工)	80%的农资综合补贴存量资金、种粮农民直接补贴资金、农作物良种补贴资金	农村土地承包经营权确权登记颁证面积	通过惠民补贴"一折(卡)通"直接兑付给补偿对象	由农民(含农场职工)自行支配
		粮食适度规模经营	—	20%农资综合补贴资金、农业"三项补贴"增量资金	—	—	—
耕地保护基金(成都市)	2008年	①提高受偿主体保护耕地的积极性;②切实增加农民收入	拥有耕地承包经营权的农村集体经济组织和农户	基本农田400元/(亩·年);一般耕地300元/(亩·年)	耕地面积	通过耕保卡发放到村组集体经济组织和农户	①耕地流转担保资金和农业保险补贴;②承担耕地保护责任农户的养老保险补贴(符合一定条件可支取现金);③承担承包到户耕地保护责任的村组集体经济组织的现金补贴

1. 基于农业支持保护补贴的情景设置

基于农业支持保护补贴的情景以国家试点实施的农业支持保护补贴为假设,在问卷调查过程中,课题组成员首先对受访农户进行情景代入,向其介绍农业支持保护补贴的详细情况,使其尽可能多地了解这一情景。由于农业支持保护补贴是由国家此前实施的农业三项补贴统一而来,农民对其有一定的认知,因此在实际调查过程中,受访农户很容易接受该假设情景。情景设置如下:

(1)"实行农业支持保护补贴后,您认为生活水平会发生怎样的变化?",农户可回答"无变化"、"略有提高"、"很大提高"或"不清楚";

(2)"在上述补贴标准和补偿方式下,您是否愿意认真履行耕地保护责任、不改变耕地用途或破坏耕作层?",农户可回答"愿意"、"不愿意"或"不清楚";

(3)"您是否愿意将部分耕地保护经济补偿用于农业设施(如机井)建设和土壤改良?",农户可回答"愿意"、"不愿意"或"不清楚"。

2. 基于耕地保护基金的情景设置

该情景以2008年成都市率先实施的耕地保护基金为假设,通过向受访农户讲述耕地保护基金的目的和实施情况，并以尽可能通俗易懂的语言进行描述，使受访农户能够较为客观、全面地感受耕地保护基金的运行机制。情景设置如下：

（1）"实行耕地保护基金后，您认为生活水平会发生怎样的变化？"，农户可回答"无变化"、"略有提高"、"很大提高"或"不清楚"；

（2）"在上述补贴标准和补偿方式下，您是否愿意认真履行耕地保护责任、不改变耕地用途或破坏耕作层？"，农户可回答"愿意"、"不愿意"或"不清楚"；

（3）"您是否愿意将部分耕地保护经济补偿用于农业设施（如机井）建设和土壤改良？"，农户可回答"愿意"、"不愿意"或"不清楚"。

7.3.2 情景模拟下受访农户感知耕地保护政策效应的描述性统计分析

1. 农业支持保护补贴情景下农户感知的描述性统计分析

1）农业支持保护补贴对农户家庭生活水平影响的感知

由表 7-44 可知，在城乡接合部的受访农户中，焦作市、周口市、南阳市的受访农户认为生活水平没有变化的比例分别为 74.7%、57.1%和 48.8%，认为生活水平略有提高的比例分别为 22.7%、42.9%、46.3%，认为生活水平有很大提高的比例分别为 2.7%、0.0%和 4.9%。在典型农村的受访农户中，三个地市的受访农户认为生活水平没有变化的比例分别为 64.7%、49.7%和 53.5%，认为生活水平略有提高的比例分别为 33.7%、44.7%和 42.4%，认为生活水平有很大提高的比例分别为 1.6%、5.6%和 4.1%。因此，在农业支持保护补贴的模拟情景下，大部分受访农户认为该补贴对农民的生活水平影响不大。

表 7-44 非试点地区农业支持保护补贴对农户家庭生活水平影响的感知情况

感知结果	焦作市				周口市				南阳市			
	城乡接合部		典型农村		城乡接合部		典型农村		城乡接合部		典型农村	
	样本数/份	比例/%	样本数/份	比例/%	样本数/份	比例/%	样本数/份	比例/%	样本数/份	比例/%	样本数/份	比例/%
生活水平没有变化	56	74.7	202	64.7	24	57.1	80	49.7	20	48.8	91	53.5
生活水平略有提高	17	22.7	105	33.7	18	42.9	72	44.7	19	46.3	72	42.4
生活水平有很大提高	2	2.7	5	1.6	0	0.0	9	5.6	2	4.9	7	4.1
总计	75	100.0	312	100.0	42	100.0	161	100.0	41	100.0	170	100.0

2）农业支持保护补贴对农户耕地质量保护行为影响的感知

表 7-45 显示，焦作市、周口市、南阳市的城乡接合部受访农户表示不愿意认真履行耕地保护责任、不改变耕地用途或破坏耕作层的比例分别为 40.0%、9.5%和 4.9%，表示愿意认真履行上述行为的比例分别为 60.0%、90.5%和 95.1%。在典

型农村的受访农户中，三个地市的受访农户表示不愿意认真履行上述行为的比例分别为 26.3%、4.3% 和 5.9%，表示愿意认真履行上述行为的比例分别为 73.7%、95.7% 和 94.1%。因此，在农业支持保护补贴的模拟情景下，受访农户表现出强烈的耕地保护意愿。

表 7-45　非试点地区农业支持保护补贴对农户耕地质量保护行为影响的感知情况

感知结果	焦作市				周口市				南阳市			
	城乡接合部		典型农村		城乡接合部		典型农村		城乡接合部		典型农村	
	样本数/份	比例/%	样本数/份	比例/%	样本数/份	比例/%	样本数/份	比例/%	样本数/份	比例/%	样本数/份	比例/%
不愿意认真履行耕地保护责任、不改变耕地用途或破坏耕作层	30	40.0	82	26.3	4	9.5	7	4.3	2	4.9	10	5.9
愿意认真履行耕地保护责任、不改变耕地用途或破坏耕作层	45	60.0	230	73.7	38	90.5	154	95.7	39	95.1	160	94.1
总计	75	100.0	312	100.0	42	100.0	161	100.0	41	100.0	170	100.0

3) 农业支持保护补贴对农户耕地生态管护行为影响的感知

表 7-46 显示，在"您是否愿意将部分耕地保护经济补偿用于农业设施(如机井)建设和土壤改良"的情景下，焦作市、周口市、南阳市的城乡接合部受访农户表示不愿意履行上述行为的比例分别为 49.3%、14.3%、17.1%，表示愿意履行上述行为的比例分别为 50.7%、85.7%、82.9%。在典型农村的受访农户中，三个地市的受访农户表示不愿意履行上述行为的比例分别为 32.1%、6.8% 和 14.7%，表示愿意履行上述行为的比例分别为 67.9%、93.2% 和 85.3%。因此，在农业支持保护补贴的模拟情景下，大部分受访农户愿意采取一定措施来改善农田生态环境。

表 7-46　农业支持保护补贴对农户耕地生态管护行为影响的感知情况

感知结果	焦作市				周口市				南阳市			
	城乡接合部		典型农村		城乡接合部		典型农村		城乡接合部		典型农村	
	样本数/份	比例/%	样本数/份	比例/%	样本数/份	比例/%	样本数/份	比例/%	样本数/份	比例/%	样本数/份	比例/%
不愿意将耕地保护经济补偿用于农业设施建设和土壤改良	37	49.3	100	32.1	6	14.3	11	6.8	7	17.1	25	14.7
愿意将耕地保护经济补偿用于农业设施建设和土壤改良	38	50.7	212	67.9	36	85.7	150	93.2	34	82.9	145	85.3
总计	75	100.0	312	100.0	42	100.0	161	100.0	41	100.0	170	100.0

2. 耕地保护基金情景下农户感知的描述性统计分析

1) 耕地保护基金对农户家庭生活水平影响的感知

表 7-47 显示，在耕地保护基金的模拟情景下，受访农户对家庭生活水平影响的感知结果显示，焦作市、周口市、南阳市的城乡接合部受访农户认为生活水平无变化的比例分别为 34.7%、11.9% 和 14.6%，认为生活水平略有提高的受访农户比例分别为 48.0%、35.7% 和 43.9%，认为生活水平有很大提高的受访农户比例分别为 17.3%、52.4% 和 41.5%。因此，不同地区的城乡接合部受访农户对耕地保护基金实施后产生的经济效应的感知差异性较大。其中，焦作市城乡接合部受访农户对生活水平的感知多集中在"无变化"和"略有提高"两个水平上，周口市和南阳市城乡接合部受访农户对生活水平的感知多集中在"略有提高"和"很大提高"水平上。

在三个地市典型农村的受访农户中，表示生活水平无变化的比例分别为 22.8%、18.6% 和 15.3%，表示生活水平略有提高的比例分别为 44.9%、37.9% 和 42.9%，表示生活水平有很大提高的比例分别为 32.4%、43.5% 和 41.8%。因此，焦作市、周口市和南阳市典型农村受访农户对生活水平的感知多集中在"略有提高"和"很大提高"水平上。

从城乡接合部和典型农村受访农户感知结果的对比来看，焦作市典型农村的受访农户对耕地保护基金所产生的经济效应的感知更为乐观，周口市和南阳市城乡接合部和典型农村的受访农户的感知结果无明显差异，均集中在"略有提高"和"很大提高"两个水平上。

表 7-47　非试点地区耕地保护基金对农户家庭生活水平影响的感知情况

感知结果	焦作市				周口市				南阳市			
	城乡接合部		典型农村		城乡接合部		典型农村		城乡接合部		典型农村	
	样本数/份	比例/%	样本数/份	比例/%	样本数/份	比例/%	样本数/份	比例/%	样本数/份	比例/%	样本数/份	比例/%
生活水平无变化	26	34.7	71	22.8	5	11.9	30	18.6	6	14.6	26	15.3
生活水平略有提高	36	48.0	140	44.9	15	35.7	61	37.9	18	43.9	73	42.9
生活水平有很大提高	13	17.3	101	32.4	22	52.4	70	43.5	17	41.5	71	41.8
总计	75	100.0	312	100.0	42	100.0	161	100.0	41	100.0	170	100.0

2) 耕地保护基金对农户耕地质量保护行为影响的感知

表 7-48 显示，在耕地保护基金对农户耕地质量保护行为影响的感知调查中，焦作市、周口市、南阳市城乡接合部和典型农村受访农户的感知结果具有明显的一致性，即多数受访农户表示愿意认真履行耕地保护责任、不改变耕地用途或破坏耕作层。同时，从城乡接合部和典型农村受访农户感知结果的对比来看，二者

也无明显差异。

表 7-48 非试点地区耕地保护基金对农户耕地质量保护行为影响的感知情况

感知结果	焦作市				周口市				南阳市			
	城乡接合部		典型农村		城乡接合部		典型农村		城乡接合部		典型农村	
	样本数/份	比例/%	样本数/份	比例/%	样本数/份	比例/%	样本数/份	比例/%	样本数/份	比例/%	样本数/份	比例/%
不愿意认真履行耕地保护责任、不改变耕地用途或破坏耕作层	19	25.3	45	14.4	2	4.8	13	8.1	2	4.9	7	4.1
愿意认真履行耕地保护责任、不改变耕地用途或破坏耕作层	56	74.7	267	85.6	40	95.2	148	91.9	39	95.1	163	95.9
总计	75	100.0	312	100.0	42	100.0	161	100.0	41	100.0	170	100.0

3) 耕地保护基金对农户耕地生态管护行为影响的感知

表 7-49 显示,在耕地保护基金对农户耕地生态管护行为影响的感知调查中,绝大多数受访农户均表示愿意将所获得的经济补偿用于耕地保护中去。除焦作市外,其他地区城乡接合部和典型农村的受访农户的耕地保护意愿无较大差异。

表 7-49 非试点地区耕地保护基金对农户耕地生态管护行为影响的感知情况

感知结果	焦作市				周口市				南阳市			
	城乡接合部		典型农村		城乡接合部		典型农村		城乡接合部		典型农村	
	样本数/份	比例/%	样本数/份	比例/%	样本数/份	比例/%	样本数/份	比例/%	样本数/份	比例/%	样本数/份	比例/%
不愿意将耕地保护经济补偿用于农业设施建设和土壤改良	28	37.3	62	19.9	2	4.8	12	7.5	6	14.6	21	12.4
愿意将耕地保护经济补偿用于农业设施建设和土壤改良	47	62.7	250	80.1	40	95.2	149	92.5	35	85.4	149	87.6
总计	75	100.0	312	100.0	42	100.0	161	100.0	41	100.0	170	100.0

7.3.3 不同情景下受访农户对耕地保护经济补偿效应感知的差异性分析

1. 不同情景下受访农户对家庭生活水平影响感知的差异性比较

由图 7-15 和图 7-16 可知,在农业支持保护补贴情景下,城乡接合部和典型农村受访农户的感知结果多集中在"无变化"的程度上(63.29%、58.01%),其次是"略有提高"(34.18%、38.72%)。在耕地保护基金情景下,城乡接合部和典型农村受访农户的感知结果多集中在"略有提高"(43.67%、42.61%)和"很大提高"(32.91%、37.64%)两种程度上。在不同情景下,城乡接合部与典型农村受访农户的感知结果均表现为相对于农业支持保护补贴，耕地保护基金更能够有效地提高农户的家庭生活水平。通过半结构访谈可知，大多数受访农户表示，农业支持保护补贴的标准太低，每亩地每年仅有 110 元左右，对家庭生活起不到改善作用。而耕地保护基金的补贴标准相对较高，虽然其在使用要求等方面有诸多限制，但是能够间接地节约农民的生活开支成本。

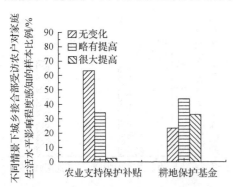

图 7-15　不同情景下城乡接合部受访农户
对家庭生活水平影响感知差异性比较

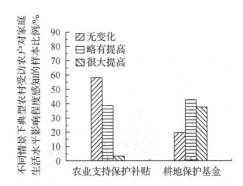

图 7-16　不同情景下典型农村受访农户
对家庭生活水平影响感知差异性比较

2. 不同情景下受访农户对耕地保护行为感知的差异性比较

由图 7-17 和图 7-18 可知，在农业支持保护补贴情景下，城乡接合部和典型农村受访农户愿意认真履行耕地保护责任、不改变耕地用途或破坏耕作层的比例较多（77.22%、84.60%）；在耕地保护基金情景下，城乡接合部和典型农村受访农户愿意认真履行耕地保护责任、不改变耕地用途或破坏耕作层的比例较多（85.44%、89.89%）。因此，耕地保护基金情景下受访农户对耕地质量保护的意愿高于农业支持保护补贴情景，但二者的差异不大。

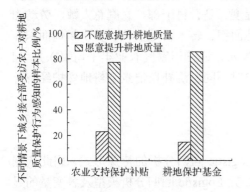

图 7-17　不同情景下城乡接合部受访农户对
耕地质量保护行为感知的差异性比较

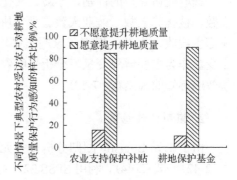

图 7-18　不同情景下典型农村受访农户对
耕地质量保护行为感知的差异性比较

由图 7-19 和图 7-20 可知,在农业支持保护补贴情景下,城乡接合部受访农户愿意将经济补偿用于农业设施(机井)建设和土壤改良的比例(68.35%)低于典型农村(78.85%);在耕地保护基金补贴情景下,城乡接合部和典型农村受访农户愿意将经济补偿用于农业设施(机井)建设和土壤改良的比例(77.22%、85.23%)均较高。此外,不同情景下受访农户对耕地生态管护的感知结果差异不大。

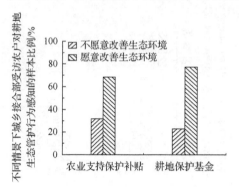

图 7-19 不同情景下城乡接合部受访农户对耕地生态管护行为感知的差异性比较

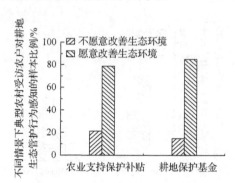

图 7-20 不同情景下典型农村受访农户对耕地生态管护行为感知的差异性比较

访谈得知,受访农户认为耕地是农民的"命根子",是农民得以生存的物质基础,保护耕地是农民应该做的事情,即便国家不补贴,他们也愿意保护耕地。然而,少数受访农户表示,外出打工挣的钱远远多于种地收入,他们不愿意将精力投入到种地中去,目前的耕地保护经济补偿对他们并没有诱惑力。

7.3.4 不同情景下受访农户耕地保护经济补偿效应感知的影响因素分析

1. 变量选择及定义

选取受访农户的性别、年龄、文化程度、是否村干部、家庭总人数、劳动力人数、被抚养人数、兼业人数、承包耕地面积、转入耕地面积、转出耕地面积、家庭主要收入来源、近三年家庭年平均收入、近三年家庭农业年平均收入共 14 个变量作为主要解释变量,分析影响农户对不同经济补偿情景下耕地保护经济补偿效应感知的因素(表 7-50)。

2. 模型估计结果

由于二元 Logistic 回归分析是多元 Logistic 回归分析的特殊形式,因此依据式(2-42)~式(2-44),利用 SPSS 22.0 对二元 Logistic 回归分析模型及各变量的显著性进行检验,估计结果表明(表 7-51),所选用的分析农户特征对农户生活水平变化程度、农户耕地质量保护行为和耕地生态管护行为影响的各个模型预测效果较好，整体显著。

表 7-50　模型中变量定义

变量类别	变量名称	变量定义
被解释变量	农户的生活水平变化程度	"无变化"=0；"有变化"=1
	农户对耕地质量保护的意愿	"不愿意"=0；"愿意"=1
	农户对耕地生态管护的意愿	"不愿意"=0；"愿意"=1
解释变量	个体特征 性别	"女"=0；"男"=1
	年龄	"≤35 岁"=1；"36～45 岁"=2；"46～60 岁"=3；"≥61 岁"=4
	文化程度	"小学及以下"=1；"初中"=2；"高中或中专"=3；"大专及以上"=4
	是否村干部	"否"=0；"是"=1
	人口特征 家庭总人数	"≤3 人"=1；"4～6 人"=2；">6 人"=3
	劳动力人数	"≤2 人"=1；"3～4 人"=2；">4 人"=3
	被抚养人数	"0 人"=1；"1～2 人"=2；"≥3 人"=3
	兼业人数	"0 人"=1；"1～2 人"=2；"≥3 人"=3
	资源禀赋特征 承包耕地面积	"<1 亩"=1；"[1,2]亩"=2；"(2,3]亩"=3；"(3,5]亩"=4；">5 亩"=5
	转入耕地面积	"≤2 亩"=1；"(2,4]亩"=2；"(4,10]亩"=3；">10 亩"=4
	转出耕地面积	"<1 亩"=1；"(1,3]亩"=2；">3 亩"=3
	经济特征 家庭主要收入来源	"种地"=1；"务工"=2；"经商"=3；"其他"=4
	近三年家庭年平均收入	"≤1 万元"=1；"(1,3]万元"=2；"(3,5]万元"=3；"(5,8]万元"=4；">8 万元"=5
	近三年家庭农业年平均收入	"≤1 万元"=1；"(1,3]万元"=2；">3 万元"=3

表 7-51　模型估计结果

变量	情景Ⅰ：农业支持保护补贴			情景Ⅱ：耕地保护基金		
	SHSP	ZLBH	STGH	SHSP	ZLBH	STGH
性别	−0.042(0.158)	−0.173(0.213)	0.040(0.185)	−0.079(0.193)	−0.079(0.247)	0.150(0.207)
年龄	−0.028(0.101)	0.022(0.132)	0.113(0.116)	0.155(0.121)	−0.105(0.159)	−0.006(0.133)
文化程度	−0.321****(0.121)	−0.498****(0.153)	−0.450****(0.138)	−0.190(0.141)	−0.284(0.180)	−0.370***(0.155)
是否村干部	0.388(0.291)	0.102(0.408)	0.346(0.386)	0.068(0.361)	0.687(0.560)	1.079***(0.551)
家庭总人数	−0.027(0.215)	−0.522**(0.284)	−0.322(0.251)	0.357(0.267)	0.201(0.343)	0.039(0.289)
劳动力人数	0.058(0.162)	0.506***(0.220)	0.196(0.192)	−0.342**(0.201)	0.064(0.268)	−0.139(0.221)
被抚养人数	0.258*(0.159)	−0.064(0.214)	−0.213(0.188)	−0.180(0.194)	−0.208(0.252)	−0.177(0.212)
兼业人数	−0.313**(0.183)	−0.409*(0.252)	−0.267(0.223)	−0.027(0.220)	−0.093(0.297)	−0.094(0.252)
承包耕地面积	0.130***(0.064)	0.361****(0.078)	0.270****(0.070)	0.318****(0.072)	0.371****(0.090)	0.285****(0.077)

续表

变量	情景Ⅰ：农业支持保护补贴			情景Ⅱ：耕地保护基金		
	SHSP	ZLBH	STGH	SHSP	ZLBH	STGH
转入耕地面积	0.103(0.127)	0.592***(0.252)	0.432***(0.204)	−0.006(0.154)	0.165(0.251)	0.288(0.240)
转出耕地面积	0.378***(0.189)	−0.452***(0.223)	−0.295(0.209)	−0.299(0.218)	−0.374(0.258)	−0.282(0.226)
家庭主要收入来源	0.020(0.166)	0.281(0.236)	0.205(0.203)	0.008(0.194)	0.305(0.283)	0.133(0.230)
近三年家庭年平均收入	0.103(0.094)	−0.004(0.128)	0.230***(0.116)	0.104(0.115)	−0.352***(0.148)	−0.022(0.128)
近三年家庭农业年平均收入	−0.130(0.171)	−0.126(0.238)	0.053(0.215)	−0.389**(0.212)	0.332(0.304)	0.352(0.260)
模型显著性水平	0.008	0.000	0.000	0.005	0.001	0.000
-2倍对数似然值	1054.132	669.054	810.167	780.998	518.050	670.208
预测正确百分比	60.7%	83.9%	77.2%	79.5%	89.1%	83.8%

*表示在0.15的显著性水平上显著；
**表示在0.1的显著性水平上显著；
***表示在0.05的显著性水平上显著；
****表示在0.01的显著性水平上显著。

注："SHSP"、"ZLBH"、"STGH"分别代表"农户的生活水平变化程度"、"农户对耕地质量保护的意愿"、"农户对耕地生态管护的意愿"三个被解释变量；括号内数字为标准误。

3. 估计结果分析

1）农户特征对不同情景下农户感知生活水平变化程度的影响

从模型估计结果来看（表7-51），家庭承包耕地面积对情景Ⅰ与情景Ⅱ的感知结果分别在0.05和0.01的显著性水平上具有显著的正向影响。由于农户拥有耕地承包经营权面积越多，对耕地的依赖性越大，在两种补偿情景下获得的经济补偿越多，从而对家庭生活水平的影响也越大。转出耕地面积和被抚养人数对情景Ⅰ的感知结果分别在0.05和0.15的显著性水平上具有显著的正向影响。由于农户将家庭承包耕地流转出去以后，不仅可获得耕地地力保护补贴资金，还可以释放家庭劳动力从事非农劳动（如经商、外出打工等），获得较多的非农收入，以此提高农民的家庭生活水平。同时，家庭被抚养人数越多，农户的家庭经济负担越重，生活水平越低。获得经济补偿后，农户可将补贴资金用于生活支出方面，从而在一定程度上减轻家庭经济负担。家庭兼业人数对情景Ⅰ的感知结果在0.1的显著性水平上具有显著的负向影响。由于兼业人数越多，农户的非农业收入水平越高，而目前较低的补贴标准对其家庭生活水平的改善作用越小。家庭劳动力人数对情景Ⅱ的感知结果在 0.1 的显著性水平上具有显著的负向影响，主要是由于家庭劳动力人数越多，获得经济收入的能力越强，对于耕地保护基金的依赖性越弱。

此外，文化程度对情景Ⅰ的感知结果在 0.01 的显著性水平上具有显著的负向影响。文化程度较高的农民对农业支持保护补贴的认识更深刻，期望值也更高。近三年家庭农业年平均收入对情景Ⅱ的感知结果在 0.1 的显著性水平上具有显著的负向影响。研究区域内近三年家庭农业年平均收入较高的农户主要分为两类：一类农户将耕地用作果蔬苗木种植，获得的耕地经济效益较为可观，这类农户普遍认为耕地保护基金的补贴资金太少，在家庭收入中占的比例较小，对家庭生活水平的影响也较小；另一类农户通过流转其他农户的耕地来扩大自家耕地的种植面积，从而获得较高的农业收入。然而目前的耕地保护基金补贴仅针对拥有耕地承包经营权的农户进行发放，流转入耕地的农户不享有补贴资金。

2) 农户特征对不同情景下农户感知耕地质量保护行为的影响

在农业支持保护补贴情景下(表 7-51)，文化程度在 0.01 的显著性水平上具有显著的负向影响。由于文化程度较高的农民具备非农劳动的能力越强，对农业劳动的依赖性越弱，他们更倾向于将耕地改作他用(如在自家耕地上建房或搭建非农设施)。家庭总人数和兼业人数分别在 0.1 和 0.15 的显著性水平上具有显著的负向影响，而劳动力人数在 0.05 的显著性水平上具有显著的正向影响。由于家庭总人数越多，农户的经济负担越重，他们在获得补贴资金后更多的是用于补贴生活费用支出。同时，兼业人数较多的农户家庭，对于耕地的依赖性较弱，他们不愿意投入更多的资金改善耕地质量。承包耕地面积和流转入耕地面积分别在 0.01 和 0.05 的显著性水平上具有显著的正向影响，而家庭流转出耕地面积在 0.05%的水平上具有显著的负向影响。承包耕地面积和流转入耕地面积越多的农户对于耕地的依赖性越强，在获得补贴资金后更愿意履行耕地保护责任，维持耕地农用的性质，并进一步改善耕地的质量。将耕地面积流转出去的农户大多从事非农劳动，对于耕地的依赖性较弱，微薄的补贴并不能提高他们保护耕地的积极性。

在耕地保护基金情景下(表 7-51)，家庭承包耕地面积在 0.01 的显著性水平下具有显著的正向影响，这说明家庭承包耕地面积越多，在耕地保护基金情景下农户对耕地质量改善的行为越积极。一方面由于耕地保护基金的补贴标准相对较高，虽然在现金支取方面有较高的限制条件，但是仍然可以间接节省农户的家庭经济负担(节省了购买养老保险的费用)，从而有更多的资金用于改善耕地质量；另一方面，成都市耕地保护基金规定耕地保护责任人未认真履行耕地保护责任、非法改变耕地用途或破坏耕作层致使耕地生产能力降低的，依据情节严重情况酌情停发、处罚耕地保护基金或追究相应刑事责任。因此，承包耕地面积越多的农户对改善耕地质量的意愿越强烈。近三年家庭年平均收入在 0.05 的显著性水平上具有显著的负向影响，说明近三年家庭年平均收入越高的农户对改善耕地质量的行为越消极。

3) 农户特征对不同情景下农户感知耕地生态管护行为的影响

由表 7-51 可知，文化程度分别在 0.01 和 0.05 的显著性水平上对情景Ⅰ与情景Ⅱ的感知结果具有显著的负向影响，说明文化程度越高，农户对改善耕地生态环境的行为越消极。承包耕地面积均在 0.01 的显著性水平上对两种情景下的感知结果具有显著的正向影响。同时，流转入耕地面积和近三年家庭年平均收入在 0.05 的显著性水平上对情景Ⅰ的感知结果具有显著的正向影响。经济补偿的目的之一就是要调动农民加强农业生态资源保护意识，改善农田生态环境。大多数农户已能够自觉维护耕地的生态环境，不焚烧秸秆，不滥用化肥农药。此外，村干部对情景Ⅱ的感知结果在 0.05 的显著性水平上具有显著的正向影响，主要因为村干部对政策的认知度较高，对改善农田生态环境重要性的认识较为深刻。

7.4　本章小结

本章以成都市耕地保护基金为例，通过农户调查获得的微观数据(6 县(市、区)296 个有效样本)，开展了农户感知视角下的耕地保护基金农户满意度评价以及耕地保护经济补偿单项效应和综合效应的定量评价，明晰了粮食主产区农户对耕地保护经济补偿实施效应的感知及其影响因素。

同时，通过设置耕地保护基金和农业支持保护补贴两种模拟情景，开展了情景模拟下粮食主产区耕地保护经济补偿预期效应的农户感知评价，定量评价了农业支持保护补贴(情景Ⅰ)和耕地保护基金(情景Ⅱ)模拟情景下周口市、南阳市和焦作市受访农户(801 个有效样本)对不同补偿模式的感知差异和影响因素，为耕地保护经济补偿模式优化提供了实践依据。

第8章 结论与政策建议

8.1 基本结论

1. 耕地保护外部性作用边界具有多层次性特征

耕地保护外部性具有多层次作用边界特征,该作用边界可以是具有自然特征的边界线(如流域边界等),也可以是具有社会经济特征的边界线(如行政区划界)。若将特定区域纳入市、省、国家进行量化补偿,此时市级区划界、省级区划界和国界即外部性作用边界,可称为第 I 外部性作用边界、第 II 外部性作用边界和第 III 外部性作用边界。在不同外部性边界下,某一特定区域耕地保护总体外部性和区际外部性具有显著的差异性。该差异性影响到特定区域耕地保护经济补偿标准的高低,即将特定区域纳入到不同层级行政区域内实施耕地保护经济补偿时,单位面积耕地保护补偿标准和通过区域间财政转移支付量(也可称为区际补偿标准)具有显著差异性。同时,在不同耕地保护外部性作用边界下,耕地保护外部性的受体(耕地利用和保护过程中,获取生态社会效益的经济主体)范围也存在差异,即将特定区域纳入到不同层级行政区域内实施耕地保护经济补偿时,耕地保护区际经济补偿给付主体范围不同,并最终影响到区域间财政转移支付的范围。

2. 耕地保护经济补偿效应具有主客体反应的协同性

耕地保护经济补偿效应内涵可界定为:在不同补偿方式、不同补偿标准下,耕地保护经济补偿区内区际接受和给付主体对实施耕地保护经济补偿后在意识和行为上的反映,以及耕地本身在数量、质量和生态上的变化。耕地保护经济补偿效应包括区内效应和区际效应。其中,耕地保护区内经济补偿效应涵盖三个方面:一是区内不同耕地保护经济补偿接受主体(包括农户、村集体经济组织、地方政府)的耕地保护意愿、态度、行为的变化及其对生活水平、区域发展水平和耕地收益水平的影响;二是区内耕地保护给付主体对耕地保护效果在意识和行为上的反映;三是耕地保护经济补偿客体(耕地)在数量、质量和生态方面的变化。耕地保护区际效应是指耕地保护区际经济补偿接受区和给付区对耕地建设占用的抑制性和耕地保护的积极性。耕地保护经济补偿效应主体包括区内区际接受主体和给付主体,其客体是耕地本身。通过实施耕地保护经济补偿,其效应主体在意识和行为上的反应(如重视耕地保护、强化耕地利用)能够促进效应客体的变化(如耕地质量提升),因此耕地保护经济补偿效应具有主客体反应的协同性。

3. 条件价值评估法和综合方法可有效量化耕地保护外部性

运用单边界二分式 CVM 和双边界二分式 CVM 开展了均分样本、非均分样本和分类非均分样本三种不同方案下研究区域耕地保护外部性的量化研究,明晰了样本方案类型、样本数量、样本均衡度对耕地保护外部性量化结果的影响。同时,基于综合方法(当量因子法、替代/成本法),量化了耕地保护外部性的理论值和现实值,并分析其量化方法的影响因素。

1)样本方案、引导技术、支付方式和样本数量的差异影响基于 CVM 的耕地保护外部性量化结果

(1)基于支付卡 CVM 的不同支付方式下耕地保护外部性量化结果具有一定差异性和动态性。以焦作市为研究区域,开展了不同时点不同支付方式下基于支付卡 CVM 的耕地保护外部性量化与对比分析,实证了耕地保护外部性在不同支付方式下的差异性和不同时点下的动态性。研究结果表明,在"出钱"、"参加义务劳动"、"出钱和参加义务劳动"不同支付方式下 2008 年单位面积耕地保护外部性分别为 566.0 元/公顷、1271.3 元/公顷、993.7 元/公顷,2014 年则为 711.0 元/公顷、3405.7 元/公顷、1624.9 元/公顷。

(2)基于二分式 CVM 的不同样本方案和样本数量下耕地保护外部性量化结果具有一定差异性。以焦作市为例,分别测度了均分样本、非均分样本和分类非均分样本三种不同方案下耕地保护外部性。研究结果显示:以非均分样本方案测度结果为基准,单边界二分式下均分样本、分类非均分样本方案测度结果偏差值分别为41.5 元/(公顷·年)、255.5 元/(公顷·年),相应偏差率分别为 3.2%、19.5%;双边界二分式下均分样本、分类非均分样本方案测度结果偏差值分别为 11.07 元/(公顷·年)、84.66 元/(公顷·年),相应偏差率分别为 1.2%、9.4%。该特征表明,基于二分式 CVM 测度结果的精度与各投标值最低样本数量显著相关,当各投标值样本数量达到一定要求(如 30 份以上)时测度结果具有较高的有效性,而与各投标值样本数量均衡度的相关性则不显著。因此,在进行二分式 CVM 样本方案设计和实施时,均分样本、非均分样本、分类非均分样本方案均可采用,但各投标值(包括分类样本)最低样本数量需达到 30 份以上,其测度结果才具有较高的有效性。

2)综合方法耕地保护外部性量化结果受多个因素的影响

基于综合方法(当量因子法、替代/成本法)量化耕地保护外部性的理论值不仅取决于研究区域主要粮食作物类型、各粮食作物播种面积、粮食播面单产、各粮食作物的全国平均价格,同时也取决于新增单位面积耕地的平均投入成本、研究区域耕地总面积以及农村最低社会保障标准等多个因素。基于综合方法(当量因子法、替代/成本法)的耕地保护外部性现实值则受人们对耕地保护的生态社会效益

的认知以及区域社会经济发展和生活水平高低的影响。

4. 多层次边界下典型粮食主产区耕地保护外部性具有典型的尺度效应

在河南省粮食主产区黄淮海平原、南阳盆地和豫北豫西山前平原三大区域内选取周口市太康县、南阳市唐河县和焦作市温县三个典型粮食主产县作为实证区域，纳入相应市域和省域进行不同作用边界下的外部性量化，量化结果具有典型的尺度效应。

1) 不同作用边界下外部性理论值存在时空差异性

在省级外部性边界下，太康县、唐河县和温县 2000 年、2004 年、2008 年和 2012 年的单位面积平均耕地保护外部性理论值均为 8059.5 元/公顷、11030.2 元/公顷、15054.1 元/公顷和 21399.1 元/公顷；在市级(周口市、南阳市和焦作市)外部性作用边界下，太康县、唐河县和温县 2012 年单位面积耕地平均外部性理论值分别为 23005.0/公顷、19571.7 元/公顷和 24891.8 元/公顷，但省级边界下均为 21399.1 元/公顷。结果表明，在某一特定外部性作用边界下不同典型区域单位面积平均耕地保护总体外部性理论值具有一致性，且随着社会经济发展水平提高和耕地资源的稀缺性增强而增加(时间差异性)；在同一等级不同外部性作用边界下不同典型区域单位面积平均耕地保护外部性理论值存在空间差异性；在不同等级外部性作用边界下同一典型区域单位面积平均耕地保护外部性具有非一致性。

2) 不同作用边界下外部性现实值存在时空差异性

在省级外部性作用边界下，2012 年太康县、唐河县和温县单位面积耕地保护外部性现实值从 12 等的 4579.1 元/公顷上升到 4 等的 15045.6 元/公顷；在市级外部性作用边界下太康县、唐河县和温县单位面积耕地保护外部性现实值分别从 12 等的 4591.2 元/公顷、3737.3 元/公顷、6557.6 元/公顷上升到 4 等的 15085.4 元/公顷、12279.7 元/公顷、21546.4 元/公顷。表明典型区域内单位面积耕地保护外部性现实值随着质量等级上升而增加，且不同外部性作用边界下同一质量等级的单位面积耕地保护外部性现实值存在差异性。

太康县、唐河县、温县耕地保护区际外部性现实值(外部性盈余/赤字)在省级和市级边界下分别为 2.26 亿元、5.07 亿元、0.40 亿元和 1.93 亿元、2.97 亿元、1.37 亿元。表明将典型区域纳入到省、市级等不同边界下耕地保护区际外部性现实值(盈余/赤字)存在差异性。该特征验证了不同作用边界下，耕地保护区际经济补偿给付主体范围不同，区域间财政转移支付力度也不同。

5. 粮食主产区耕地保护经济补偿机制运行具有显著的补偿效应

以成都市耕地保护基金为例，通过农户调查获得的微观数据(6 县(市、区)296 个有效样本)，开展了农户感知视角下的耕地保护基金农户满意度评价以及耕地保护经济补偿单项效应和综合效应的定量评价，明晰了粮食主产区农户对耕地保护经济补偿实施效应的感知及其影响因素。

同时，通过设置耕地保护基金和农业支持保护补贴两种模拟情境，开展了情景模拟下粮食主产区耕地保护经济补偿农户感知评价，定量评价了农业支持保护补贴(情景Ⅰ)和耕地保护基金(情景Ⅱ)模拟情景下周口市、南阳市和焦作市受访农户(801 个有效样本)对不同补偿模式的感知差异和影响因素。

1)试点地区农户的满意度评价检验了耕地保护经济补偿机制运行的有效性及其在不同维度的差异性

(1)成都市耕地保护基金农户满意度评价总体良好且呈现一定的区域差异性。基于 TOPSIS 法的满意度评价模型结果显示，整体上耕地保护基金农户满意度正理想解的贴近度为 0.65，对应的满意度评价水平为"良好"；典型农村耕地保护基金农户满意度正理想解的贴近度为 0.60，对应的满意度评价水平为"一般"；城乡接合部耕地保护基金农户满意度正理想解的贴近度为 0.18，对应的满意度评价水平为"较差"。

(2)成都市耕地保护经济补偿农户满意度受补偿机制构成要素和农户自身特征的双重影响。农户个体及所处环境的差异性会影响农户对耕地保护经济补偿的总体满意度感知；同时，耕地保护经济补偿构成要素决定了其运行机制的可行性，农户对不同要素的认知将直接影响农户的总体满意度感知。

(3)成都市耕地保护基金构成要素对农户满意度的影响依据障碍度从大到小排序，依次为对耕地保护基金的补贴资金账务公开满意度、补贴资金监督管理满意度、补贴依据满意度、补贴资金使用要求满意度、补贴资金分配比例满意度、补贴方式满意度和补贴标准满意度。因此，补贴资金账务公开度和对补贴资金监督管理力度是未来成都市耕地保护基金重点优化的方向。

(4)成都市农户的年龄、党员身份、实际经营耕地面积、流转出耕地面积、农户对政策的了解度和政策价值性的认知均显著且正向影响成都市耕地保护基金农户满意度，而家庭被抚养人数和承包耕地面积具有反向的显著性影响。

2)试点地区耕地保护经济补偿的实施具有显著的综合效应和单项效应，但同时具有一定的差异性

基于模糊综合评价法的综合效应评价结果来看，其综合绩效指数为 1.75，根据最大隶属度原则，成都市耕地保护基金的综合效应为"一般"等级。该结果表明，耕地保护基金实施以来，取得的综合效应较为明显，但仍具有较大的提升空间。同时还表现出一定的区域差异，即城乡接合部农户比典型农村农户对耕地保护基金的期望值更高。

耕地保护基金单项效应主要包括社会效应、经济效应和生态效应。①耕地保

护基金社会效应评价结果。从耕地保护基金对农民养老保险的影响程度和农民在耕地保护意识与观念方面分析了其社会效应，成都市耕地保护基金社会效应指数为 2.51，处于"良好"等级。该结果表明，成都市耕地保护基金的实施对农民的耕地保护的意识与观念和养老保险的影响较为明显。②耕地保护基金经济效应评价结果。成都市耕地保护基金经济效应指数为 1.46，低于综合效应、社会效应和生态效应指数，根据最大隶属度原则，经济效应属于"较差"等级。该结果表明，耕地保护基金实施效果与预期目标差距较大。③耕地保护基金生态效应评价结果。耕地保护经济补偿的生态效应主要体现在补偿主体对净化土壤、涵养水源、改善大气质量等农田生态环境方面的改善。但是由于生态效应是长期作用的结果，短期内很难有明显的成效，因此仅从农户对化肥施用情况和土壤改良的感知两方面进行研究。评价结果显示，成都市耕地保护基金生态效应指数为 2.11，根据最大隶属度原则，处于"一般"等级。因此，耕地保护基金的实施对试点地区农民的耕地保护意识、观念和行为产生了较为明显的影响，对农田生态环境的改善起到了促进作用，但在经济效应方面有待进一步提升。

3)不同情景模拟下粮食主产区耕地保护经济补偿农户感知存在一定差异性

①农业支持保护补贴情景下城乡接合部和典型农村受访农户认为家庭生活水平有提高的比例分别为 36.71%和 41.99%，而耕地保护基金情景下的比例分别为 76.58%和 80.25%。相比于农业支持保护补贴，耕地保护基金对农户的家庭生活水平改善更为明显。②农业支持保护补贴情景下城乡接合部和典型农村受访农户表示愿意维护耕地质量的比例分别为 77.22%和 84.60%，愿意管护生态环境的比例分别为 68.35%和 78.85%，而相应情况下农户对耕地保护基金情景模拟的感知结果分别为 85.44%和 89.89%、77.22%和 85.23%。耕地保护基金情景模拟下受访农户的耕地质量保护意愿和生态管护意愿略高于农业支持保护补贴情景下的感知结果。③农户特征对不同情景下农户感知生活水平、耕地质量保护行为、耕地生态管护行为的影响程度和方向不同。

8.2　政　策　建　议

1. 依据耕地保护外部性多层次特征，构建粮食主产区耕地保护经济补偿体系和运行机制

1)建立耕地保护经济补偿标准动态提升机制

从耕地保护补偿实践上看，成都市和广东省提出了建立与社会经济发展水平相适应的耕地保护补贴标准增长机制(调整机制)，补贴标准 3～5 年调整一次。佛山市也确定了"基本农田补贴标准每 3 年调整一次"的调整原则。上海市闵行区

在 2008~2011 年，基本农田保护补偿标准逐年提高，从每年 5250 元/公顷提高到 12000 元/公顷。但相关区域均未提出补偿标准的动态量化办法，因此在具体实施时，应依据"在某一特定外部性作用边界下典型区域单位面积平均耕地保护外部性存在时间差异性"，结合区域经济社会发展状况、资金来源等条件，建立耕地保护经济补偿标准动态提升机制。

2）制定区域差别化的耕地保护经济补偿标准

《广州市基本农田保护补贴实施办法》[①]明确规定：补贴资金实行差别化分类补贴标准，补贴标准不同区域每年分别为 7500 元/公顷、5250 元/公顷、3000 元/公顷。《佛山市基本农田保护补贴实施办法》[②]也指出：基本农田补贴标准为每年不低于 7500 元/公顷（禅城、南海、顺德三区）和 3000 元/公顷（三水、高明两区）。2012 年 9 月 27 日，广东省提出，各地市可依据实际以县（市、区）为单位确定具体的耕地补贴标准。可见，各级政府已对区域间的差异性有所体现，但这种分区差别化补贴主要考虑了当地社会经济条件，而未充分考虑区域耕地质量水平。因此，应依据"同一等级外部性作用边界下不同典型区域单位面积平均耕地保护外部性存在空间差异性"，在兼顾区域社会经济条件和耕地质量的基础上，制定区域差别化的耕地保护经济补偿标准。

3）建立质量分级下的耕地保护经济补偿体系

《成都市耕地保护基金使用管理办法（试行）》[③]规定，对全市耕地实行分类别保护与补贴，其中基本农田补贴标准为每年 6000 元/公顷，一般耕地为每年 4500 元/公顷。浙江省海宁市 2010 年确定的耕地保护补贴标准为：对种植大田作物的基本农田每年补贴 750 元/公顷，对种植其他农作物且耕作层未遭到破坏的基本农田每年补贴 300 元/公顷，对种植大田作物的其他一般耕地每年补贴 300 元/公顷。苏州市按照每年不低于 6000 元/公顷的补贴标准对耕地予以生态补偿。同时，依据耕地连片程度，分别按每年 3000 元/公顷和 6000 元/公顷再予以生态补偿。以上相关区域基本按照是否基本农田、连片程度进行分类，不能很好地体现不同耕地质量下补偿标准的差异性。目前，全国各地（包括河南省）已开展完成农用地分等成果补充完善工作。因此，应依据"典型区域内单位面积耕地保护外部性现实值随着质量等别上升而增加"的特征，建立质量分级下的耕地保护经济补偿体系。

4）构建多层次一体化的耕地保护经济补偿体系

目前中国尚未建立起全国性的耕地保护经济补偿体系。相关试点可以概括为

---

① 2014 年 9 月，《广州市国土房管局、广州市财政局、广州市农业局关于印发广州市基本农田保护补贴实施办法的通知》（穗国房字〔2014〕845 号），该办法规定了广州市基本农田保护补贴对象、补贴标准和资金来源。

② 2010 年 3 月，《佛山市人民政府办公室印发佛山市基本农田保护补贴实施办法的通知》（佛府办〔2010〕63 号），该办法规定了佛山市基本农田保护补贴实施原则、补贴标准和补贴对象。

③ 2008 年 1 月，《成都市人民政府关于印发〈成都市耕地保护基金使用管理办法（试行）〉的通知》（成府发〔2008〕8 号），率先实施了耕地保护基金制度。

三类：第一类为省级范围耕地保护经济补偿体系。广东省人民政府办公厅 2012
年印发的《关于建立基本农田保护经济补偿制度的意见》①正式出台，标志着广东
省成为全国首家在全省范围内建立基本农田保护经济补偿制度的省份。广东省在
全省范围内建立基本农田保护经济补偿制度的基础来源于此前的佛山市、广州市、
东莞市、汕头市、惠州市等地进行"先行先试"经验。第二类为市级范围耕地保
护经济补偿体系，包括 2012 年前佛山市、广州市、东莞市、汕头市、惠州市，以
及成都市、嘉兴市等。第三类为县（区）范围耕地保护经济补偿体系，包括 2010
年之前浙江省临海市（属台州市）、海宁市（属嘉兴市）和慈溪市（属宁波市）3 个国
家级基本农田保护示范区率先开展耕地保护补偿机制探索，以及 2010 年桐庐县等
8 个省级基本农田保护示范区开展的基本农田保护补偿机制试点。

　　研究结果显示，某一特定区域纳入不同外部性作用边界测算出的单位面积耕
地保护外部性和区际外部性不同，其内在原因在于耕地保护外部性外溢性特征。
以太康县为例，在市级边界下（周口市）耕地保护区际外部性现实值为 1.93 亿元，
省级边界下耕地保护区际外部性现实值为 2.26 亿元。其原因在于在外部性测算和
具体实施时，假定"耕地保护外部性对特定研究区域之外不具有溢出性"，即外部
性边界之内所产生的生态社会效益为区内主体全部使用（实际上部分生态效益为
区外主体享有），从而造成粮食主产区（尤其是粮食核心区）外部性作用边界越小，
区际外部性越小，而单位面积耕地保护外部性越大。因此，在较小范围内开展耕
地保护经济补偿，不能很好实现区外（尤其是耕地保护目标较低的发达地区）对粮
食主产区通过财政转移支付进行区际补偿，使补偿资金来源大部分仍由粮食主产
区自身承担，使得粮食主产区没有充裕资金开展耕地保护经济补偿。从实践试点
看，目前在市、县级独立开展耕地保护经济补偿试点的一般为经济发达地区（作者
将此类补偿试点称为"孤岛补偿"）也印证了该观点。

　　因此，应依据"不同外部性作用边界下单位面积耕地保护外部性和区际外部
性存在差异性"，在省级范围内（最好在国家范围内）构建基于上级政府调控和财政
转移支付的全国-省-市-县多层次一体化的耕地保护经济补偿体系，实现多层次区
内区际一体化的良性补偿。

　　2. 依据耕地保护经济补偿效应，优化完善耕地保护经济补偿标准、补偿方式

　　(1)强化耕地保护基金的账务公开度和监管力度，保障耕地保护基金的"阳光
运行"，实现耕地保护外部性的内部化。

　　(2)农户的耕地保护行为既是对社会、经济、自然资源环境相适应的结果，也
是根据环境调整自己行为方式的表现。农户自身特征显著地影响其对政策实施的

---

① 2012 年 9 月，《广东省人民政府办公厅转发省国土资源厅财政厅关于建立基本农田保护经济补偿制度意
见的通知》（粤府办〔2012〕98 号），在全国率先推行基本农田保护补偿机制全省覆盖。

满意度,因此应关注农户对政策的认知,以保障政策运行的有效性。

(3)科学测度耕地保护的外部性价值,合理确定耕地保护经济补偿标准。成都市耕地保护基金的后续实施应在保持其社会效应和生态效应的同时,科学测度耕地保护的外部性价值,分类分级制定耕地保护经济补偿标准,提升耕地保护基金经济效应。

(4)耕地保护经济补偿是激励农户保护耕地的手段,而耕地的经济产出功能对农户的耕地保护行为具有决定性作用。因此,应实施多样化的耕地保护经济补偿方式,完善农业设施,建立健全社会保障体系,提高农户耕地保护的积极性。

参 考 文 献

蔡银莺, 王晓霞, 张安录. 2006. 居民参与农地保护的认知程度及支付意愿研究——以湖北省为例[J]. 中国农村观察, (6): 31-39.

蔡银莺, 张安录. 2008. 北江汉平原农地保护的外部效益研究[J]. 长江流域资源与环境, 17(1): 98-104.

蔡银莺, 张安录. 2010. 农地生态与农地价值关系[M]. 北京: 科学出版社.

蔡银莺, 朱兰兰. 2014. 农田保护经济补偿政策的实施成效及影响因素分析——闵行区、张家港市和成都市的实证[J]. 自然资源学报, 29(8): 1310-1322.

蔡运龙, 霍雅勤. 2006. 中国耕地资源价值重建方法与案例研究[J]. 地理学报, 61(10): 1084-1092.

曹甲伟. 2003. 小康阶段我国安全人均粮食占有量研究[D]. 北京: 中国农业科学院.

陈丽, 曲福田, 师学义. 2006. 耕地资源社会价值测算方法探讨——以山西省柳林县为例[J]. 资源科学, 28(6): 86-90.

陈明建, 阙雅文. 2000. 农地的环境保育及粮食安全效益评估[J]. 台湾土地金融季刊, 37(2): 209-237.

陈小伍. 2008. 现阶段农地流转过程中农户意愿与行为研究[D]. 武汉: 华中农业大学.

陈秧分, 刘彦随, 李裕瑞. 2010. 基于农户生产决策视角的耕地保护经济补偿标准测算[J]. 中国土地科学, 24(4): 4-8, 31.

邓春燕, 廖和平, 姚玲, 等. 2012. 基于外部性理论视角的耕地保护经济补偿标准测算——以重庆市为例[J]. 西南师范大学学报(自然科学版), 37(3): 85-90.

杜伟, 黄敏, 黄海阳, 等. 2013. 耕地保护的经济补偿机制研究[M]. 北京: 科学出版社.

鄂施璇, 宋戈. 2015. 东北区县域耕地资源非市场价值测算及其空间分布[J]. 经济地理, 35(6): 149-153.

范晓东. 2012. 公共政策视角下城市总体规划实施评估研究[D]. 重庆: 重庆大学.

方斌, 王波. 2011. 基于区域经济发展水平的耕地社会责任价值补偿[J]. 地理研究, 30(12): 2247-2258.

弗兰克·费希尔. 2003. 公共政策评估[M]. 北京: 中国人民大学出版社.

高汉琦. 2012. 基于 CVM 多情景下的耕地生态效益测算[D]. 焦作: 河南理工大学.

高素萍, 李美华, 苏万揩. 2006. 森林生态效益现实补偿费的计量[J]. 林业科学, 42(4): 88-92.

高云峰, 曾贤刚, 江文涛. 2005. 北京市山区森林资源非使用价值评价及其影响因素分析[J]. 农业技术经济, (3): 6-11.

国家发展和改革委员会价格司. 2001. 全国农产品成本收益资料汇编 2001[M]. 北京: 中国统计出版社.

国家发展和改革委员会价格司. 2005. 全国农产品成本收益资料汇编2005[M]. 北京: 中国统计出
　　版社.

国家发展和改革委员会价格司. 2009. 全国农产品成本收益资料汇编2009[M]. 北京: 中国统计出
　　版社.

国家发展和改革委员会价格司. 2013. 全国农产品成本收益资料汇编2013[M]. 北京: 中国统计出
　　版社.

国家发展和改革委员会价格司. 2015. 全国农产品成本收益资料汇编2015[M]. 北京: 中国统计出
　　版社.

河南省统计局, 国家统计局河南调查总队. 2001. 河南统计年鉴[M]. 北京: 中国统计出版社.

河南省统计局, 国家统计局河南调查总队. 2005. 河南统计年鉴[M]. 北京: 中国统计出版社.

河南省统计局, 国家统计局河南调查总队. 2009. 河南统计年鉴[M]. 北京: 中国统计出版社.

河南省统计局, 国家统计局河南调查总队. 2013. 河南统计年鉴[M]. 北京: 中国统计出版社.

胡蓉. 2016. 耕地保护的经济补偿研究[D]. 重庆: 西南大学.

胡守溢. 2003. 国家粮食安全形势估计及成本分析[J]. 安徽农业科学, 31(5): 793-795.

黄宗煌. 1991. 现阶段农地保育的经济效益分析[J]. 农业金融论丛, (25): 271-297.

贾祥飞, 冉清红, 刘雪莉, 等. 2013. 基于问卷调查的成都耕地保护基金问题研究[J]. 绵阳师范
　　学院学报, 32(5): 83-90.

靳亚亚. 2016. 陕西耕地保护经济补偿模式研究[D]. 咸阳: 西北农林科技大学.

康晓光. 1996. 2000—2050: 中国的粮食国际贸易及其全球影响[J]. 战略与管理, (4): 37-48.

李灿, 张凤荣, 朱泰峰, 等. 2013. 基于熵权TOPSIS模型的土地利用绩效评价及关联分析[J].
　　农业工程学报, 29(5): 217-227.

李翠珍, 孔祥斌, 孙宪海. 2008. 北京市耕地资源价值体系及价值估算方法[J]. 地理学报, 63(3):
　　321-329.

李金昌. 1999. 生态价值论[M]. 重庆: 重庆大学出版社.

李允杰, 丘昌泰. 2008. 政策执行与评估[M]. 北京: 北京大学出版社.

廖和平, 王玄德, 沈燕, 等. 2011. 重庆市耕地保护区域补偿标准研究[J]. 中国土地科学, 25(4):
　　42-48.

刘慧芳. 2000. 论我国农地地价的构成与量化[J]. 中国土地科学, 14(3): 15-18.

刘少杰. 2002. 中国社会转型中的感性选择[J]. 江苏社会科学, (2): 17-21.

刘小庆, 蔡银莺. 2014. 农户对耕地保护基金实施满意度评价及影响因素分析——以成都市永
　　安镇、金桥镇和崇州市江源镇为例[J]. 中国农业大学学报, 19(3): 216-223.

刘亚萍. 2004. 运用CVM对生态保护经济价值的评价——在武陵源国家自然保护区中的应用分
　　析[J]. 绿色中国, (11): 34-37.

卢艳霞. 2013. 我国耕地保护补偿机制研究[M]. 北京: 科学出版社.

卢艳霞, 高魏, 韩立. 2011. 典型地区耕地保护补偿实践述评[J]. 中国土地科学, 25(7): 9-12.

罗文斌, 吴次芳, 倪尧, 等. 2013. 基于农户满意度的土地整理项目绩效评价及区域差异研究[J]. 中国人口·资源与环境, 23(8): 68-74.

马爱慧. 2015. 基于双边界二分式条件价值法的农户耕地补偿意愿评估[J]. 上海国土资源, 36(4): 19-22, 30.

马文博, 李世平, 陈昱. 2010. 基于 CVM 的耕地保护经济补偿探析[J]. 中国人口·资源与环境, 20(11): 107-111.

马中, 蓝虹. 2003. 产权、价格、外部性与环境资源市场配置[J]. 价格理论与实践, (11): 24-26.

毛良祥. 2013. 耕地保护补偿标准与补偿基金规模研究[D]. 北京: 中国地质大学.

牛海鹏. 2010. 耕地保护的外部性及其经济补偿研究[D]. 武汉: 华中农业大学.

牛海鹏, 王坤鹏. 2017. 基于单边界二分式 CVM 的不同样本方案下耕地保护外部性测度与分析——以河南省焦作市为例[J]. 资源科学, 39(7): 1227-1237.

牛海鹏, 肖东洋. 2016. 耕地保护经济补偿效应研究进展与述评——比较与借鉴[J]. 资源开发与市场, 32(11): 1340-1346.

牛海鹏, 王文龙, 张安录. 2014. 基于 CVM 的耕地保护外部性估算与检验[J]. 中国生态农业学报, 22(12): 1498-1508.

牛善栋, 吕晓. 2018. 基于文献计量的中国耕地保护补偿研究进展分析[J]. 土壤, 50(1): 195-201.

欧名豪, 宗臻铃, 董元华, 等. 2000. 区域生态重建的经济补偿办法探讨——以长江上游地区为例[J]. 南京农业大学学报, 23(4): 109-112.

裴青宝, 王冠, 赵江倩, 等. 2015. 模糊综合评价法在南方小型灌区评价中的应用[J]. 江苏农业科学, 43(6): 399-401.

邱昌泰. 1995. 公共政策: 当代政策科学理论之研究[M]. 台北: 巨流图书公司.

宋敏. 2012. 基于CVM与AHP方法的耕地资源外部效益研究——以武汉市洪山区为例[J]. 农业经济问题, 33(4): 62-70.

苏明达, 吴佩瑛. 2004. 愿意支付价值最佳效率指标之建构与验证[J]. 台湾农业经济丛刊, 9(2): 27-60.

粟晓玲, 康绍忠, 佟玲. 2006. 内陆河流域生态系统服务价值的动态估算方法与应用——以甘肃河西走廊石羊河流域为例[J]. 生态学报, 26(6): 2011-2019.

孙复兴, 黎志成. 2005. 关于构建我国粮食安全评估指标体系的思考[J]. 特区经济, (4): 176-177.

孙海兵. 2010. 农户对耕地外部效益支付意愿的实证分析[J]. 中国农业资源与区划, 31(4): 7-11.

孙沁谷. 2012. 成都市耕保基金政策的农户满意度及问题研究[D]. 雅安: 四川农业大学.

唐建. 2010. 耕地价值评价研究[D]. 重庆: 西南大学.

王利敏, 欧名豪. 2011. 基于委托代理理论的农户耕地保护补偿标准分析[J]. 中国人口·资源与环境, 21(2): 137-140.

王湃, 凌雪冰, 张安录. 2009. CVM 评估休闲农地的存在价值——以武汉市和平农庄为例[J]. 中国土地科学, 23(6): 66-71.

王瑞雪. 2005. 耕地非市场价值评估理论方法与实践[D]. 武汉: 华中农业大学.

王瑞雪, 张安录, 颜廷武. 2005. 近年国外农地价值评估方法研究进展述评[J]. 中国土地科学, 19(3): 59-64.

王万茂, 黄贤金. 1997. 中国大陆农地价格区划和农地估价[J]. 自然资源, (4): 3-10.

王晓瑜, 胡守庚, 童陆亿. 2016. 团风县耕地资源价值及其空间分布[J]. 资源科学, 38(2): 206-216.

魏同洋, 靳乐山, 靳宗振, 等. 2015. 北京城区居民大气质量改善支付意愿分析[J]. 城市问题, (1): 75-81.

文高辉, 杨钢桥, 李文静, 等. 2014. 基于农民视角的农地整理项目绩效评价及其障碍因子诊断——以湖北省毛嘴等三个项目为例[J]. 资源科学, 36(1): 26-34.

武松, 潘发明. 2014. SPSS 统计分析大全[M]. 北京: 清华大学出版社.

谢高地, 甄霖, 鲁春霞, 等. 2008. 一个基于专家知识的生态系统服务价值化方法[J]. 自然资源学报, 23(5): 911-919.

谢晋, 蔡银莺. 2016. 创新实践地区农户参与农田保护补偿政策成效的生计禀赋影响——苏州及成都的实证比较[J]. 资源科学, 38(11): 2082-2094.

谢晋, 蔡银莺. 2017. 生计禀赋对农户参与农田保护补偿政策成效的影响——以成都 311 户乡村家庭为实证[J]. 华中农业大学学报(社会科学版), (2): 116-125.

谢贤政, 马中. 2005. 应用旅行费用法评估环境资源价值的研究进展[J]. 合肥工业大学学报(自然科学版), (7): 730-737.

谢贤政, 马中, 李进华. 2006. 意愿调查法评估环境资源价值的思考[J]. 安徽大学学报, (5): 144-148.

邢权兴, 孙虎, 管滨, 等. 2014. 基于模糊综合评价法的西安市免费公园游客满意度评价[J]. 资源科学, 36(8): 1645-1651.

徐中民, 张志强, 龙爱华, 等. 2003. 额济纳旗生态系统服务恢复价值评估方法的比较与应用[J]. 生态学报, 23(9): 1841-1850.

薛剑, 韩娟, 张凤荣, 等. 2014. 高标准基本农田建设评价模型的构建及建设时序的确定[J]. 农业工程学报, 30(5): 193-203.

薛薇. 2014. 基于 SPSS 的数据分析[M]. 北京: 中国人民大学出版社.

杨纶标, 高英仪, 凌卫新. 2011. 模糊数学原理及应用[M]. 广州: 华南理工大学出版社.

杨唯一. 2015. 农户技术创新采纳决策行为研究[D]. 哈尔滨: 哈尔滨工业大学.

杨银川. 2013. 社会资本视角下居民垃圾袋支付意愿研究[D]. 武汉: 华中农业大学.

雍新琴, 张安录. 2012. 基于粮食安全的耕地保护补偿标准探讨[J]. 资源科学, 34(4): 749-757.

于洋, 杨光, 张今华, 等. 2013. 基于外部效益的吉林省耕地保护经济补偿标准的实证分析[J]. 湖北农业科学, 52(16): 4008-4010.

余亮亮, 蔡银莺. 2014. 耕地保护经济补偿政策的初期效应评估——东、西部地区的实证及比较[J]. 中国土地科学, 28(12): 16-23.

余亮亮, 蔡银莺. 2015a. 基于农户满意度的耕地保护经济补偿政策绩效评价及障碍因子诊断[J]. 自然资源学报, 30(7): 1092-1103.

余亮亮, 蔡银莺. 2015b. 政策预期对耕地保护经济补偿政策农户满意度影响的实证研究——以成都市耕地保护基金为例[J]. 中国土地科学, 29(8): 33-40.

余亮亮, 蔡银莺. 2016. 补贴流向与耕地保护经济补偿政策农户满意度绩效——以成都市耕地保护基金为例[J]. 长江流域资源与环境, 25(1): 106-112.

俞海, 任勇. 2007. 生态补偿的理论基础: 一个分析性框架[J]. 城市环境与城市生态, (2):28-31.

苑全治, 郝晋珉, 张玲俐, 等. 2010. 基于外部性理论的区域耕地保护补偿机制研究[J]. 自然资源学报, 25(4): 529-538.

张冬雪, 牛海鹏. 2018. 基于熵权模糊综合评价法的耕地保护经济补偿农户满意度评价——以成都市耕地保护基金为例[J]. 资源开发与市场, 34(3): 303-308.

张眉. 2011. 条件价值评估法下公益林生态效益补偿研究[D]. 福州: 福建农林大学.

张统. 2008. 小水电生态系统服务价值评估——以浙江省通济桥水库为例[D]. 杭州: 浙江大学.

张一鸣. 2014. 耕地保护制度的转型与对策研究——构建以经济激励为核心的耕地保护[J]. 中国农业资源与区划, 35(3): 26-31.

张志强, 徐中民, 程国栋. 2003. 条件价值评估法的发展与应用[J]. 地球科学进展, 18(3): 454-463.

赵军, 杨凯, 邰俊, 等. 2005. 上海城市河流生态系统服务的支付意愿[J]. 环境科学, 26(2): 5-10.

周建春. 2005. 耕地估价理论与方法研究[D]. 南京: 南京农业大学.

周静. 2014. 河南省耕地保护补偿标准研究[D]. 开封: 河南大学.

周小平, 宋丽洁, 柴铎, 等. 2010. 区域耕地保护补偿分区实证研究 [J]. 经济地理, 30(9): 1546-1551.

朱兰兰, 蔡银莺. 2016. 经济补偿对农户感知耕地保护政策实施成效的影响——来自四川、湖北、上海和江苏的典型实证[J]. 华中农业大学学报(社会科学版), (2): 96-103.

诸培新, 曲福田. 2003. 从资源环境经济学角度考察土地征用补偿价格构成[J]. 中国土地科学, 17(3): 10-14.

Bach C F, Frandsen S E, Jensen H G. 2000. Agricultural and economy-wide effects of European enlargement: Modelling the common agricultural policy[J]. Journal of Agricultural Economics, 51(2): 162-180.

Baylis K, Peplow S, Rausser G, et al. 2008. Agri-environmental policies in the EU and United States: A comparison[J]. Ecological Economics, 65(4): 753-764.

Bergstrom J C, Dillman B L, Stoll J R. 1985. Public environmental amenity benefits of private land: The case of prime agricultural land[J]. Southern Journal of Agricultural Economics, 17(1): 139-149.

Blomquist J, Nordin M. 2017. Do the CAP subsidies increase employment in Sweden? Estimating the effects of government transfers using an exogenous change in the CAP[J]. Regional Science and Urban Economics, 63: 13-24.

Bowker J M, Didychuk D D. 1994. Estimation of the nonmarket benefits of agricultural land retention in Eastern Canada[J]. Agricultural and Resource Economics Review, 23(2): 218-225.

Chang H H, Lambert D M, Mishra A K. 2008. Does participation in the conservation reserve program impact the economic well-being of farm households?[J]. Agricultural Economics, 38(2): 201-212.

Ciriacy-Wantrup S V. 1947. Capital returns from soil-conservation practices[J]. Journal of Farm Economics, 29(3): 1181-1202.

Costanza R, d'Arge R, de Groot R, et al. 1997. The value of the world's ecosystem services and natural capital[J]. Nature, (387): 253-260.

Daily G C. 1997. Nature's Service: Societal Dependence on Natural Ecosystems[M]. Washington D C: Island Press.

Davis R K. 1963. Recreation planning as an economic problem[J]. Natural Resources Journal, (3): 239-249.

Defrancesco E, Gatto P, Runge F, et al. 2008. Factors affecting farmers' participation in agri-environmental measures: A northern Italian perspective[J]. Journal of Agricultural Economics, 59(1): 114-131.

Dorfman J H, Barnett B J, Bergstrom J C, et al. 2009. Searching for farmland preservation markets: Evidence from the Southeastern U.S.[J]. Land Use Policy, 26(1): 121-129.

Drake L. 1992. The non-market value of the Swedish agricultural landscape[J]. European Review of Agricultural Economics, 19(3): 351-364.

Fragoso R, Marques C, Lucas M R, et al. 2011. The economic effects of common agricultural policy on Mediterranean dehesa ecosystem[J]. Journal of Policy Modeling, 33(2): 311-327.

Freeman A M. 1993. The Measurement of Environmental and Resource Values—Theory and Methods[M]. Washington D C: Resources for the Future.

Guba E G, Lincoln Y S. 1989. Fourth Generation Evaluation[M]. Newbury Park: Sage Publication.

Hanemann M, Kanninen B. 1991. Statistical efficiency of double-bounded dichotomous choice contingent valuation[J]. American Journal of Agricultural Economics, 73(4): 1255-1263.

Hanemann M, Kanninen B. 1999. The statistical analysis of discrete response CV data//Bateman I J, Willis K G, et al. Valuing Environmental Preferences: Theory and Practice of the Contingent Valuation Method in the US, EU, and Developing Countries[M]. New York: Oxford University Press.

Hounsome B, Edwards R T, Edwards-Jones G. 2006. A note on the effect of farmer mental health on adoption: The case of agri-environment schemes[J]. Agricultural Systems, 91 (3): 229-241.

Kleijn D, Berendse F, Smit R, et al. 2001. Agri-environment schemes do not effectively protect biodiversity in Dutch agricultural landscapes [J]. Nature, 413 (6857): 723-725.

Martin P, Patrick Z. 2011. Regional employment impacts of common agricultural policy measures in Eastern Germany: A difference-in-differences approach[J]. Journal of the International Agricultural Economics, 42 (2): 183-193.

Mishra A K, Khanal A R. 2013. Is participation in agri-environmental programs affected by liquidity and solvency?[J]. Land Use Policy, 35 (14): 163-170.

Mitchell R C, Carson R T. 1989. Using Surveys to Value Public Goods: The Contingent Valuation Method[M]. Washington, D. C.: Resources for the Future.

Park T, Loomis J B, Creel M. 1991. Confidence interval for evaluating benefit estimates from dichotomous choice contingent valuation studies [J]. Land Economics, 67 (1): 64-73.

Pearce D W, Moran D. 1994. The Economic Value of Biodiversity[M]. Queensland: Earthscan.

Primdahl J, Peco B, Schramek J, et al. 2003. Environmental effects of agri-environmental schemes in Western Europe[J]. Journal of Environmental Management, 67 (2): 129-138.

Pruckner G J. 1995. Agricultural landscape cultivation in Austria: An application of the CVM[J]. European Review of Agricultural Economics, 22 (2): 173-190.

Reimer A P, Gramig B M, Prokopy L S. 2013. Farmers and conservation programs: Explaining differences in environmental quality incentives program applications between states[J]. Journal of Soil and Water Conservation, 68 (2): 110-119.

Turner K. 1991. Economics and wetland management[J]. Ambio, 20 (2): 59-63.

van Rensburg T M, Murphy E, Rocks P. 2009. Commonage land and farmer uptake of the rural environment protection scheme in Ireland[J]. Land Use Policy, 26 (2): 345-355.

Wallander S, Hand M S. 2011. Measuring the impact of the environmental quality incentives program (EQIP) on irrigation efficiency and water conservation[C]. Proceedings of the 2011 Annual Meeting, Agricultural and Applied Economics Association, Pittsburgh: 24-26.

Westman W E. 1977. How much are nature's services worth?[J]. Science, 197 (4307): 960-964.

附　　录

附录1　支付卡式耕地保护经济补偿调查问卷(农村类)

调查员：_____　　　样本编号：_____
调查对象：_____县(市)_____镇(乡)_____村_____组　　调查时间：_____

调查说明：

　　您好！我们是河南理工大学测绘与国土信息工程学院的学生，这次在焦作市范围内进行耕地利用及其生态社会效益方面的调查。调查目的主要是了解农户对耕地保护经济补偿的相关意向，并据以进行科学的分析研究，为政府制定合理的耕地保护经济补偿标准提供依据。本次调查仅用于学术研究；调查的结果仅反映答卷人个人的观点，答案没有正确错误之分；本次调查采用无记名形式，希望您在填写时不要有任何顾虑，实事求是地回答；回答方式是：①在括号内填写选项，②在横线上填写内容。

一、耕地生态社会效益认知程度调查

1. 您认为耕地重要吗？（　　）
   A. 重要　　B. 不重要　　C. 不清楚
2. 您认为政府有必要进一步加强耕地保护并出台相关政策吗？（　　）
   A. 有　　B. 没有　　C. 无所谓
3. 您认为耕地种植农作物除了能产生经济效益外，还具有涵养水源、保持水土、调节气候、改善大气质量、维持生物多样性和净化土壤等生态效益以及提供粮食安全保障、农民养老和失业的社会保障、开敞空间及景观与科学文化等社会效益吗？（　　）
   A. 有　　B. 没有　　C. 不清楚
4. 您认为耕地面积减少和质量降低会影响您家庭今后的生活吗？（　　）
   A. 会　　B. 不会　　C. 不清楚
5. 您认为耕地面积减少和质量降低会影响子孙后代的生活吗？（　　）
   A. 会　　B. 不会　　C. 不清楚

6. 您认为目前本地耕地保护所面临的最严重的问题是(可多选)？（　　　　）
　　A. 城镇化和城市建设用地扩张，耕地面积不断减少
　　B. 耕地受农药、化肥、工业生产排放物等污染严重，质量下降
　　C. 政府保护耕地力度不大
　　D. 村集体和村民小组没有发挥好耕地保护作用
　　E. 农户对自身经营耕地保护力度不大

二、耕地生态社会效益支付意愿调查

如前所述，耕地资源不仅具有经济效益，还具有生态效益和社会效益。根据2013年《中国国土资源公报》，截至2012年底，全国共有农用地64646.56万公顷，其中耕地13515.85万公顷。2012年，全国因建设占用、灾毁、生态退耕等原因减少耕地面积40.20万公顷，通过土地整治、农业结构调整等增加耕地面积32.18万公顷，年内净减少耕地面积8.02万公顷。2014年，国土资源部要求将保护耕地作为土地管理的首要任务，坚持耕地保护优先、数量质量并重。假设为了保护耕地使耕地所产生的生态社会效益为我们及子孙后代人所享用，通过建立耕地保护基金会的方式筹集专款用于耕地保护。

1. 您的家庭愿意为保护耕地捐钱或参加义务劳动吗？（　　）
　　A. 愿意　　　　B. 不愿意
2. 如果选"不愿意"的，请问您的原因是什么？（　　）(后面开始第三部分询问)
　　A. 耕地保护不重要　　　　B. 耕地保护是政府的事情，不应该由个人支付
　　C. 有支付意愿，但没有支付实力　　　　D. 没有多大作用
　　E. 对此种意愿调查不感兴趣　　　　F. 其他原因：＿＿＿＿＿
3. 如果选"愿意"的，请问您愿意以下面哪种形式参加耕地保护?（　　）
　　A. 出钱　　B. 参加义务劳动　　C. 其他形式(直接填写)：＿＿＿＿＿
如果选择"出钱"的，请直接回答下面第4个问题；选择"参加义务劳动"的，请直接回答下面第5个问题。
4. 选择"出钱"方式的请回答：
假设为了保护耕地数量不减少，质量不降低，享有目前耕地所产生的生态社会效益水平，在您家庭目前的收入状况下，您的家庭一年最多愿意出多少钱来保护它？（　　）
　　A. 1～25元　　　　B. 25～50元　　　　C. 50～75元　　　　D. 75～100元
　　E. 100～150元　　F. 150～200元　　G. 200～250元　　H. 250～300元
　　I. 300～350元　　J. 350～400元　　K. 400～500元　　L. 500～600元
　　M. 600～700元　　N. 700元以上(请直接在此处填写数字＿＿＿＿＿)

5. 选择"参加义务劳动"方式的请回答:

假设为了保护耕地数量不减少,质量不降低,享有目前耕地所产生的生态社会效益水平,在您家庭目前的收入状况下,您的家庭一年最多愿意义务劳动多少天(所有家庭成员义务劳动天数之和,义务劳动天数可在每天义务劳动时数基础上累加)来保护它?(　　)

    A. 1~2 天　　B. 3~4 天　　C. 5~6 天　　D. 7~8 天　　E. 9~10 天

    F. 11~12 天　G. 13~14 天　H. 15~16 天

    I. 16 天以上(请直接在此处填写数字_____)

三、耕地保护经济补偿认知调查

1. 您认为是否应对耕地利用和保护人发放一定的经济补偿?(　　)

    A. 应该　　　B. 不应该

若选择"应该"则继续答题,若选择"不应该"则开始第四部分询问。

2. 您认为应该将一定的耕地保护经济补偿发放给谁?(可多选)(　　)

    A. 村集体　B. 村民小组(生产队)　C. 农户　D. 当地政府　E. 不清楚

3. 您认为耕地保护经济补偿应由谁来提供?(可多选)(　　)

    A. 中央政府　　B. 当地政府　　C. 发达地区政府　　D. 非农用地单位

    E. 所有城乡居民　　F. 城镇居民　　G. 不清楚

4. 您认为应该依据什么发放耕地保护经济补偿最合理?(　　)

    A. 家庭承包耕地面积补偿　　　B. 粮食产量　　　C. 家庭人口

    D. 生产要素投入　　　E. 实际经营耕地面积

5. 若按照耕地面积发放耕地保护经济补偿,每年每亩应该发放多少元?(　　)

    A. 100 元以下　B. 100~200 元　C. 200~300 元　D. 300~400 元

    E. 400~500 元　　F. 500~600 元　　G. 600~700 元　　H. 700~800 元

    I. 800~900 元　　J. 900~1000 元　　K. 1000 元以上

6. 对于已转包的耕地,在转包期内应将耕地保护经济补偿发放给谁?(　　)

    A. 原承包方　　　B. 耕地实际经营者　　　C. 双方协商　　　D. 不清楚

7. 对于耕地保护经济补偿方式,您将选择以下哪种方式?(　　)

    A. 货币(资金)补偿

    B. 实物(农药、化肥、种子、机械等)补偿

    C. 技术(咨询、服务、培训、指导)补偿

    D. 货币补偿与实物、技术补偿相结合

    E. 货币补偿与社会保障(如养老保险)、农业保险相结合

8. 您是否愿意将部分耕地保护经济补偿用于农业设施(如道路、机井)建设和土壤改良?(　　)

    A. 愿意　　　　B. 不愿意　　　　C. 不清楚

四、被调查者个人及家庭情况

1. 被调查者个人情况。

(1)性别(　　)

    A. 男　　　　　B. 女

(2)年龄(　　)

    A. 18~25 岁　B. 26~30 岁　C. 31~35 岁　D. 36~40 岁　E. 41~45 岁

    F. 46~50 岁　G. 51~60 岁　H. 61~65 岁　I. 66~70 岁　J. 71 岁以上

(3)文化程度(　　)

    A. 未上过学　B. 小学　　C. 初中　　D. 高中　　E. 中专　　F. 大专

    G. 本科　　　H. 硕士及以上

(4)健康状况(　　)

    A. 良好　　　　B. 一般　　　　C. 较差

(5)是否兼业(　　)

    A. 是　　　　　B. 否

2. 家庭收入的主要来源是(　　)。

    A. 种地　　　　B. 本地或外地打工　　C. 自己创业

3. 被调查者家庭情况。

(1)家庭总人数	(2)劳动力人数	(3)被抚养人数	(4)兼业人数

注:家庭总人数=劳动力人数+被抚养人数;被抚养人口包括 60 岁以上老人、儿童、学生等;兼业指在经营农业的同时,从事务工、经商等非农产业,并有一定收入。(1)、(2)、(3)、(4)直接填写在表格内。

(5)目前,您家庭的耕地面积是(　　)。

    A. 0~2 亩　B. 2~3 亩　C. 3~4 亩　D. 4~5 亩　E. 5~6 亩

    F. 6~7 亩　G. 7~8 亩　H. 8~9 亩　I. 9~10 亩　J. 10 亩以上

4. 近三年来,您的家庭年平均收入是(　　)。

    A. 4000 元以下　　　　B. 4000~6000 元　　　　C. 6000~8000 元

    D. 8000~10000 元　　 E. 10000~12000 元　　 F. 12000~14000 元

    G. 14000~16000 元　　H. 16000~20000 元　　I. 20000~25000 元

    J. 25000~30000 元　　K. 30000~40000 元　　L. 40000~50000 元

    M. 50000~70000 元　　N. 70000~90000 元　　O. 90000 元以上

5. 农业收入占家庭总收入的比例是（　　）。

   A. 10%以下　　　　　B. 11%～20%　　　　　C. 21%～30%

   D. 31%～40%　　　　　E. 41%～50%　　　　　F. 51%～60%

   G. 61%～70%　　　　　H. 71%～80%　　　　　I. 81%～90%

   J. 91%～100%

五、问卷有效性调查

1. 您能够明白此次调查中的支付意愿是在假设的前提下进行的吗？（　　）

   A. 明白　　　　　　　B. 不明白

2. 问卷里的内容您能理解多少？（　　）

   A. 完全理解　　　　　B. 有些地方不清楚　　　C. 完全不理解

附录2　支付卡式耕地保护经济补偿调查问卷(城镇类)

调查员：＿＿＿＿＿＿＿　　　样本编号：＿＿＿＿＿＿＿

调查对象：＿＿＿＿县(市)＿＿＿＿镇(街道办事处)　　　　调查时间：＿＿＿＿＿＿＿

调查说明：

    您好！我们是河南理工大学测绘与国土信息工程学院的学生，这次在焦作市范围内进行耕地利用及其生态社会效益方面的调查。调查目的主要是了解城镇居民对耕地保护经济补偿的相关意向，并据以进行科学的分析研究，为政府制定合理的耕地保护经济补偿标准提供依据。本次调查仅用于学术研究；调查的结果仅反映答卷人个人的观点，答案没有正确错误之分；本次调查采用无记名形式，希望您在填写时不要有任何顾虑，实事求是地回答；回答方式是：①在括号内填写选项，②在横线上填写内容。

一、耕地生态社会效益认知程度调查

1. 您认为耕地重要吗？（　　）

   A. 重要　B. 不重要　C. 不清楚

2. 您认为政府有必要进一步加强耕地保护并出台相关政策吗？（　　）

   A. 有　B. 没有　C. 无所谓

3. 您认为耕地种植农作物除了能产生经济效益外，还具有涵养水源、保持水土、调节气候、改善大气质量、维持生物多样性和净化土壤等生态效益以及提供粮食安全保障、农民养老和失业的社会保障、开敞空间及景观与科学文化等社会效益吗？（　　）

A. 有　　B. 没有　　C. 不清楚

4. 您认为耕地面积减少和质量降低会影响您家庭今后的生活吗？（　　）

A. 会　　B. 不会　　C. 不清楚

5. 您认为耕地面积减少和质量降低会影响子孙后代的生活吗？（　　）

A. 会　　B. 不会　　C. 不清楚

6. 您认为目前本地耕地保护所面临的最严重的问题是(可多选)？（　　）

A. 城镇化和城市建设用地扩张，耕地面积不断减少

B. 耕地受农药、化肥、工业生产排放物等污染严重，质量下降

C. 政府保护耕地力度不大

D. 村集体和村民小组没有发挥好耕地保护作用

E. 农户对自身经营耕地保护力度不大

二、耕地生态社会效益支付意愿调查

如前所述，耕地资源不仅具有经济效益，还具有生态效益和社会效益。根据2013 年《中国国土资源公报》，截至 2012 年底，全国共有农用地 64646.56 万公顷，其中耕地 13515.85 万公顷。2012 年，全国因建设占用、灾毁、生态退耕等原因减少耕地面积 40.20 万公顷，通过土地整治、农业结构调整等增加耕地面积 32.18 万公顷，年内净减少耕地面积 8.02 万公顷。2014 年，国土资源部要求将保护耕地作为土地管理的首要任务，坚持耕地保护优先、数量质量并重。假设为了保护耕地使耕地所产生的生态社会效益为我们及子孙后代人所享用，通过建立耕地保护基金会的方式筹集专款用于耕地保护。

1. 您的家庭愿意为保护耕地捐钱或参加义务劳动吗？（　　）

A. 愿意　　B. 不愿意

2. 如果选"不愿意"的，请问您的原因是什么？（　　）（后面开始第三部分询问)

A. 耕地保护不重要　　　　B. 耕地保护是政府的事情，不应该由个人支付

C. 有支付意愿，但没有支付实力　　D. 没有多大作用

E. 对此种意愿调查不感兴趣　　　　F. 其他原因：＿＿＿＿＿

3. 如果选"愿意"的，请问您愿意以下面哪种形式参加耕地保护？（　　）

A. 出钱　　B. 参加义务劳动　　C. 其他形式(直接填写)：＿＿＿＿

如果选择"出钱"的，请直接回答下面第 4 个问题；选择"参加义务劳动"的，请直接回答下面第 5 个问题。

4. 选择"出钱"方式的请回答：

假设为了保护耕地数量不减少，质量不降低，享有目前耕地所产生的生态社

会效益水平，在您家庭目前的收入状况下，您的家庭一年最多愿意出多少钱来保护它？（　　）。

　　　　A. 1～25 元　　　　B. 25～50 元　　　　C. 50～75 元　　　　D. 75～100 元

　　　　E. 100～150 元　　　F. 150～200 元　　　G. 200～250 元　　　H. 250～300 元

　　　　I. 300～350 元　　　J. 350～400 元　　　K. 400～500 元　　　L. 500～600 元

　　　　M. 600～700 元　　　N. 700 元以上(请直接在此处填写数字_____)

　　5. 选择"参加义务劳动"方式的请回答：

　　假设为了保护耕地数量不减少，质量不降低，享有目前耕地所产生的生态社会效益水平，在您家庭目前的收入状况下，您的家庭一年最多愿意义务劳动多少天(所有家庭成员义务劳动天数之和，义务劳动天数可在每天义务劳动时数基础上累加)来保护它？（　　）

　　　　A. 1～2 天　　　B. 3～4 天　　　C. 5～6 天　　　D. 7～8 天　　　E. 9～10 天

　　　　F. 11～12 天　　G. 13～14 天　　H. 15～16 天

　　　　I. 16 天以上(请直接在此处填写数字_____)

三、耕地保护经济补偿认知调查

　　1. 您认为是否应对耕地利用和保护人发放一定的经济补偿？（　　）

　　　　A. 应该　　　　B. 不应该

　　若选择"应该"则继续答题，若选择"不应该"则开始第四部分询问。

　　2. 您认为应该将一定的耕地保护经济补偿发放给谁？(可多选)（　　）

　　　　A. 村集体　　B. 村民小组(生产队)　　C. 农户　　D. 当地政府

　　　　E. 不清楚

　　3. 您认为耕地保护经济补偿应由谁来提供？(可多选)（　　）

　　　　A. 中央政府　　　B. 当地政府　　　C. 发达地区政府　　　D. 非农用地单位

　　　　E. 所有城乡居民　　F. 城镇居民　　G. 不清楚

　　4. 您认为应该依据什么发放耕地保护经济补偿最合理？（　　）

　　　　A. 家庭承包耕地面积补偿　　　B. 粮食产量　　　C. 家庭人口

　　　　D. 生产要素投入　　　E. 实际经营耕地面积

　　5. 若按照耕地面积发放耕地保护经济补偿，每年每亩应该发放多少元？（　　）

　　　　A. 100 元以内　　B. 100～200 元　　C. 200～300 元　　D. 300～400 元

　　　　E. 400～500 元　　F. 500～600 元　　G. 600～700 元　　H. 700～800 元

　　　　I. 800～900 元　　J. 900～1000 元　　K. 1000 元以上

　　6. 对于已转包的耕地，在转包期内应将耕地保护经济补偿发放给谁？（　　）

　　　　A. 原承包方　　　B. 耕地实际经营者　　　C. 双方协商　　　D. 不清楚

7. 对于耕地保护经济补偿方式，您认为应该以哪种方式发放？（　　）

    A. 货币(资金)补偿

    B. 实物(农药、化肥、种子、机械等)补偿

    C. 技术(咨询、服务、培训、指导)补偿

    D. 货币补偿与实物、技术补偿相结合

    E. 货币补偿与社会保障(如养老保险)、农业保险相结合

四、被调查者个人及家庭情况

1. 被调查者个人情况。

(1)性别（　　）

    A. 男　　　　　　B. 女

(2)年龄（　　）

    A. 18～25 岁　B. 26～30 岁　C. 31～35 岁　D. 36～40 岁　E. 41～45 岁

    F. 46～50 岁　G. 51～60 岁　H. 61～65 岁　I. 66～70 岁　J. 71 岁以上

(3)文化程度（　　）

    A. 未上过学　　B. 小学　　C. 初中　　D. 高中　　E. 中专　　F. 大专

    G. 本科　　　　H. 硕士及以上

(4)健康状况（　　）

    A. 良好　　　　　B. 一般　　C. 较差

2. 从事职业（　　）

    A. 公务员/公司领导　　　B. 经理人员/公司或企业中高层管理人员

    C. 教师/医务人员　　　　D. 私营企业家(雇工 8 人以上)

    E. 其他专业技术人员　　F. 事业或企业办事人员　　G. 工人/服务员/业务员

    H. 个体工商户　　　　　I. 下岗/失业人员　　　　　J. 退休人员

3. 被调查者家庭情况。

(1)家庭总人数	(2)工作人数	(3)被抚养人数	(4)在校学生人数

  注：家庭总人数=工作人数+被抚养人数；工作人数包括上班人数和有退休工资的老人人数；被抚养人口包括无退休工资的老人、儿童、学生、长期患病的人及失业、下岗的人；(1)、(2)、(3)、(4)直接填写在表格内。

4. 近三年来，您的家庭月平均收入是（　　）。

    A. 2000 元以下　　　　　B. 2000～2500 元　　　　　C. 2500～3000 元

    D. 3000～3500 元　　　　E. 3500～4000 元　　　　　F. 4000～4500 元

    G. 4500～5000 元　　　　H. 5000～6000 元　　　　　I. 6000～7000 元

    J. 7000～8000 元　　　　K. 8000～9000 元　　　　　L. 9000～10000 元

    M. 10000 元以上

5. 日常生活支出占总收入比例是（　　）。

　　A. 10%以下　　B. 11%～20%　　C. 21%～30%　　D. 31%～40%　　E. 41%～50%

　　F. 51%～60%　　G. 61%～70%　　H. 71%～80%　　I. 81%～90%　　J. 91%～100%

五、问卷有效性调查

1. 您能够明白此次调查中的支付意愿是在假设的前提下进行的吗？（　　）

　　A. 明白　　　　　　　　　　B. 不明白

2. 问卷里的内容您能够理解多少？（　　）

　　A. 完全理解　　　　　　　　B. 有些地方不清楚　　　　　C. 完全不理解

附录3　二分式耕地保护经济补偿调查问卷（农村类）

调查员：＿＿＿＿＿＿＿　　　样本编号：＿＿＿＿＿＿＿

调查对象：＿＿＿县（市）＿＿＿镇（乡）＿＿＿村＿＿＿组　　调查时间：＿＿＿＿＿＿

调查说明：

　　　　您好！我们是河南理工大学测绘与国土信息工程学院的学生，这次在焦作市范围内进行耕地利用及其生态社会效益方面的调查。调查目的主要是了解农户对耕地保护经济补偿的相关意向，并据以进行科学的分析研究，为政府制定合理的耕地保护经济补偿标准提供依据。本次调查仅用于学术研究；调查的结果仅反映答卷人个人的观点，答案没有正确错误之分；本次调查采用无记名形式，希望您在填写时不要有任何顾虑，实事求是地回答；回答方式是：①在括号内填写选项，②在横线上填写内容。

一、耕地生态社会效益认知程度调查

1. 您认为耕地重要吗？（　　）

　　A. 重要　　B. 不重要　　C. 不清楚

2. 您认为政府有必要进一步加强耕地保护并出台相关政策吗？（　　　）

　　A. 有　　B. 没有　　C. 无所谓

3. 您认为耕地种植农作物除了能产生经济效益外，还具有涵养水源、保持水土、调节气候、改善大气质量、维持生物多样性和净化土壤等生态效益以及提供粮食安全保障、农民养老和失业的社会保障、开敞空间及景观与科学文化等社会效益吗？（　　）

　　A. 有　　B. 没有　　C. 不清楚

4. 您认为耕地面积减少和质量降低会影响您家庭今后的生活吗？（　）

 A. 会 B. 不会 C. 不清楚

5. 您认为耕地面积减少和质量降低会影响子孙后代的生活吗？（　）

 A. 会 B. 不会 C. 不清楚

6. 您认为目前本地耕地保护所面临的最严重的问题是(可多选)？（　）

 A. 城镇化和城市建设用地扩张，耕地面积不断减少

 B. 耕地受农药、化肥、工业生产排放物等污染严重，质量下降

 C. 政府保护耕地力度不大

 D. 村集体和村民小组没有发挥好耕地保护作用

 E. 农户对自身经营耕地保护力度不大

二、耕地生态社会效益支付意愿调查

  如前所述，耕地资源不仅具有经济效益，还具有生态效益和社会效益。根据 2013 年《中国国土资源公报》，截至 2012 年底，全国共有农用地 64646.56 万公顷，其中耕地 13515.85 万公顷。2012 年，全国因建设占用、灾毁、生态退耕等原因减少耕地面积 40.20 万公顷，通过土地整治、农业结构调整等增加耕地面积 32.18 万公顷，年内净减少耕地面积 8.02 万公顷。2014 年，国土资源部要求将保护耕地作为土地管理的首要任务，坚持耕地保护优先、数量质量并重。假设为了保护耕地使耕地所产生的生态效益和社会效益为我们及子孙后代人所享用，通过建立耕地保护基金会的方式筹集专款用于耕地保护。

 1. 您的家庭愿意为保护耕地捐钱(捐物)或参加义务劳动吗？（　）

 A. 愿意 B. 不愿意

 2. 如果选"不愿意"的，请问您的原因是什么？（　）（后面开始第三部分询问）

 A. 耕地保护不重要   B. 耕地保护是政府的事情，不应该由个人支付

 C. 有支付意愿，但没有支付实力 D. 没有多大作用

 E. 对此种意愿调查不感兴趣   F. 其他原因：＿＿＿＿＿

 3. 如果选"愿意"的，请回答：若支付方式按现金形式折算(捐物和参加义务劳动折算为现金)。假设为了保护耕地数量不减少，质量不降低，享有目前耕地所产生的生态社会效益水平，如果您愿意拿出一定的费用来保护它，在您家庭目前的收入状况下，那么未来每年从您的家庭收入中拿出＿＿＿元，您是否能接受？

 □是 □否

 如果选是，当支付额提高为每年＿＿＿元，您是否能接受？□是 □否

 如果选否，当支付额降低为每年＿＿＿元，您是否能接受？□是 □否

  注：标准分别为 25 元、50 元、75 元、100 元、150 元、200 元、250 元、300 元、350 元、400 元、500 元、600 元、700 元，调查员随机填写。

三、耕地保护经济补偿认知调查

1. 您认为是否应对耕地利用和保护人发放一定的经济补偿?(　　)

    A. 应该　　　　B. 不应该

若选择"应该"则继续答题;若选择"不应该"则开始第四部分询问。

2. 您认为应该将一定的耕地保护经济补偿发放给谁?(可多选)(　　)

    A. 村集体　　　B. 村民小组(生产队)　　　C. 农户

    D. 当地政府　　E. 不清楚

3. 您认为耕地保护经济补偿应由谁来提供?(可多选)(　　)

    A. 中央政府　　　B. 当地政府　　　C. 发达地区政府　　　D. 非农用地单位

    E. 所有城乡居民　　　F. 城镇居民　　　G. 不清楚

4. 您认为应该依据什么发放耕地保护经济补偿最合理?(　　)

    A. 家庭承包耕地面积补偿　　　B. 粮食产量　　　C. 家庭人口

    D. 生产要素投入　　　E. 实际经营耕地面积

5. 若按照耕地面积发放耕地保护经济补偿,每年每亩应该发放多少元?(　　)

    A. 100 元以下　　B. 100~200 元　　C. 200~300 元　　D. 300~400 元

    E. 400~500 元　　F. 500~600 元　　G. 600~700 元　　H. 700~800 元

    I. 800~900 元　　J. 900~1000 元　　K. 1000 元以上

6. 对于已转包的耕地,在转包期内应将耕地保护经济补偿发放给谁?(　　)

    A. 原承包方　　　B. 耕地实际经营者　　　C. 双方协商　　　D. 不清楚

7. 对于耕地保护经济补偿方式,您将选择以下哪种方式?(　　)

    A. 货币(资金)补偿

    B. 实物(农药、化肥、种子、机械等)补偿

    C. 技术(咨询、服务、培训、指导)补偿

    D. 货币补偿与实物、技术补偿相结合

    E. 货币补偿与社会保障(如养老保险)、农业保险相结合

8. 您是否愿意将部分耕地保护经济补偿用于农业设施(如道路、机井)建设和土壤改良?(　　)

    A. 愿意　　　B. 不愿意　　　C. 不清楚

四、被调查者个人及家庭情况

1. 被调查者个人情况。

(1)性别(　　)

    A. 男　　　B. 女

(2) 年龄（　　）

    A. 18～25 岁　B. 26～30 岁　C. 31～35 岁　D. 36～40 岁　E. 41～45 岁

    F. 46～50 岁　G. 51～60 岁　H. 61～65 岁　I. 66～70 岁　J. 71 岁以上

(3) 文化程度（　　）

    A. 未上过学　B. 小学　C. 初中　D. 高中　E. 中专　F. 大专

    G. 本科　　　H. 硕士及以上

(4) 健康状况（　　）

    A. 良好　　　B. 一般　C. 较差

(5) 是否兼业（　　）

    A. 是　　　　B. 否

2. 家庭收入的主要来源是（　　）。

    A. 种地　　　B. 本地或外地打工　　C. 自己创业

3. 被调查者家庭情况。

(1) 家庭总人数	(2) 劳动力人数	(3) 被抚养人数	(4) 兼业人数

注：家庭总人数=劳动力人数+被抚养人数；被抚养人口包括 60 岁以上老人、儿童、学生等；兼业指在经营农业的同时，从事务工、经商等非农产业，并有一定收入。(1)、(2)、(3)、(4) 直接填写在表格内。

(5) 目前，您家庭的耕地面积是（　　）。

    A. 0～2 亩　B. 2～3 亩　C. 3～4 亩　D. 4～5 亩　E. 5～6 亩

    F. 6～7 亩　G. 7～8 亩　H. 8～9 亩　I. 9～10 亩　　J. 10 亩以上

4. 近三年来，您的家庭年平均收入是（　　）。

    A. 4000 元以下　　　　B. 4000～6000 元　　　C. 6000～8000 元

    D. 8000～10000 元　　E. 10000～12000 元　　F. 12000～14000 元

    G. 14000～16000 元　　H. 16000～20000 元　　I. 20000～25000 元

    J. 25000～30000 元　　K. 30000～40000 元　　L. 40000～50000 元

    M. 50000～70000 元　　N. 70000～90000 元　　O. 90000 元以上

5. 农业收入占家庭总收入的比例是（　　）。

    A. 10%以下　B. 11%～20%　C. 21%～30%　D. 31%～40%　E. 41%～50%

    F. 51%～60%　G. 61%～70%　H. 71%～80%　I. 81%～90%　J. 91%～100%

五、问卷有效性调查

1. 您能够明白此次调查中的支付意愿是在假设的前提下进行的吗？（　　）

    A. 明白　　　　　　B. 不明白

2. 问卷里的内容您能够理解多少？（　　）

    A. 完全理解　　　　B. 有些地方不清楚　　　C. 完全不理解

附录4　二分式耕地保护经济补偿调查问卷(城镇类)

调查员：_____　　　　　样本编号：_____

调查对象：_____县(市)_____镇(街道办事处)　　　　调查时间：_____

调查说明：

您好！我们是河南理工大学测绘与国土信息工程学院的学生，这次在焦作市范围内进行耕地利用及其生态社会效益方面的调查。调查目的主要是了解城镇居民对耕地保护经济补偿的相关意向，并据以进行科学的分析研究，为政府制定合理的耕地保护经济补偿标准提供依据。本次调查仅用于学术研究；调查的结果仅反映答卷人个人的观点，答案没有正确错误之分；本次调查采用无记名形式，希望您在填写时不要有任何顾虑，实事求是地回答；回答方式是：①在括号内填写选项，②在横线上填写内容。

一、耕地生态社会效益认知程度调查

1. 您认为耕地重要吗？(　　)

　　A. 重要　　B. 不重要　　C. 不清楚

2. 您认为政府有必要进一步加强耕地保护并出台相关政策吗？(　　)

　　A. 有　　　B. 没有　　C. 无所谓

3. 您认为耕地种植农作物除了能产生经济效益外，还具有涵养水源、保持水土、调节气候、改善大气质量、维持生物多样性和净化土壤等生态效益以及提供粮食安全保障、农民养老和失业的社会保障、开敞空间及景观与科学文化等社会效益吗？(　　)

　　A. 有　　　B. 没有　　C. 不清楚

4. 您认为耕地面积减少和质量降低会影响您家庭今后的生活吗？(　　)

　　A. 会　　　B. 不会　　C. 不清楚

5. 您认为耕地面积减少和质量降低会影响子孙后代的生活吗？(　　)

　　A. 会　　　B. 不会　　C. 不清楚

6. 您认为目前本地耕地保护所面临的最严重的问题是(可多选)？(　　)

　　A. 城镇化和城市建设用地扩张，耕地面积不断减少

　　B. 耕地受农药、化肥、工业生产排放物等污染严重，质量下降

　　C. 政府保护耕地力度不大

　　D. 村集体和村民小组没有发挥好耕地保护作用

　　E. 农户对自身经营耕地保护力度不大

二、耕地生态社会效益支付意愿调查

如前所述，耕地资源不仅具有经济效益，还具有生态效益和社会效益。根据2013年《中国国土资源公报》，截至2012年底，全国共有农用地64646.56万公顷，其中耕地13515.85万公顷。2012年，全国因建设占用、灾毁、生态退耕等原因减少耕地面积40.20万公顷，通过土地整治、农业结构调整等增加耕地面积32.18万公顷，年内净减少耕地面积8.02万公顷。2014年，国土资源部要求将保护耕地作为土地管理的首要任务，坚持耕地保护优先、数量质量并重。假设为了保护耕地使耕地所产生的生态社会效益为我们及子孙后代人所享用，通过建立耕地保护基金会的方式筹集专款用于耕地保护。

1. 您的家庭愿意为保护耕地捐钱(捐物)或参加义务劳动吗？(　　)
   A. 愿意　　　B. 不愿意
2. 如果选"不愿意"的，请问您的原因是什么？(　　)(后面开始第三部分询问)
   A. 耕地保护不重要　　　　B. 耕地保护是政府的事情，不应该由个人支付
   C. 有支付意愿，但没有支付实力　　　D. 没有多大作用
   E. 对此种意愿调查不感兴趣　　　　F. 其他原因：＿＿＿＿＿＿
3. 如果选"愿意"的，请回答：若支付方式按现金形式折算(捐物和参加义务劳动折算为现金)。假设为了保护耕地数量不减少，质量不降低，享有目前耕地所产生的生态效益和社会效益水平，如果您愿意拿出一定的费用来保护它，在您家庭目前的收入状况下，那么未来每年从您的家庭收入中拿出＿＿＿元，您是否能接受？
   □是　　　□否
   如果选是，当支付额提高为每年＿＿＿元，您是否能接受？□是　　　□否
   如果选否，当支付额降低为每年＿＿＿元，您是否能接受？□是　　　□否

注：标准分别为25元、50元、75元、100元、150元、200元、250元、300元、350元、400元、500元、600元、700元，调查员随机填写。

三、耕地保护经济补偿认知调查

1. 您认为是否应对耕地利用和保护人发放一定的经济补偿？(　　)
   A. 应该　　　B. 不应该
   若选择"应该"则继续答题，若选择"不应该"则开始第四部分询问。
2. 您认为应该将一定的耕地保护经济补偿发放给谁？(可多选)(　　)
   A. 村集体　　B. 村民小组(生产队)　C. 农户　D. 当地政府　E. 不清楚
3. 您认为耕地保护经济补偿应由谁来提供(可多选)(　　)
   A. 中央政府　　B. 当地政府　　C. 发达地区政府　　D. 非农用地单位
   E. 所有城乡居民　　F. 城镇居民　　G. 不清楚

4. 您认为应该依据什么发放耕地保护经济补偿最合理?(　　)

    A. 家庭承包耕地面积补偿　　　B. 粮食产量　　　C. 家庭人口

    D. 生产要素投入　　　E. 实际经营耕地面积

5. 若按照耕地面积发放耕地保护经济补偿,每年每亩应该发放多少元?(　　)

    A. 100 元以下　　B. 100～200 元　　C. 200～300 元　　D. 300～400 元

    E. 400～500 元　　F. 500～600 元　　G. 600～700 元　　H. 700～800 元

    I. 800～900 元　　J. 900～1000 元　　K. 1000 元以上

6. 对于已转包的耕地,在转包期内应将耕地保护经济补偿发放给谁?(　　)

    A. 原承包方　　　B. 耕地实际经营者　　　C. 双方协商　　　D. 不清楚

7. 对于耕地保护经济补偿方式,您认为应该以哪种方式发放?(　　)

    A. 货币(资金)补偿

    B. 实物(农药、化肥、种子、机械等)补偿

    C. 技术(咨询、服务、培训、指导)补偿

    D. 货币补偿与实物、技术补偿相结合

    E. 货币补偿与社会保障(如养老保险)、农业保险相结合

四、被调查者个人及家庭情况

1. 被调查者个人情况。

(1)性别(　　)

    A. 男　　　　B. 女

(2)年龄(　　)

    A. 18～25 岁　B. 26～30 岁　C. 31～35 岁　D. 36～40 岁　E. 41～45 岁

    F. 46～50 岁　G. 51～60 岁　H. 61～65 岁　I. 66～70 岁　J. 71 岁以上

(3)文化程度(　　)

    A. 未上过学　B. 小学　C. 初中　D. 高中　E. 中专　F. 大专

    G. 本科　　　H. 硕士及以上

(4)健康状况(　　)

    A. 良好　　　B. 一般　　　C. 较差

2. 从事职业(　　)。

    A. 公务员/公司领导　　B. 经理人员/公司或企业中高层管理人员

    C. 教师/医务人员　　　D. 私营企业家(雇工 8 人以上)

    E. 其他专业技术人员　F. 事业或企业办事人员　G. 工人/服务员/业务员

    H. 个体工商户　　　　I. 下岗/失业人员　　　　J. 退休人员

3. 被调查者家庭情况。

(1)家庭总人数	(2)工作人数	(3)被抚养人数	(4)在校学生人数

　　注：家庭总人数=工作人数+被抚养人数；工作人数包括上班人数和有退休工资的老人人数；被抚养人口包括无退休工资的老人、儿童、学生、长期患病的人以及失业、下岗人口；(1)、(2)、(3)、(4)直接填写在表格内。

4. 近三年来，您的家庭月平均收入是（　　）。

A. 2000 元以下　　　　　B. 2000~2500 元　　　　C. 2500~3000 元

D. 3000~3500 元　　　　E. 3500~4000 元　　　　F. 4000~4500 元

G. 4500~5000 元　　　　H. 5000~6000 元　　　　I. 6000~7000 元

J. 7000~8000 元　　　　K. 8000~9000 元　　　　L. 9000~10000 元

M. 10000 元以上

5. 日常生活支出占总收入比例（　　）。

A. 10%以下　B. 11%~20%　C. 21%~30%　D. 31%~40%　E. 41%~50%

F. 51%~60%　G. 61%~70%　H. 71%~80%　I. 81%~90%　J. 91%~100%

五、问卷有效性调查

1. 您能够明白此次调查中的支付意愿是在假设的前提下进行的吗？（　　）

A. 明白　　　　　　　　B. 不明白

2. 问卷里的内容您能够理解多少？（　　）

A. 完全理解　　　　　B. 有些地方不清楚　　　　C. 完全不理解

附录5　试点地区耕地保护经济补偿效应问卷

调查员：＿＿＿＿＿＿　　　　　样本编号：＿＿＿＿＿＿

调查对象：＿＿＿＿县(市)＿＿＿＿乡、镇(街道办事处)＿＿＿＿村＿＿＿＿组

调查时间：＿＿＿＿＿＿

调研说明：

　　您好！我们是河南理工大学测绘与国土信息工程学院的研究生。作为学校的科研人员，我们非常关心耕地保护补偿机制的实施对农民的生产和生活状况影响，以及农民对耕地保护补偿的意愿和想法等问题。因此，我们对您进行访问。本问卷采用无记名形式，仅用于科学研究，绝不对外公开，希望您在填写时不要有任何顾虑，实事求是地回答，以使我们的研究更具真实性。对您的支持,我们表示衷心感谢！

一、受访农户对耕地保护基金的认知

为了响应国家的耕地保护经济补偿政策,四川省成都市2008年在全国率先提出建立耕地保护基金,对承担保护耕地责任的农户和村组集体经济组织依据耕地质量,对基本农田和一般耕地(园地)分别按照每年400元/亩和300元/亩的标准补贴。其中,补贴农户的资金,扣除10%的土地流转担保金和农业保险打到农民"耕保卡"上的数额分别是360元和270元,优先用于养老保险账户补偿给农户,符合一定条件时可提取现金;补贴村组集体经济组织的资金,在扣除耕地流转担保资金和农业保险补贴后,每年定期按其保护耕地的面积给予现金补贴。

1. 您是否了解耕地保护基金?( )
   A. 完全了解   B. 部分了解   C. 不了解
2. 您认为成都实施耕地保护基金的目的是什么?( )(可多选)
   A. 增加农民收入   B. 帮助农民购买养老保险
   C. 提高农民保护耕地的积极性   D. 国家对农民无偿的帮助
   E. 不清楚
3. 您认为实施耕地保护基金政策是否有意义?( )
   A. 有意义   B. 没意义   C. 不清楚
4. 农户土地承包经营权流转后,您认为应该将耕地保护基金发放给谁?( )
   A. 原拥有土地承包经营权的农户(转出方)
   B. 耕地实际利用者(转入方)
   C. 转入转出两方协商
5. 除了耕地保护基金外,您还享受到对种粮农户实施的哪些类型的经济补偿政策?

二、受访农户对耕地保护基金实施的满意度评价

1. 耕地保护基金政策实施以来,您对该政策总体上是否满意?( )
   A. 非常满意   B. 比较满意   C. 一般   D. 略有不满   E. 极不满意
   若有不满,主要体现在哪些方面?( )
   A. 基本农田和一般耕地二者界定不合理
   B. 基本农田和一般耕地补贴标准差别太大
   C. 补贴标准低
   D. 耕保基金支取方式不合理
   E. 资金发放不及时
   F. 其他

2. 农户对耕地保护基金实施构成要素满意度评价。

	构成要素	极不满意	略有不满	一般	比较满意	非常满意
您对耕地保护基金实施构成要素是否满意	补贴标准					
	补贴方式					
	补贴依据					
	补贴资金分配比例					
	补贴资金使用要求					
	政府对耕地保护补贴资金的监督管理					
	账务公开					

注：补贴标准是指对基本农田和一般耕地(园地)分别按照每年400元/亩和300元/亩的标准补贴；补贴方式是指以耕地流转担保资金、农业保险补贴、养老保险补贴等方式予以补贴；补贴依据是指区(市)县人民政府按照村民小组基本农田、一般耕地的分类面积；补贴资金分配比例是指耕地保护基金用于耕地流转的担保资金和农业保险的补贴(占当年耕地保护基金总量的10%)，其他部分优先用于农户的养老保险补贴；补贴资金使用要求是指补贴资金一部分用于耕地流转担保资金和农业保险，一部分为农户缴纳养老保险，符合一定条件时可提取现金。

3. 您认为耕地保护基金应该在哪些方面进一步改善？

三、受访农户对耕地保护基金实施效果的评价

设立耕地保护基金的目的：一是通过建立耕地保护补偿机制，提高农户和农村集体经济组织保护耕地的积极性和主动性，切实落实耕地特别是基本农田保护目标；二是统筹城乡收益分配，通过财政转移支付，加快建立农民养老保险体系，切实增加农民收入。

1. 您认为耕地保护基金政策实施以来是否实现上述目的？（　　）

    A. 全部实现　　B. 部分实现　　C. 没有实现　　D. 不清楚

2. 您认为耕地保护基金对您家庭收入有什么影响？（　　）

    A. 显著增加　　B. 少量增加　　C. 无变化

3. 耕地保护基金实施以来，您的家庭生活水平发生了怎样的变化？（　　）

    A. 很大提高　　B. 略有提高　　C. 无变化

若您认为生活水平无变化，则原因是（　　）

    A. 政策未得到很好的落实　　　B. 农业生产成本提高

    C. 生活成本开支增加　　　　　D. 子女教育成本增加

    E. 农产品价格过低　　　　　　F. 其他

4. 您认为耕地保护基金政策对您的养老保障影响程度如何？（　　）

    A. 极大减轻了购买养老保险的负担

　　　　B. 稍微减轻了购买养老保险的负担

　　　　C. 对购买养老保险没有影响

　　5. 耕地保护基金实施以来,您是否将其优先用于购买养老保险?(　　)

　　　　A. 是　　　　　　　B. 否

　　若您未优先用于购买养老保险,则原因是_____。

　　6. 耕地保护基金实施以来,您家承包的耕地存在哪些情形?(　　)

　　　　A. 自行或允许他人在耕地上建窑、建坟

　　　　B. 擅自在耕地上建房、挖沙、采石、采矿、取土、挖鱼塘、堆放废弃物

　　　　C. 闲置荒芜耕地

　　　　D. 无任何违约行为

　　若存在上述违约行为,则致使您这样做的原因主要是_____。

　　7. 若发现有侵占破坏耕地和其他违反耕地保护制度的行为,您是否能够主动予以制止、检举?(　　)

　　　　A. 是　　　　　　　B. 否

　　8. 耕地保护基金实施以来,您在农业耕作时是否使用有机肥和高效、低毒、低残留农药及生物农药等来改善耕地生态环境?(　　)

　　　　A. 全部使用传统化肥和农药

　　　　B. 与传统化肥和农药掺杂使用

　　　　C. 全部使用有机、高效、低毒、低残留农药及生物农药

　　9. 耕地保护基金实施以来,您是否加大了对农业设施(如机井)建设和土壤改良等方面的投入?(　　)

　　　　A. 是　　　　　　　B. 否

　　若选择"否",请问您未加大投入的原因是_____。

四、受访农户对耕地保护基金模式的选择

　　1. 您认为是否应根据不同质量水平的耕地确定不同的耕地保护基金补贴标准?(　　)

　　　　A. 应该　　　　　　B. 不应该　　　　　　C. 不清楚

　　2. 对于耕地保护基金补贴方式,您更愿意采取以下哪种方式?(　　)

　　　　A. 现有的耕地流转担保金+农业保险补贴+养老保险补贴

　　　　B. 直接发放现金

　　　　C. 现金补贴与实物(种子、农药等)补偿、技术(咨询、培训等)补偿相结合

　　　　D. 养老保险补贴+实物补偿+技术补偿+政策补偿

　　　　E. 不清楚

五、受访农户个人及家庭情况调查

1. 受访者个人情况。

(1)性别(　　)

　　A. 男　　　　　B. 女

(2)年龄(　　)

　　A. 18～25 岁　B. 26～30 岁　C. 31～35 岁　D. 36～40 岁　E. 41～45 岁

　　F. 46～50 岁　G. 51～60 岁　H. 61～65 岁　I. 66～70 岁　J. 71 岁以上

(3)文化程度(　　)

　　A. 未上过学　B. 小学　C. 初中　D. 高中或中专　　E. 大专及以上

(4)是否村干部(　　)

　　A. 是　　　　　B. 曾经是　　　　　C. 否

(5)是否党员(　　)

　　A. 是　　　　　B. 否

2.受访者家庭情况。

(1)家庭总人数	(2)劳动力人数	(3)被抚养人数	(4)兼业人数

注：家庭总人数=劳动力人数+被抚养人数；被抚养人口包括无劳动能力的成年人、小孩、学生等；兼业指在经营农业的同时，从事务工、经商等非农产业，并有一定收入。

3. 您家从集体承包土地＿＿＿亩，流转入土地＿＿＿亩，流转出土地＿＿＿亩，您家现在实际耕种土地＿＿＿亩。

4. 家庭收入的主要来源是(　　)。

　　A. 种地　　B. 务工(打工)收入　　C. 经商　　D. 国家救济　　E. 其他

5. 近三年来，家庭年平均收入为(　　)，农业年平均收入为(　　)。

　　A.1 万元以下　　　B.1 万～3 万元　　C.3 万～5 万元　　D.5 万～8 万元

　　E.8 万～10 万元　　F.10 万～15 万元　　G.15 万元以上

六、问卷有效性调查

1. 问卷里的内容您能够理解多少？(　　)

　　A. 完全不理解　　　B. 部分理解　　　C. 完全理解

2. 您觉得此次调查是否有意义？(　　)

　　A. 没有意义　　　B. 有意义　　　C. 不清楚

3. 您在回答问卷时是否受到旁人影响？(　　)

　　A. 受到旁人影响　　B. 没有受到旁人影响

附录 6　非试点地区耕地保护经济补偿效应问卷

调查员：＿＿＿＿＿　　　　样本编号：＿＿＿＿＿

调查对象：＿＿＿县(市)＿＿＿乡、镇(街道办事处)＿＿＿村＿＿＿组

调查时间：＿＿＿＿＿

调研说明：

　　您好！我们是河南理工大学测绘与国土信息工程学院的研究生。作为学校的科研人员，我们非常关心耕地保护补偿机制的实施对农民的生产和生活状况影响，以及农民对耕地保护补偿的意愿和想法等问题。因此，我们对您进行访问。本问卷采用无记名形式，仅用于科学研究，绝不对外公开，希望您在填写时不要有任何顾虑，实事求是地回答，以使我们的研究更具真实性。对您的支持，我们表示衷心感谢！

一、耕地保护经济补偿(农业支持保护补贴)模拟效应调查

　　2015 年 5 月，财政部、农业部印发的《关于调整完善农业三项补贴政策的指导意见》决定从 2015 年起调整完善农业"三项补贴"，将其合并为"农业支持保护补贴"，目标调整为支持耕地地力保护和粮食适度规模经营，并首批选择安徽、山东、湖南、四川和浙江 5 个省，由省里选择一部分县市开展农业"三项补贴"改革试点。2016 年，农业"三项补贴"改革将在总结试点经验、进一步完善政策措施的基础上在全国范围推开。河南省也随之按照文件要求，将 80%的综合直补存量资金，加上粮食直补和良种补贴，统筹整合为耕地地力保护补贴资金补偿给拥有耕地承包经营权的种地农民(含农场职工)，用于支持耕地地力保护；将 20%的综合直补存量资金、种粮大户补贴试点资金和农业"三项补贴"增量资金，统筹用于支持粮食适度规模经营，如重点支持建立完善农业信贷担保体系、贷款贴息、现金直补、重大技术推广与服务补助等。实施农业支持保护补贴的目的是使拥有耕地承包权的农户做到耕地不撂荒、地力不降低，同时调动农民加强农业生态资源保护意识和种植农业的积极性。因此，其实质也是对耕地保护主体的农户给予一定的经济补偿。

　　1. 实行农业支持保护补贴后，您认为生活水平会发生怎样的变化？(　　)

　　　A. 无变化　　　B. 略有提高　　　C. 很大提高　　　D. 不清楚

　　2. 在上述补贴标准和补偿方式下，您是否愿意认真履行耕地保护责任，不改变耕地用途或破坏耕作层？(　　)

　　　A. 愿意　　　B. 不愿意　　　C. 不清楚

3. 您是否愿意将部分耕地保护经济补偿用于农业设施(如机井)建设和土壤改良?(　　)

　　　A. 愿意　　　　B. 不愿意　　　　C. 不清楚

二、耕地保护经济补偿(耕地保护基金)模拟效应调查

2008 年,中国共产党第十七届中央委员会第三次全体会议通过的《中共中央关于推进农村改革发展若干重大问题的决定》指出,"划定永久基本农田,建立保护补偿机制,确保基本农田总量不减少、用途不改变、质量有提高"。我国首次以正式文件提出划定永久基本农田,其后的中央一号文件多次明确要求尽快建立耕地保护补偿机制。四川省成都市自 2008 年起在全国率先提出建立耕地保护基金,对承担保护耕地责任的农户和村组集体经济组织依据耕地质量,对基本农田和普通耕地分别按照每年 400 元/亩和 300 元/亩的标准补偿。其中,补贴农户的资金,扣除 10%的土地流转担保金和农业保险打到农民"耕保卡"上的数额分别是 360 元和 270 元,首先用于养老保险账户补偿给农户,符合一定条件时可提取现金;补贴村组集体经济组织的资金,在扣除耕地流转担保资金和农业保险补贴后,每年定期按其保护耕地的面积给予现金补贴。假如河南省按照成都模式建立耕地保护基金制度,以提高耕地的生产能力和对承担耕地保护责任的农户予以补偿:

1. 实行耕地保护基金后,您认为生活水平会发生怎样变化?(　　)

　　　A. 无变化　　　B. 略有提高　　　C. 很大提高　　　D. 不清楚

2. 在上述补贴标准和补偿方式下,您是否愿意认真履行耕地保护责任、不改变耕地用途或破坏耕作层?(　　)

　　　A. 愿意　　　　B. 不愿意　　　　C. 不清楚

3. 您是否愿意将部分耕地保护经济补偿用于农业设施(如机井)建设和土壤改良?(　　)

　　　A. 愿意　　　　B. 不愿意　　　　C. 不清楚

三、受访农户个人及家庭情况调查

1. 受访者个人情况。

(1)性别(　　)

　　　A. 男　　　　　B. 女

(2)年龄(　　)

　　　A. 18～25 岁　B. 26～30 岁　C. 31～35 岁　D. 36～40 岁　E. 41～45 岁

　　　F. 46～50 岁　G. 51～60 岁　H. 61～65 岁　I. 66～70 岁　J. 71 岁以上

(3) 文化程度（　　）

　　A. 小学及以下　　　B. 初中　　　C. 高中或中专　　　D. 大专或本科

　　E. 研究生及以上

(4) 是否村干部（　　）

　　A. 是　　　　　　　B. 曾经是　　　　　　C. 否

(5) 是否党员（　　）

　　A. 是　　　　　　　B. 否

2. 受访者家庭情况。

(1)家庭总人数	(2)劳动力人数	(3)被抚养人数	(4)兼业人数

注：家庭总人数=劳动力人数+被抚养人数；被抚养人口包括无劳动能力的成年人、儿童、学生等；兼业指在经营农业的同时，从事务工、经商等非农产业，并有一定收入。

3. 您家从集体承包土地_____亩，流转入土地_____亩，流转出土地_____亩。近五年您家耕地面积变化情况？（　　）

　　A. 减少　　　　　　B. 不变　　　　　　　C. 增加

4. 家庭收入的主要来源是（　　）。

　　A. 种地　　　B. 务工(打工)收入　　　C. 经商　　　D. 国家救济　　　E.其他

5. 近三年来，家庭年平均收入为（　　），农业年平均收入为（　　）。

　　A.1万元以下　　　B.1万～3万元　　　C.3万～5万元　　　D.5万～8万元

　　E. 8万～10万元　　　F. 10万～15万元　　　G. 15万元以上

四、问卷有效性调查

1. 问卷里的内容您能够理解多少？（　　）

　　A. 完全不理解　　　B. 部分理解　　　　　C. 完全理解

2. 您觉得此次调查是否有意义？（　　）

　　A. 没有意义　　　　B. 有意义　　　　　　C. 不清楚

3. 您在回答问卷时是否受到旁人影响？（　　）

　　A. 受到旁人影响　　　B. 没有受到旁人影响